Gerhard Brandl
Damit Leben nicht verlorengeht

Gerhard Brandl

Damit Leben nicht verlorengeht

*Alternativen
zur Selbstschädigung
des Menschen
in der Gegenwart*

Universitätsverlag Anton Pustet – Salzburg

© 1983 by Universitätsverlag Anton Pustet –
Salzburg. – Printed in Austria. – Alle Rechte
vorbehalten. Gesamtherstellung: Salzburger
Druckerei, Salzburg, Bergstraße 12.
ISBN: 3-7025-0204-1

Inhalt

Vorwort 7
Der Mensch – Maß aller Dinge? Eine Einführung .. 11
    Ganzheit oder Teilung 13
    Der Expansionismus und seine Folgen 17

I. DIE ÜBERLEBENSFRAGE 23

1. *Was bedeutet Selbstschädigung?* 25
    Das Machtprinzip in der Erziehung 27
    Die Demütigung wirkt weiter 30
    Anderen eine Grube graben 35
    Streben nach falscher Sicherheit 39

2. *Modell eines Irrweges: der Selbstmord* 42
    Merkmale des Präsuicidalen Syndroms 45
    Sich-nicht-entscheiden 48
    Zum Leben nicht Ja sagen können 54

3. *Die Versuchung des Götzendienstes* 60
    Steine statt Brot 64
    Falsch verbunden 67
    Das Mutter-Syndrom 72
    Psychohygienische Aspekte 77

II. DAS GESPRÄCH – EIN LEBENSELEMENT 81

1. *Gleichwertigkeit verwirklichen* 82
    Progression als ganzheitliches Wachstum .. 86
    Alles oder nichts? 90
    Die Gesprächsbasis 96
    Miteinander nachdenken 99
    Gegen Selbstmord erziehen 102
    Ein Interview (mit Erwin Ringel) 106

2. Lebenswille gegen Zerstörung 110
    Die Ideologie des „Gegenmenschen" 114
    Aggressions-Trieb oder destruktiver
    Charakter? 119
    Lebensmut gewinnen 124
    Wenn das Salz schal wird 129
    Eine falsch verstandene Freiheit 134
    Von der Synthese zur Versöhnung 139

III. EINENGUNG ÜBERWINDEN LERNEN 145

1. Lebensgefühl – geteilte Freude, geteiltes Leid 149
    Das Selbstwertproblem 151
    Kindliche Hilflosigkeit im späteren Leben .. 156
    Der erniedrigte Körper 160
    In die Enge getrieben werden 165

2. Ausdrucksfähigkeit und Eindrucksoffenheit 170
    Dynamisierung durch Abbau von Schuld-
    Gefühlen 173
    Das verführte Gewissen 178
    Für das Leben lernen? 181

3. Situation als Entscheidung 184
    Situations-Bewältigung 186
    Eine ziemlich ausweglose Lage 190
    Wunder-Kinder? 194

Anmerkungen 199
Literaturverzeichnis 228

VORWORT

Technischer Fortschritt und diverse Planungsstrategien haben es nicht verhindern können, daß auch menschliches Seelenleben in der Gegenwart oft ausgesprochen destruktive Züge aufweist. Im Gegenteil, gerade die Errungenschaften auf naturwissenschaftlichem Gebiet werden zunehmend und sicher nicht zu Unrecht für eine globale psychophysische Gefährdung verantwortlich gemacht. Wirtschaftliche und politische Gleichgewichtsschwankungen am Ende dieses so bewegten Jahrhunderts stellen weitere ursächliche Faktoren einer immer mehr um sich greifenden Labilität dar.
Die Probleme drohen uns über den Kopf zu wachsen, woran deren Verbalisierung zunächst wenig ändert. An Bestandaufnahmen des Negativen fehlt es kaum. Heilungschancen sind indessen noch nicht in Sicht. Werden solche verheißen, so überwiegt bei vielen das Mißtrauen.
Viel zu selten war man auch in all den kultur- und gesellschaftskritischen Aktivitäten der jüngsten Vergangenheit auf ein menschliches Grundbedürfnis nach eigener Lebensgestaltung, Zielwahl, vor allem aktiver Sozialbeziehung aufmerksam geworden. Die Gefahr des Irrationalismus und Pessimismus übertrifft jene der Maschinen-Vergötzung indessen kaum.
Wir leiden in alledem unter unserer Passivität. Moden haben die Urteilsfähigkeit getrübt. Der Verwissenschaftlichung, in Wirklichkeit geschickt lancierter Suggestion, ist weithin auch Sensibilität zum Opfer gefallen. Das technische Zeitalter hat einen ganz spezifischen Autoritarismus hervorgebracht. Auch und gerade junge Menschen erwecken oft den Eindruck, als würden sie dem Hereinbrechen des Schrecklichen tatenlos zusehen.
Ein allgemeines Unbehagen und oftmals sogar infantil-narzißtische Zerstörungswut scheinen darauf hinzudeuten, daß wir uns in einer vorfabrizierten und dadurch im Grunde unmenschlichen Welt nicht mehr zurechtfinden. In zunehmen-

dem Maß ist der heutige Mensch vor allem mit einer inneren Ausweglosigkeit konfrontiert.

Die letzte Konsequenz des Beengtseins durch äußere Umstände, insbesondere aber psychische Bedrängnis war und ist für manch einen der Selbstmord. Daran ändert eine mißbilligende öffentliche Meinung nichts, Totschweigen ebensowenig.

Es besteht kein Grund zur Befürchtung, der Teufel würde an die Wand gemalt, wenn wir auch Unangenehmes beim Namen nennen und aus der Not keine Tugend machen. Wegschauen vergrößert die vorhandenen Schäden. Eine der fundamentalsten Erkenntnisse der Tiefenpsychologie bezieht sich nämlich darauf, daß gar nicht die objektive Verletzung oder Beeinträchtigung, sondern erst das Verdrängen und Nicht-wahr-haben-Wollen der negativen Gefühle und Impulse Menschen den schwersten seelischen Schaden zufügt. Politischen Friedensbemühungen ist am Ende kaum ein nachhaltiger Erfolg beschieden, solange dabei das menschliche Herz keine nennenswerte Rolle spielt und außer acht gelassen wird. Gemeint ist die Fähigkeit des Sich-in-Beziehung-Setzens.

Wir gehen hier davon aus, daß Lebensverunstaltung, welche Menschen in letzter Konsequenz dazu bringen kann, Hand an sich zu legen, ihrem Leben selber ein Ende zu setzen, weit verbreitet und keineswegs nur auf einzelne beklagenswerte „Fälle" beschränkt ist.

Diesbezüglich beinhalten die Fall-Berichte in diesem Buch Aufgaben – zunächst des Weiterdenkens. Jeder vermag vielleicht bei sich selber den einen oder anderen Zug wiederzuerkennen. Vor allem soll dadurch einer Gleichgültigkeit entgegengewirkt werden, die heute sozusagen als atmosphärische Störung wirksam ist und in vielfältiger Gestalt in Erscheinung treten kann.

Die Ermangelung eines Solidaritätsgefühls geht auf eine Fehlentwicklung zurück. Der Zerfall wirkt sich zunächst im Bereich geistigen Lebens aus, dem das Unbewußte dann fremd, geradezu feindlich gegenübersteht. Vor allem die soziale Wirklichkeit ist von einer „Atomisierung" negativ betroffen. Aber auch die Zeit bildet dann kein Erlebniskontinuum mehr: Vergangenheit, Gegenwart und Zukunft fallen ebenfalls auseinander.

Die Entdeckung und Hervorhebung des Verbindenden und Gemeinsamen könnte uns einen Ausweg eröffnen, den Einzelfall, aber auch das Zusammenleben betreffend. Erst dann hätte das Erleiden und die Krise einen Sinn gehabt.

Aber auch Vorbeugung und Heilen gehören zusammen. Tatenlos, allenfalls mit unfruchtbarem Selbstmitleid der „Verunstaltung" zuschauen, eine solche Haltung müßte das Übel noch verschlimmern. Die Propheten des Untergangs genießen dann den zweifelhaften Ruhm, das vorausgesehen zu haben, was sie in Wirklichkeit herbeiführen halfen.

Im Gegensatz dazu soll durch dieses Buch erzieherische Verantwortung ebenso wachgerufen werden wie Verarbeitungs- und Regenerationsfähigkeit in psychohygienischer Hinsicht. Als Ausgangspunkt dient die Einsicht von Erwin Ringel auf dem Gebiet der Selbstmord-Verhütung. Nicht nur zunehmende Selbstmordhäufigkeit, sondern jede Art defizitären Lebens, vor allem in Form mitmenschlicher Entfremdung und Anonymisierung, veranlaßt uns zu dieser Betrachtungsweise.

Humanwissenschaftliche Befunde können sich dabei als nützlich erweisen. Sie sind Mittel zum Zweck, nicht mehr, aber auch nicht weniger. Auf sie zu verzichten hieße, einer Praxis ohne Theorie das Wort zu reden, was entweder sinnlos ist oder aber in tendenziöser Weise erfolgt. Psychologische Details, Literaturhinweise und weiterführende Gedankengänge folgen dem Text in Form von Anmerkungen. Sie sollen weder „unter den Tisch fallen" noch auch einen weniger ambitionierten Leser behindern bzw. abschrecken.

Der Mut von Menschen, die sich zu ihrer Therapiebedürftigkeit ohne Umschweife bekannt hatten und mit seelischem Beeinträchtigtsein nicht länger abfinden wollten, echter Lebenswille von Betroffenen hat mich dazu veranlaßt, dieses Buch zu schreiben. Meinen Klienten gilt daher mein besonderer Dank.

Salzburg, am   DDr. Gerhard Brandl
1. Jänner 1983

Der Mensch – Maß aller Dinge? Eine Einführung

Den heutigen Menschen bedrängen viele Fragen. Solange er diese durch bloßes Nachdenken für lösbar hält und sich auch noch einreden läßt, er habe selber damit fertigzuwerden, nehmen Bedrängnis und Ratlosigkeit unweigerlich zu. Gerade durch ihr Vereinzelt-Sein können einzelne dann in Verzweiflung geraten.

Das Unvermögen, selber eine Lösung zu finden, veranlaßt immer häufiger Menschen dazu, sich einem der diversen „Heilsangebote" zu verschreiben, Psychotechniken in Anspruch zu nehmen, irgendwelche Betäubungsmittel anzuwenden oder „Erfolgsrezepte", eine angeblich neue Formel blindlings zu übernehmen und derlei für „unfehlbar" zu halten.

Folge des Verzichts auf eigenes Denken, Wollen und Fühlen (Fremdsteuerung) ist zunehmendes Entmutigtsein. Dieses wiederum macht uns anfällig für falschen, infantilisierenden Trost. Der Teufel würde durch Beelzebub ausgetrieben.

Je weiter sich unser Welt- und Menschenbild – trotz oder gerade infolge bestimmter wissenschaftlicher Erkenntnisse – von einer dynamischen Wirklichkeit entfernt, desto undurchschaubarer und rätselhafter werden wir uns selber (1). Berechnung, Messen, die Quantifizierungssucht, derlei macht den heutigen Menschen blind für die Komplexität des Lebens, vor allem aber für die Beziehungsabhängigkeit seines eigenen Daseins.

Meist wird auch übersehen, woher der Schmerz, die Unsicherheit und vor allem mangelndes Selbstvertrauen stammen. Wir suchen dann sozusagen in der falschen Richtung. Hier nun könnte uns die Tiefenpsychologie über alte Wunden, aber ebenso deren mögliche Heilung Aufschluß geben (2). Oft fungieren nämlich äußere Ereignisse lediglich als Auslöser – z. B. auch für Selbstmord. Wir fühlen uns durch sie in kindliche Hilflosigkeit zurückversetzt und leiden unter einem destruktiven Minderwertigkeitsgefühl (3).

Einzig das, was schon dem Kind Lebensmut geben kann: Akzeptiert-werden, sich anerkannt, geliebt fühlen, in die Wechselseitigkeit des Gesprächs, von Frage, Antwort und Verantwortung aufgenommen sein, brächte einen Ausweg (4). Dadurch wäre eine Befreiung von neurotischem Wiederholungszwang möglich. Es besteht dann zugleich Aussicht auf gemeinschaftliche Lösungen.

Eine Katastrophe in psychosozialer Hinsicht bahnt sich an, wenn weder in der Kindheit noch im späteren Leben eine solche Erfahrung zu Gebote steht. Der Monolog und das Isoliertsein dauern fort. Ein unmenschlicher Maßstab bleibt in Geltung.

Gerade der Notleidende neigt oft zu Übertreibungen oder zu einer kurzsichtigen Fehleinschätzung und verliert damit vollends den Kontakt mit der Wirklichkeit. Es ist zumindest damit zu rechnen, daß die Not falsch interpretiert wird: materiell statt geistig. Auf Grund des Haben-Modus würde im Mitmenschen der Rivale erblickt. Liebe als die einzig menschenwürdige Problemlösungsmöglichkeit könnte dann nicht wahrgenommen werden (5).

Die „Lebensverunstaltung" – speziell in Form drohenden Selbstmords – führt E. Ringel auf frühkindliche Neurotisierung samt konsequenter Fortsetzung einer solchen „Entwicklung" in der Zeit nachher zurück (6).

Wir können hier auch vom Fehlen eines dialogischen Prinzips sprechen. Personalität und Partnerschaft kommen dadurch nicht zur Geltung. Es erfolgt ein Stillstand. In Wirklichkeit nimmt der Widerspruch zur Tatsache des Älterwerdens ständig zu. Wenn der Teil fälschlich (tendenziös) für das Ganze gehalten bzw. dafür ausgegeben wird, sind Enttäuschtsein und Zerstörungswut oft unausbleiblich.

Von der Unfähigkeit, sich miteinander zu freuen oder auch nur dem anderen seine Gefühle zu zeigen und dadurch Denken und Entscheidungen mit dem Zusammenleben in Einklang zu bringen, ist oft nur ein kleiner Schritt bis zum selbstherbeigeführten Ende. Auch die kleinen Schritte dahin sollen in ihrer Entsetzlichkeit nicht unterbewertet werden. Die „Wegwerfgesellschaft" hält uns diesbezüglich ein äußerst verführerisches Leitbild vor Augen.

Ganzheit oder Teilung

Unsere Auffassung vom Menschen besitzt geschichtliche Wurzeln. Sie ist relativ, d. h. durch Umstände bedingt. Das trifft für den einzelnen, aber ebenso für die Gesellschaft im ganzen zu. In beiden Fällen ist daher nach dem Grundprinzip zu suchen, das ein Zueinanderfinden begünstigt oder aber dieses permanent hintertreibt. Wir haben insbesondere die kritische Frage nach prinzipieller Lebensverneinung zu stellen.

Man solle sich einfach ausdrücken, so daß jeder es verstehen kann und sich auskennt. Diese menschenfreundlich klingende Forderung – nach Wissen für alle – zielt oft gerade auf das Gegenteil echter Handlungsfähigkeit ab. Denn insgeheim halten viele sich an das Prinzip, wonach Wissen „Macht" ist, welche man in Wirklichkeit für sich behalten möchte.

Die Irreführung durch vereinfachte, tendenziöse Information sichert aber nicht bloß Einflußsphären; das Verurteiltsein der großen Masse zur Passivität trotz aller Geschäftigkeit trägt zur Entstehung eines „Entfremdungssyndroms" bei (7). Der Verzicht auf eigenes Denken liefert uns „Lösungen" aus, die keine sind.

Desintegration im einzelnen wie auch in der Gesellschaft macht eine Verwaltung erforderlich und ruft schließlich bürokratische Strategien auf den Plan, womit der unmenschliche Zweck erfüllt sein dürfte. Daß die „Rechnung" aber nicht aufgeht, beweisen Gestörtsein in weitem Umfang, partnerschaftliches Unvermögen (die vielen Scheidungen ...), neurotische Konflikthaftigkeit und Seelennot, zuweilen der Selbstmord.

Durch Alfred Adler und seine tiefenpsychologische Schule werden wir davon in Kenntnis gesetzt, daß jene, die durch Ausschaltung von Konkurrenten ihre Macht zu sichern glauben, selber einem „Willen zum Schein" anheimfallen (8). Am Ende jedes Machtkampfes gibt es nur Verlierer, was nicht nur politisch relevant sein dürfte.

Der Pragmatiker bevorzugt es, Grundsatzfragen kurzerhand vom Tisch zu wischen. Er schätzt aber Erfahrung falsch ein (9). In Wirklichkeit ist Handeln ohne Wissen bzw. eine Vorstellung vom Ganzen, ohne eine Theorie und bestimmte Ziele schlechthin unmöglich. Wer sich darüber geringschätzig äußert, fürchtet am Ende nur, man könne ihm „in die Karten schauen" und auf einen Schwindel draufkommen.

Auch Politiker bzw. die Parteien beginnen einzusehen, daß Programmarbeit, Grundsatzdiskussionen, das Fragen nach Prinzipien wichtig sind: nicht so sehr zu propagandistischen Zwecken als vielmehr dazu, um an der sich verändernden Wirklichkeit nicht vorbeizupraktizieren. Andernfalls müßten im selben Maß, wie die Probleme anwachsen, Fähigkeit und Bereitschaft zu deren Lösung schwinden. Eine allgemeine Lebensohnmacht bekäme so die Oberhand, was keiner im Ernst wünschen kann.

Das Streben nach Überlegenheit, Mehr-sein-Wollen und Macht-Haben bezeichnet Adler als „hervorstechendstes Übel in der Kultur der Menschheit" (10). Er ist aber auch dem „Prinzip" auf die Spur gekommen, das hier zur Anwendung gelangt; es lautet: „Teile, um zu herrschen."

Adler spricht hier von einer neurotischen Entwertungstendenz und richtet an jene, die Zusammenhänge mutwillig zerstört haben, um nun zu ihren Gunsten auf ein „wertloses Gemenge" aus Trieben, Elementen, Reflexen, Mechanismen hinweisen zu können, die zweifelnde Frage: „Ist dies wirklich der Mensch?" (11).

Diese Frage nun sollte durch keine vorschnelle Augenauswischerei verdeckt oder verharmlost werden. Vor ihr haben sich alle, die im familiären oder öffentlichen Bereich eine Aufgabe erfüllen, zu verantworten.

Christlicher Glaube hält eine Antwort bereit, die eigenes Zutun nicht erübrigt, ganz im Gegenteil. Paulus spricht von der Berufung, dem Bild des Sohnes Gottes „gleichgestaltet" zu werden (Röm 8, 29). So lange dieser Ruf ungehört verhallt, bleibt äußere und innere Verunstaltung in Kraft, dauert das Unvermögen zu Glaube, Hoffnung und Liebe an.

Für wen der Mensch trieb- oder reiz-abhängig ist (12), somit manipulierbar, „nichts anderes als" eine Maschine, der besitzt am Ende bloß ein sehr lebhaftes Interesse, daß es – ohne Rücksicht auf Verluste – so sei. Die offizielle Version lautet meist etwas anders, sehr viel schmeichelhafter: zum Zweck der Verschleierung der wahren Absichten, in bewährter sophistischer Taktik.

Damit sich für uns die Entstehung falscher, menschenfeindlicher, einer sozialen Logik wie auch christlichen Aussagen widersprechender Prinzipien klärt, ist es nötig, ein wenig auszuholen und auf den Beginn abendländischen Denkens zurückzublicken. Zweierlei hat dieses hervorgebracht: humanitäre Ideen, den Anspruch auf Freiheit, Menschenwürde, Selbstverwirklichung, aber ebenso ärgste Zynismen, für die Hitlers Rassenwahnsinn samt Ausrottungspolitik als repräsentatives Beispiel dienen kann.

Um 600 v. Chr. begann man sich in Griechenland für die Wirklichkeit im ganzen zu interessieren, wollte das Vergängliche hinterfragen, zugleich auf das Bewegende aufmerksam werden. Die jonischen Naturphilosophen gelangten dabei zu einem Grundprinzip all dessen, was existiert.
Ihre Ergebnisse fielen allerdings höchst unterschiedlich aus. Unklarheit darüber, ob Wasser, Luft, Feuer oder gar das „Grenzenlose" dieses Grundprinzip sei, ließ das Problem schmerzlich fühlbar werden.
In einer Art Flucht nach vorne, enttäuscht von den Widersprüchen und Gegensätzen der Philosophen, erklärte schließlich der Sophist Gorgias den Menschen kurzerhand zum „Maß aller Dinge". Er schuf damit ein Gegenstück zu Adam und Eva, sofern diese „wie Gott" sein wollten (Gen 3, 5). Vielleicht haben wir es hier aber auch nur mit dem Ergebnis von Einsicht in die Beschränktheit menschlicher Erkenntnisfähigkeit zu tun (13). Der Pragmatiker stellt sich damit über den Wahrheitssucher.

Fest steht jedenfalls, daß wir nach Wahrheit streben, dieser aber nur gemeinschaftlich näherzukommen imstande sind (14). Im Gegensatz zur sophistischen Skepsis war Sokrates von der Fruchtbarkeit des Dialogs überzeugt. Er bemühte sich, dadurch vor allem junge Menschen zum Nachdenken zu bringen. Auf diesem Wege wäre allerdings nicht so sehr nach vorhandenen, unwandelbaren Maßstäben zu suchen, sondern nach einer zeitadäquaten Ordnung des Zusammenlebens.

Gerade in der Erziehung, aber auch in anderen sozialen Formen verdienen die konkreten Menschen sehr viel mehr Rücksichtnahme als bestimmte Maßstäbe, Prinzipien, Schemata, Regeln, die man oft in tendenziöser Weise als „ewige Werte" ausgibt.

Selbst der Sabbat ist nach den Worten Jesu „um des Menschen willen da, nicht der Mensch für den Sabbat" (Mk 2, 27). Dessen Zweck wäre es allerdings, Zusammengehörigkeit erlebbar zu machen. Dem einzelnen kommt dann die Aufgabe zu, sich zu seiner sozialen Ergänzungsbedürftigkeit zu bekennen.

Vielleicht dient das Gespräch am Ende dazu, eine Wahrheit zu finden, die ohne es gar nicht existiert (15). Das Ausmaß der Verarmung durch Vereinzeltsein läßt sich im therapeutischen Kontakt zumindest ahnen. Ihm wohnt im selben Maß eine heilende Kraft inne. Diese Art des Gesprächs kann aber auch eine psychophysische und eine lebensgeschichtliche – nicht nur die soziale – Integration in die Wege leiten.

Adler spricht von einem „Grundverlangen nach Bestätigung" (16). „In der Sprache bestätigen wir einander nicht nur die Richtigkeit mitgeteilter Tatbestände; es liegt in jeder Zustimmung auch ein bestimmtes Maß an Anerkennung der Wirklichkeit des anderen" (17).

Für wen der Nächste ein Konkurrent ist, der wird sich wohlweislich davor hüten, ihm diese Bestätigung und Anerkennung zuteil werden zu lassen. Manch einer wird dann aber das Ignoriertwerden geradezu als ein Todesurteil empfinden.

Quantitatives – auf Besitz- und Machtergreifung ausgerichtetes – Denken kann nicht erfassen, daß „geteilte Freude" „doppelte Freude" ist. Der machtlüsternen „Teilung" fällt andererseits eine dreifache Ganzheit zum Opfer:

– Leib und Seele in ihrem gegenseitigen Bedingtsein; Das Ergebnis ist der Dualismus, durch ihn eine Abwertung und ein Verächtlichmachen des Leibes

- Gemeinschaft: sie zerfällt in lauter beziehungslose einzelne; als Methode dazu „eignet" sich Rivalisierung
- Geschichtlichkeit, menschliche Entwicklung als Resultat eigenen Wollens und Entscheidens; daraus folgt Fixiertbleiben an die Vergangenheit und/oder utopische Ehrgeizplanung für die Zukunft.

Maßlosigkeit des Genusses – das andere Extrem dualistischer Leibverachtung –, Herrschsucht und Rücksichtslosigkeit, zuletzt der Umstand, daß Menschen zwar älter, aber nicht reifer werden, sind Ausgeburten eines falschen, schädlichen Menschenbildes. Dessen vorherrschender Zug ist die Verwechslung von Haben und Sein (18), der Ersatzcharakter, die Vorliebe für Surrogate. Infolgedessen bleibt jeder mit sich allein.

Expansionismus und seine Folgen

Eine Sage aus dem klassischen Altertum erzählt von einem König, dessen Habgier keine Grenzen kannte. Schließlich erfüllte sich sein sehnlichster Wunsch: alles, was er berührte, verwandelte sich in pures Gold. Welche positiven Eigenschaften Gold auch immer haben mag, essen kann man es jedenfalls nicht. Dem König drohte somit der Hungertod.
Die Unordnung besteht hier und anderswo darin, daß Leben dem leblosen Stoff unterstellt wird. Ebenfalls vom Goldrausch des sagenhaften Königs Midas erfaßt, wenn auch ohne dessen Zauberkraft, dürfte uns ein ähnliches Schicksal bevorstehen. Horten von Sachgütern und Konsumorientierung im „goldenen Westen" haben zumindest und vorerst den Menschen in der Dritten Welt ein Hungerelend unvorstellbaren Ausmaßes beschert.
Aber auch die „Wegwerfgesellschaft" sieht sich bei schwindendem Wohlstand und immer illusionärer werdender Macht zur Genußunfähigkeit verurteilt. Insbesondere die Sucht-Problematik deutet darauf hin (19). Haß, Neid und Lieblosigkeit ver-

letzen nicht nur deren Opfer, die Schwachen, damit ist stets auch eine Selbstschädigung der Selbstsüchtigen verbunden.

Die Verknappung des „schwarzen Goldes", wie Erdöl zuweilen genannt wird, ließ uns auch auf ein Energieproblem aufmerksam werden, für das man vergeblich auf eine „technologische" Lösung hofft. Gemeint sind Lebenskraft, Mut und Selbstvertrauen. Der „Ölteppich" illustriert möglicherweise das Sprichwort: „Wie gewonnen, so zerronnen". Es sollte uns vielleicht zu denken geben, daß König Midas zwar wieder vom Zauber frei wurde, ihm dafür aber Eselsohren gewachsen sind, die zu verbergen ihn sehr viel Mühe kostete.

Es sind hier nirgendwo nur wirtschaftspolitische Erwägungen oder „Sparprogramme" ins Auge gefaßt. Das weltwirtschaftliche Debakel dürfte umgekehrt symptomatisch sein für ein Prinzip, von dem meist schon Kinder schmerzlich betroffen sind und dessen Schädlichkeit sie zu spüren bekommen. Tatsächlich haben wir es mit einem Teufelskreis bzw. kollektiver wie auch individueller Fehlorientierung zu tun.

In der Erziehung hätten, so Adler (schon 1912), „ausgeklügelte Sicherungstendenzen" zur Folge, daß Ehrgeiz, Neid, Geltungsdrang, Rachsucht, Grausamkeit, sexuelle Unersättlichkeit („Frühreife") und verbrecherische Gelüste „aufgepeitscht" werden; „selbständige Energie" käme dem Kind anderseits abhanden, wäre für es unerreichbar (20).

Sogar Älterwerden (Heranwachsen) besitzt aus der Sicht des Haben-Wollens und Sich-Absicherns eine aggressive Komponente, welche Vater und Mutter (als Über-den-Kopf-Wachsen) fürchten zu müssen glauben. Durch Schaden allein ist allerdings noch niemand klug geworden.

Selbstmord-Prophylaxe bedeutet nach E. Ringel Wiederbelebung des humanistischen Ideals vom Wert jedes einzelnen Menschen (21). Ein solches „antisuicidales Klima" – der Bejahung des Zusammenlebens und Auf-einander-angewiesen-Seins – stellt sich uns darüber hinaus als Bedingung für Erhaltung und Entfaltung von Menschlichkeit überhaupt dar.

Es dürfte in diesem Zusammenhang aufschlußreich sein, daß die Bibel menschliche „Gottebenbildlichkeit" auf Geschlechtsverschiedenheit und darin Vereinigung von Mann und Frau, eine keinesfalls nur biologisch bedingte dynamische Einheit und Ganzheit zurückführt (vgl. Gen 1, 27; 2, 24).

Der berüchtigte Ölteppich, der sich bald dieser und bald jener Küste mit angemessener Geschwindigkeit nähert, ein Fischsterben bewirkt, Urlauberströme zum Versiegen bringt, Menschen arbeitslos macht, das stillgelegte Atomkraftwerk – inklusive ungelöstem „Entsorgungsproblem", nebenbei: eine wahrhaft rührende Sprachschöpfung – oder ganz einfach nur die Müllhalde, derlei gewinnt heute Symbolcharakter. Das alles weist über den rein materiellen Verlust hinaus, verrät Ehrfurchtslosigkeit vor dem Leben im ganzen, mehr noch eine wenn auch meist unbewußt bleibende Destruktivität. Die „Fristenlösung" darf hier natürlich nicht vergessen werden.

Um zu begreifen, worin das „Arrangement des Lebenssystems" (das Grundprinzip) besteht, hätten wir uns vor Augen zu führen, schreibt Adler, wie schon das Kind „an das Leben herantritt" (22). In einer Konkurrenzgesellschaft, wo jeder um Mehr-Bekommen, -Besitzen, -Sein bangen muß, ist der Rahmen von vornherein eng abgesteckt. „Es ist in höchstem Maß bemerkenswert, daß Sammeln von Erfahrungen nur gelingt, wenn das Kind bereits ein Ziel vor Augen hat", fährt Adler fort (23).

„Grenzen des Wachstums" sind nur für Sachgüter gegeben, nicht aber für personales Sein. Liebe, Kommunikation und Kooperation, Aktivitäten, die auf soziales Einswerden und Ergänzung ausgerichtet sind, unterliegen keiner Festlegung.

Das Macht-Prinzip zielt in letzter Konsequenz darauf ab, „zu erobern, zu rauben, zu töten" (24). Es dürfte sich hier um die nämliche „Konsequenz" handeln, die neurotisierte Kinder später, nach Jahr und Tag in den Selbstmord führt (25). Eine solche „Entwicklung" erfolgt umso zwangsläufiger, je mehr in einer Gesellschaft lebens- und menschenfeindliche Ziele vorherrschen. Deren Vorhandensein springt freilich oft nicht gleich in die Augen.

Im Horizont des Messens, Zählens, Wägens, quantitativen Denkens und entwertenden Vergleichens – z. B. in Familie und/oder Schule – geht Wachstum als Vermehrung, Steigerung, Zunahme bis hin zu gefährlicher Übergewichtigkeit vor sich, nicht aber, wie es für Lebensprozesse kennzeichnend ist, als qualitative Veränderung und Umformung. Auch Leben hält man dann für machbar und preßt es damit in ein Prokrustesbett.

Die Frage aus der Bergpredigt: „Ist nicht das Leben mehr als nur Essen und der Leib mehr als die Kleidung?" (Mt 6, 25), wird oft für eine naive Übertreibung gehalten. Die Entscheidung zwischen Gottes- und Mammonsdienst, wie sie dort gefordert ist, dürfte aber keineswegs nur eine „rein religiöse" Bedeutung haben. Am Ende ist nur der „bekehrte Sünder", wie Adler versichert, der wirklichen Menschenkenntnis fähig (26), dazu, Zerstörerisches von Wachstumsförderndem zu unterscheiden, und auch willens, für letzteres, ohne persönlichen Nutzen, voll und ganz einzutreten.

Wenn Teilung um des Herrschens willen auf menschliches Seelenleben übergreift, werden die einzelnen psychischen Funktionen dysfunktional (27). Gleichzeitig kommt es zu einer Verabsolutierung, und zwar in folgender Art und Weise:

– Genuß stellt sich dann als eine Pervertierung des Fühlens dar; der Maßlosigkeit fällt nicht nur der Geist, auch Sensibilität bzw. Genußfähigkeit zum Opfer
– Besitz als ausschließliches Ziel allen Strebens verrät eine ausgesprochene Kurzsichtigkeit des Denkens; hier wird für „ungelebtes Leben" ein Ersatz gesucht und mangelnde Persönlichkeitsreife schamhaft verdeckt
– Macht läßt schließlich den Willen zur Willkür entarten; in wahrhaft götzendienerischer Weise wird der Herrschsucht Mitmenschlichkeit geopfert.

Auf Grund von Gefühllosigkeit, rationalistisch verengtem Denken und erstarrtem, einzig auf Ich-Erhöhung ausgerichtetem Wollen reifen bittere „Früchte" heran. Doch wir wollen hier nicht bloß in die Klagen einstimmen, die sicher zu Recht behaupten, in der Zeit des „Wirtschaftswunders" seien Lebensfeindschaft, Sadismus und „Nekrophilie" (28) der Hitler-Zeit nicht wirklich bewältigt, nur verdrängt worden. Es käme auf eine radikale, d. h. an die Wurzeln dringende und „vom Herzen kommende" Lösung an.

Hier taucht nun die Frage nach Kind und Kindheit auf, wie sie für Psychotherapie kennzeichnend ist. Denn der Verdrängungs-Zwang in frühem Alter bewirkt späterhin neurotische Verkrüppelung und Deformation von Leben. Trotz der unkonventionellen Thematik möchte ich behaupten, daß hier ein Erziehungsbuch vorliegt.
Seltsamerweise wird die Selbstüberschätzung des einzelnen, sein Größenwahn, ein der Wirklichkeit zuwiderlaufender Maßstab leichter und schneller als pathologisches Phänomen erkannt, als das im Hinblick auf „Wachstumswirtschaft", bürokratische Hypertrophie, Totalitarismen und gesellschaftliche Fehlspekulationen der Fall ist. Heute sind wir übrigens beim „Nullwachstum" angekommen, von einer „Nullösung" bezüglich Atomwaffen aber noch immer weit entfernt.
Kind-Werden als Maßstab nach den Worten Jesu (vgl. Mt 18, 2 f.) würde jegliche Planstrategie zuschanden machen. Entfaltungsmöglichkeiten entsprechend menschlichem Maß wären auf diese Weise sichergestellt. Es bedürfte dazu einer Hinwendung zum Leben und seinen Bedingungen. Ein Sich-Ausbreiten zuungunsten anderer begünstigt „Versteinerung".
H. E. Richter fordert angesichts heutiger Aggressivität und Destruktivität ein Abrücken vom „Leitbild des Expansionismus", das uns bis in Schule und Kindergarten hinein zugesetzt und eine unerfüllbare Prestigesucht erzeugt hat. Übersteigerte Rivalitätsideologie und parasitäre Geschlechterverhältnisse führen nach Richter zu einer Diskriminierung insbesondere der Armen, Kranken, Schwachen „als den angsterregenden Gegentypen des expansionistischen Größenwahns" (29).

Mir scheint, daß ich mich als Psychologe nicht zu genieren brauche, als Theologe erst recht nicht, wenn ich in diesem Buch auch auf die christlichen Wurzeln der humanitären Idee, insbesondere auf das Erfordernis von Barmherzigkeit, Nächstenliebe und Solidarität mit Menschen „auf der Schattenseite des Lebens" – bis hin zum Schatten selbst-, wenn auch keineswegs freigewählten Todes – zu sprechen komme. Der Ehrlichkeit halber müßten wir allerdings zugeben, daß jede Idee nur dann Kraft besitzt, wenn sie charakterlich verwurzelt ist, daß nach menschlicher Realität hinter religiösen Systemen gefragt werden muß (30).

Es besteht kein Grund, die Mängelbedingungen menschlicher Existenz in Abrede zu stellen, sie zu vertuschen (31). Anders verhält es sich, wenn zu dem unredlichen Zweck, sich Konkurrenten vom Hals zu schaffen, ein Perfektionismus in Umlauf gesetzt worden ist. Dann versuchen stets einige, ihre Überlegenheit durch Unterwerfung anderer zu bewerkstelligen. Daß damit Lebensfreude verlorengeht, wird allzu großzügig in Kauf genommen.

Zuletzt soll im Anschluß an zwei Bibel-Zitate auf den Titel dieses Buches eingegangen werden. Das eine Mal behauptet Jesus: „Wer sein Leben retten will, wird es verlieren" (Mk 8, 35). Eine Krankenheilung am Sabbat dagegen leitet er mit der Frage ein: „Soll man Leben retten oder es umkommen lassen?" (Mk 3, 4). Doch nur scheinbar ist hier ein Widerspruch vorhanden. Das Vorgehen ist in beiden Fällen ein anderes.

Wir können hier eine wichtige Einsicht gewinnen, zunächst die, daß Sicherungsmaßnahmen, die ausschließlich eigenes Dasein betreffen, fruchtlos, vergeblich sind, den Verlust nicht abzuwenden vermögen. Die Frage nach der Rettung und dem Heil von Mitmenschen öffnet anderseits – entgegen institutioneller Härte und starrer Gewohnheit (wie z. B. des Arbeitsverbotes am Sabbat) – einen Ausweg, der allen zugute kommt.

I. Die Überlebensfrage

> „Richtig leben heißt, nicht länger nur ein ethisches oder religiöses Gebot erfüllen. Zum erstenmal in der Geschichte hängt (auch) das physische Überleben der Menschheit von einer radikalen Veränderung des Herzens ab. Diese ist jedoch nur in dem Maß möglich, in dem drastische ökonomische und soziale Veränderungen eintreten, die dem einzelnen die Chance geben, sich zu wandeln, und den Mut und die Vorstellungskraft, die er braucht, um diese Veränderung zu erreichen" E. Fromm (32).

Häufig sind Gebote besser als ihr Ruf. Daß sie in einer konkreten Situation keinen Nutzen bringen, steht nicht von vornherein fest, wenn nämlich Sinn und Absicht ermittelt werden. Zumindest eine Warnung vor Gefahr ist in vielen Fällen ausgesprochen. Für eigenes Wollen und Entscheiden bleibt dann immer noch Raum. Verantwortung kann allerdings durch Gesetzestreue nicht ersetzt werden.

Unter dem Einfluß des Machtprinzips haben wir mit einer enormen Bewegungseinbuße zu rechnen. Durch Vorschriften ist alles Handeln genau festgelegt. Man läßt sich von der Fiktion der Unveränderlichkeit des Systems leiten. In Wirklichkeit will jeder seine Macht behalten und neue dazugewinnen. Dem entspricht eine starre, zwanghaft-aggressive Charakterstruktur. Als Aktionsmodi fungieren hauptsächlich Angriff und Verteidigung.

Menschen, die im Horizont solchen Denkens neuerlich einen „Führer", die „starke Hand" herbeisehnen und sich von „strengeren Strafen" die Lösung der Zeitprobleme erwarten, bezeugen damit ihre Unmündigkeit, zugleich ein tiefes Mißtrauen gegen alles Lebendige, Nicht-Festgelegte. Im selben Maß wächst die Gefahr kollektiver Ohnmacht und verbrecherischer „Machtergreifung".

Einzig die Vertikale steht im Bereich von Befehl und Gehorsam als Bewegungs-Richtung zur Verfügung: Oben- oder Untensein, Übertreffen oder Unterliegen, Aufstieg oder Rückfall. Die Frage lautet hier, wer „Hammer" und wer „Amboß" ist.

Adler empfiehlt, in diesem Falle müsse Klarheit geschaffen werden, „daß im Leben viel mehr durch das Gemeinschaftsgefühl wächst und gedeiht als durch den Kampf, den Menschen gegeneinander führen" (33).

Die Abneigung vieler auch gegen die Gebote Gottes, das Unvermögen, darin eine Freiheitsbotschaft zu erblicken (34), dürfte weniger auf deren Inhalt als vielmehr auf einen Erziehungszwang zurückgehen. Die Drohungen von seiten selbsternannter „Stellvertreter Gottes" wirken darin nach.

Über eine autoritäre Gesellschafts- bzw. Familienstruktur bemerkt Fromm mit Recht: „Wir haben Sicherheit, so lange wir niemand sind." Die Obrigkeit honoriert ihre fügsamen Untertanen und Bewunderer. Sünde würde hier – als „Ungehorsam" – durch Unterwerfung getilgt.

Der verlorene Sohn kehrt allerdings nicht nur reumütig, sondern auch einsichtig zurück (vgl. Lk 15, 17ff). Der „nichtautoritäre Sündenbegriff Jesu" besagt im Gegensatz zum Vermeidenwollen von Unannehmlichkeit (in Ungnade fallen . . .), daß Sünde als Entzweiung (Teilungs-Produkt) durch „Einswerden mit Gott und gleichzeitig der Menschen untereinander" überwunden wird (35).

In Form eines vertikalistisch (hierarchisch) strukturierten Zusammenlebens kommt es lediglich darauf an, daß keiner dem anderen seine Position streitig macht, etwas „wegnimmt". Das Elend der Entfremdung ist hier von vornherein gegeben, gewissermaßen eingeplant: jeder ist mit sich allein (als Überlegener oder als Unterlegener), isoliert und zugleich von allen Seiten kontrolliert. Wenn „jeder sich selbst der Nächste" ist, kann es keine Liebe geben, auch keine Selbstliebe, lediglich Selbstsucht, d. h. ein Defizit an Liebe (36). Ein solcher soziokulturell bedingter Mangel steigert sich u. U. bis zum Selbsthaß.

Im babylonischen Turmbau des modernen Bürokratismus tut man sich viel zugute auf Objektivität. Bezüglich Schulleistung ist immerzu von Operationalisierbarkeit die Rede. In Wirklichkeit wirkt das Vorherrschen des Anonymen in höchstem Maß frustrierend. Es erzeugt irrationale Regungen und begünstigt Regression, sadistische Gelüste und Lebensfeindschaft (37). Im Gegensatz dazu stehen die Worte des Paulus: „Einer trage des anderen Last." Diese ganz und gar nicht reglementierende Forderung bezeichnet er als das „Gesetz Christi" (Gal 6, 2). Welches Gebot bzw. Gesetz dem Leben dient, das müßte eigentlich über dessen Geltung bestimmen, nicht aber das „Erzürntsein" irgend welcher Machthaber.

Es ist nun eine prinzipielle Frage, ob, wie Fromm annimmt, zuerst „drastische ökonomische und soziale Veränderungen" eintreten müssen, damit das Überleben der Menschheit wirklich gesichert ist, oder ob die Veränderung vom Einzelnen ausgehen muß und dieser sich somit nicht auf „Regelungen von oben" verlassen darf. Aber auch wenn wir hier menschlicher Freiheit und Verantwortung gegenüber dem Herstellbaren eindeutig den Vorzug geben, muß uns doch bewußt bleiben, daß Mut und Vorstellungskraft, vor allem aber die für „Veränderungen" erforderlichen emotionalen Qualitäten keiner für sich allein erringen kann.

In diesem ersten Kapitel ist nach sozialen Bedingungen, ebenso den Hindernissen für leibseelisches Wachsen und In-Beziehung-Treten zu fragen. Wir lassen uns dabei von der Auffassung Adlers leiten, daß gerade ein Minuserlebnis zu einer „Plussituation" führen kann und wir vor dem Negativen weder kapitulieren müssen noch es verdrängen dürfen (38). Im zweiten und dritten Kapitel soll versucht werden, auf einen Bewußtseins-Wandel hinzuarbeiten, und zwar im Kontrast zu suicidaler Lebensverunstaltung: durch Hinwendung zum konkreten Mitmenschen bzw. Verwirklichung des Solidaritätsprinzips.

1. Was bedeutet Selbstschädigung?

Daß ein Mensch sich selber Schaden zufügt, klingt unglaubwürdig – für das „gesunde Volksempfinden". Man ist eher geneigt, von einem „Selbsterhaltungstrieb" zu sprechen, diesen sogar als stärkste Kraft im Leben zu bezeichnen. Trotzdem gibt es das Phänomen „Selbstmord". Es zu isolieren, als hätte der „normale" Mensch mit derlei nichts zu schaffen, hieße, Opfer der „Lebenslüge", einer verbreiteten und zugleich neurotischen Verschleierungstaktik zu werden (39).

In seinem bekanntesten Werk, das unter dem Titel „Selbstschädigung durch Neurose" erschienen ist, betrachtet E. Ringel den Selbstmord in einem größeren Zusammenhang oder besser noch: als Resultat eines sich auflösenden Zusammenhangs (40). Er hebt dort vor allem drei Punkte hervor, deren Berücksichtigung von neurosenprophylaktischer Bedeutung sein kann:

– das Heraufbeschwören von Aggressivität im Kind durch die Eltern (bei gleichzeitigem Zwang zur Verdrängung)
– die Erzeugung eines Zwangsgewissens im Gegensatz zur Förderung eines personalen Gewissens
– Neurotisierung durch die Mutter (sowohl durch Härte als auch durch Verwöhnung).

Mutter-Neurosen, so Ringel, sind heute – zum Unterschied von den Vaterneurosen zur Zeit von S. Freud – im Zunehmen begriffen. Sie würden sich insbesondere psychosomatisch manifestieren. Die Leib-Seele-Einheit ist durch sie gefährdet (41).

„Steht ein Mensch ständig unter dem Druck unbewußten Aggressionspotentials, so ist es nur eine Frage der Zeit, bis der destruktive Ausbruch erfolgt. Es kommt dann (u. U.) zu unheimlichen Zerstörungsorgien des einzelnen und ganzer Gemeinschaften. Nicht nur individuelles, auch das politische Leben steht unter diesem Gesetz" (42). Wir werden indessen das seelische Elend kaum auf einen einzigen Faktor zurückführen können, wohl aber besonders auf das achten müssen, was Menschen (z. B. Kinder) vereinzelt und ihnen die Freude am Zusammenleben verdirbt. Adler betont diesbezüglich: „Aus der Tatsache, daß die Menschheit der Natur gegenüber stiefmütterlich bedacht ist, geht hervor, daß ein anderer Weg als der zur Gemeinschaft nicht denkbar ist. Jeder muß als Teil des Ganzen seinen Teil dazu beitragen" (43).

Ausdrücklich spricht Adler von einer „Richtung, in der Selbstschädigung bis zum Tod geht". Das Ziel dieser Richtung ist paradoxerweise „Überbewertung der eigenen Persönlichkeit" (44). Der Schaden wird hier sozusagen nur in Kauf genommen. Der Gegensatz zur sozialen Umwelt und damit die eigene „Einzigartigkeit" sollen betont werden. Von ungefähr kommt eine solche Asozialität freilich nicht. Sie hat immer eine Vorgeschichte und kann sich auf gesellschaftliche „Vorbilder" beru-

fen. Anders läßt sich weder Selbstschädigung noch auch der Selbstmord verstehen.
Auch dem Nichtpsychologen fallen Beispiele dazu ein, etwa die Suchtproblematik oder „Explosivität" im Alltag (nicht nur bei Autofahrern), in alledem vielleicht auch die Existenz starrer Gesellschaftsstrukturen, kommunikationsbehindernder Schemata. Es hieße, Familie utopisch zu überschätzen, wollte man diese unabhängig vom sozialen Ganzen und den darin enthaltenen lebensfeindlichen Kräften betrachten. Anpassungs-Zwang, wie immer er ausgeübt wird, stellt sich zumindest als Analogon zu neurotisierender Verdrängung dar.
Ohne Nächstenliebe, in einem auf bloße Nützlichkeit reduzierten Sozialgefüge, in Ermangelung von Sensibilität kann auch das Verhältnis zu sich selber nur schädigend ausfallen. Mit einem „Trieb" hat das alles ganz und gar nichts zu tun. Die diversen biologistischen Aggressionstheorien dürften vielmehr Ablenkungsversuche, bloße Rationalisierungen sein und darin zugleich Ausdruck der auf Natur gerichteten Zerstörungsabsichten, vorerst freilich nur der Selbstüberschätzung, des Bestrebens, sich selber zum Maßstab zu machen.

Das Machtprinzip in der Erziehung

Über das Eltern-Kind-Verhältnis ist bis heute unendlich viel geschrieben worden (45). Der Erfolg dieser Überproduktion dürfte sich eher in Grenzen halten. Teils schwören Erwachsene weiterhin unbeirrt auf ihren „pädagogischen Instinkt" (oder machen angeblich unumschränkte „Rechte" geltend), teils hat ein allzu buchstäbliches Einhalten von Erziehungsrezepten den letzten Rest von Sensibilität zum Verschwinden gebracht.
Welche unglaubliche Blickverengung gerade auf diesem Gebiet (im Verhältnis Älterer zu Jüngeren) das Machtprinzip bewerkstelligt, zeigt sich u. a. darin, daß heute durchaus zu Recht

behauptet wird, die antiautoritäre Erziehung (das Erdulden bzw. Zulassen von Rücksichtslosigkeit Heranwachsender gegenüber Erwachsenen) habe versagt. Man vergißt aber sehr oft hinzuzufügen, daß die autoritäre Erziehung – das Verletzen der Menschenwürde Heranwachsender durch Erwachsene – nicht minder kläglich versagt hat. Eine neue, qualitativ völlig andere Umgangsform müßte gefunden werden, zunächst aber eben eine Alternative zum Machtprinzip überhaupt.

Häufig versichern Erzieher, sie hätten es „nur gut gemeint", das „Beste gewollt", dem Kind eigene Lebenserfahrung angedeihen lassen (46). Vielleicht müßte wahrheitsgemäß einbekannt werden: „Ich habe dabei nur an mich gedacht", an mein Ruhebedürfnis, meinen Ehrgeiz, meine Wertvorstellungen, meine eigenen Wünsche.

Daß Meinungen, welche personales Selbstsein und Eigenaktivität ausschalten, schädlich sein können, wird kaum je vermutet. Trotzdem ist mit einer solchen Wirkung zu rechnen. Das gilt für jene, die einem solchen Einfluß ausgesetzt waren, aber auch für die, von denen er ausging, mangelnden Einfühlungsvermögens wegen.

Außerdem wird kaum je das Kind oder der Jugendliche nach seiner Meinung gefragt, noch macht man sich bezüglich deren Bedürfnissen ernstlich Gedanken. Sie verstünden noch nicht, worauf es im Leben ankommt, wird oft behauptet. Daß Mutter-Liebe, gerade sie, jemanden zur Selbstschädigung zwingen könnte, ein solcher Gedanke erscheint geradezu frevelhaft. Wir werden ein solches Tabu dennoch ernstlich hinterfragen und uns mit diesem Thema noch ausführlich befassen.

„Das Kind gehört dem Leben, nicht den Eltern", behauptet F. Künkel (47). Würde dennoch auf Heranwachsende ein Besitzanspruch erhoben – zum Dank für Investitionen ... –, erhöht sich weder der Genuß noch die Macht der Eltern, ganz im Gegenteil. Des Ärgerns ist kein Ende, und was „Kämpfen" betrifft, so warnt Adler davor ausdrücklich: die Kinder seien stets die Stärkeren. „Wenn einer Verantwortung übernimmt, so ist er niemals der Stärkere" (48). In einer Erziehung ohne Verantwortung gibt es vollends nur Verlierer.

Rücksichtslosigkeit, von wem immer sie ausgeht, erzeugt Spaltung bzw. Mißtrauen und verhindert Partnerschaft. Niemand kann sich dann als aktiver Teil eines Ganzen fühlen. Nur Kinder, die nicht ständig von „Liebesentzug" bedroht sind, besitzen Mut zum Leben (49). Die anderen unterliegen dem Zwang, Wut, Haß, Verzweiflung, alles, „was sich nicht gehört", ihre ganze Hilflosigkeit hinunterzuschlucken. Früher oder später beginnen sie ihr Schicksal, am Ende sich selbst zu verfluchen und zu hassen.

Eltern, deren Gunst man „verlieren" zu können glaubt, hält man begreiflicherweise fest, bleibt an sie fixiert, damit aber auch an frühkindliche Erlebnisweisen. Es kommt unweigerlich zu einer Erstarrung. Die Neurose konserviert sozusagen das, was gewesen ist, verhindert Neues und Erneuerung. „Das Kind ist (dann) in der Falle seiner Ansichten gefangen und wiederholt unaufhörlich seinen ursprünglichen psychischen Mechanismus und die sich daraus ergebenden Handlungen" (50). Beizeiten wird Eltern die Freude an dem „braven Kind" vergehen, wenn dessen Anhänglichkeit sich als Parasitismus offenbart. Aufsässigkeit, Protestieren um jeden Preis verrät mit anderen Mitteln den nämlichen Zweifel an eigenem Wert.

Rückblickend auf Ringels Schwerpunkte – das Vermeiden von Aggressivität, den Gewissenszwang und die Mutterfixierung betreffend – muß gesagt werden: Vom Erwachsenen ist primär Dialogfähigkeit und Dialogbereitschaft verlangt. Umgekehrt bietet gerade das Befaßtsein mit Kindern und Jugendlichen die Möglichkeit, die eigenen Sozialisationsbedingungen kritisch zu reflektieren und sie ihrer „Schicksalhaftigkeit" zu entkleiden. Ferner sind wir durch das entgegengebrachte Vertrauen in die Lage versetzt, eine Klärung der eigenen Selbstwertproblematik herbeizuführen.

Man solle doch endlich damit aufhören, mit dem Hinweis, eine „schlechte Kindheit" gehabt zu haben, sich für alles und jedes eine gute Ausrede zu verschaffen, äußerte ein Teilnehmer einer meiner Volkshochschulkurse. Daß Kindheitserlebnisse grundlegend für alles weitere sein sollen, erregt insbesondere den Zorn von Menschen, die bezüglich Erwachsensein, Leistungsfähigkeit und Selbstdisziplin eine hohe Meinung von sich haben. Ihre autoritäre Einstellung bekundet sich darin, daß sie

verkünden, es käme bloß auf den Willen an; wer versagt oder es „zu nichts bringt", der sei „selber schuld".
Abgesehen von der Primitivität solchen Denkens, kommt darin jene Umbarmherzigkeit, irrationale Rachsucht und Bösartigkeit zum Ausdruck, wodurch einstiges Verletztwordensein eine „konsequente Fortsetzung" findet. Nur insofern bildet Kindheit eine tragfähige Basis, als Zusammenleben, Kommunikation, Gespräch für erstrebenswert gehalten werden und dadurch Selbstverwirklichung im späteren Leben miteinander, nicht gegeneinander vor sich geht.

Die Demütigung wirkt weiter

„Die größte Grausamkeit, die man Kindern zufügt, besteht wohl darin, daß sie ihren Zorn und ihren Schmerz nicht artikulieren dürfen, ohne Gefahr zu laufen, die Liebe und Zuwendung der Eltern zu verlieren", schreibt Alice Miller und fügt hinzu: „Die auf Kosten der (kindlichen) Lebendigkeit gelungene Erziehung zur Schonung der Eltern führt nicht selten zum Selbstmord oder zur extremen Drogenabhängigkeit, die einem Selbstmord nahekommt." (51)
Ich möchte mich jeder Abschwächung dieses Urteils enthalten und lediglich zu zeigen versuchen, daß es keinen Sinn hat, einen „Sündenbock" zu suchen. Sowohl Eltern als auch Kinder können Opfer einer falschen Idee werden.
Ich erinnere mich dabei an meine Klientin, Frau K. (48 J.), die wegen schwerer Depressionen in meine psychotherapeutische Praxis gekommen war. Schon die Körperhaltung der Frau verriet das Erstarrtsein, zugleich Distanz. Ständig behauptete sie alsbald von sich, für dieses oder jenes „zu dumm" zu sein, litt zugleich unter der (unbewußt) selbstherbeigeführten Isolation.
Der Versuch eines Gesprächskontakts zu Mitmenschen auf mein Anraten hin ließ in ihr vorerst nur die Meinung entstehen, ihr

Verhalten werde als „zudringlich" empfunden. Als ich schließlich Frau K. das Autogene Training anbot, vermutete sie unter Tränen, dies sei wohl ein „letzter Versuch", weil sie in meinen Augen ein „hoffnungsloser Fall" sei.
Daß sie ihre Mutter „eigentlich gehaßt" hat, weil sie sich als Kind andauernd bei ihr „entschuldigen" mußte, fiel ihr einzugestehen schwer, brachte aber eine sichtliche Entlastung.

Das Unbewußte, die Domäne der Tiefenpsychologie, würde völlig mißverstanden, wollte man sich von einer Raumvorstellung leiten lassen. Die „Tiefe", mit der wir es hier zu tun haben, ist zeitlicher Art. Gemeint ist das Fortwirken und Einflußhaben frühkindlichen Erlebens im Guten wie im Bösen. Positives Selbstwertgefühl samt Beziehungsoffenheit entstammt dieser Quelle, oder aber es werden durch Verdrängung „konservierte" Konflikte von einst im Jetzt wirksam (52).

In letzterem Fall verhindert ein neurotische „private Logik" die Realitätsprüfung, ebenso eine gesunde Selbsteinschätzung. Diese kann nur auf der Ebene der Gleichwertigkeit trotz Andersartigkeit jedes einzelnen zustande kommen (53).

Wenn indessen das „gebrannte Kind" von einst weiterhin das „Feuer" scheut, ergibt sich daraus Infantilität. Ein solcher Mensch geht der Auseinandersetzung mit der Umwelt aus dem Wege, weil die Mutter als „erster Mitmensch" sich nicht in erforderlichem Maß als vertrauenswürdig erwiesen hat (54). Das Kind bleibt sozusagen unerlöst. Die alte Wunde kann ohne mitmenschliche Nähe hier und heute nicht heilen.

Gerade jene Grundsätze werden oftmals zwanghaft festgehalten und sogar auf die eigenen Kinder angewendet, die vormals wie ein Gift krankmachend gewirkt haben. Mit christlicher Demut, die aus eigener Einsicht und immer verbunden mit Hoffnung zur Wirksamkeit gelangt, hat ein solches erzieherisches Vorgehen nichts gemein. Oft bildet der Neid eine Triebfeder: Die Kinder sollten die nämlichen Schwierigkeiten durchmachen, die man selber einst zu tragen hatte. Durch eine solche – wenn auch uneingestandene – Zielsetzung wäre an die Stelle von Erneuerung der Wiederholungszwang getreten und Hoffnung zunichte gemacht.

Zum Unterschied von Freud, der den kausalen Faktor für Entwicklung hervorhebt, und dessen biologistischen Triebbegriff, betont Adler die Finalität, d. h. die Möglichkeit, über Zukünftiges selber zu bestimmen. Seiner Meinung nach vermag schon das Kind sich selber Ziele zu setzen und dadurch das Vorhandene – Erbe und Umwelteinflüsse – zu gestalten, davon eigenständig Gebrauch zu machen. Außerdem wird statt eines „Lustprinzips" von Adler das Bedürfnis nach sozialer Zugehörigkeit, das Solidaritätsprinzip bzw. die produktive Funktion des Gemeinschaftsgefühls, betont. Gerade was Selbstverwirklichung und Eigenaktivität anlangt, besteht eine Nähe zu Fromm, aber auch zu Rogers (55).

Die individualpsychologische Auffassung vom Menschen kennt keine Seelen-Mechanik, außer im Fall der Neurose. Dann aber besitzt die Lebensfeindschaft oft über Generationen eine Ausbreitungstendenz. Als Übereinstimmung zwischen Adler und Freud ist das Ernstnehmen frühkindlicher Einflüsse für das spätere Leben feststellbar.

Frau K. erzählte mir vom Tod des Vaters („nach langer Krankheit und einer traurigen Zeit davor"). Außerdem kam ihr in den Sinn, daß sie sich lange den Schulweg nicht alleine zu gehen getraute. Jemand hat sie einmal mit einem Feuerzeug erschreckt. Die wöchentlichen „Anstandsbesuche" bei den Großeltern fielen ihr ein. „Katastrophen", so meinte sie, „gab es eigentlich nicht." Sie dachte dabei vorerst an eine kausale Begründung für ihre Depression.

Niemals wirken äußere Einflüsse, Traumen, objektive Faktoren von sich aus neurotisierend. Die schädliche, erniedrigende, „kränkende" Selbsteinschätzung bildet sich im Verhältnis zu anderen – als Entfremdung. Auf dem Hintergrund eines Grundbedürfnisses sowohl nach sozialer Zugehörigkeit als auch nach personaler Freiheit (56) hat vorenthaltene Zustimmung – zu beidem oder einem davon – katastrophale Folgen. Ein aggressives „Verschweigen" bringt dann inneres Beengtsein zum Ausdruck.

Über vieles „durfte" in der Herkunftsfamilie von Frau K. „nicht gesprochen werden". Den Kindern (Frau K. und ihren drei Brüdern) war auch der Zutritt zum Geschäft „verboten". Meine Klientin hatte von seiten der Mutter niemals Zärtlichkeit erfahren. Sie war diesbezüglich aber auch ihrem Mann gegenüber „allergisch" und fühlte sich oft im Verhältnis zu ihm bezeichnenderweise „wie ein Kind". Eine verhängnisvolle Rolle dürfte für die Mutter deren Vater, Frau K.s Großvater, ein herrisch-unberechenbarer Mann, gespielt haben. Ständig „hing durch ihn die Drohung in der Luft", der Familie das Geschäft „wegzunehmen".

Gemeinsam müßte nach einer Bindung gesucht werden, die ermöglicht, sich mit allen Menschen eins zu fühlen, zum Unterschied von der „Unterwerfungsbindung an Mächtige" (57). Mit der Forderung, sich ohne Unterwerfung gebunden und verantwortlich zu fühlen, stehen Fromm und Adler in der humanistischen Tradition, die auf jüdisch-christliche Wertvorstellungen zurückgeht. Die unmißverständliche Entgegnung auf innerweltliche Autoritätsansprüche lautet: „Ihr alle seid Brüder" (Mt 23, 8). Wenn daraus ein Schlagwort wird, bleibt die Erniedrigung allerdings weiterhin in Kraft.

Bei Frau K. schien die Ausschlußdrohung über ihre Kindheit hinaus fortzudauern. Sie kam dieser zuvor, indem sie sich selber ausschloß. Sie wurde aber durch die permanente Selbstbestrafung ihre Schuldgefühle nicht los. Denn gleichzeitig sollten immer auch andere – wenn auch unbewußt – bestraft werden.

Selbstschädigung dürfte letztlich identisch sein mit Liebesohnmacht. Die anderen bekommen diesen Schaden möglicherweise nicht in gleichem Ausmaß zu spüren wie der Betreffende, dem die Fähigkeit zur Selbstliebe mangelt.

Mir war schließlich aufgefallen, daß alles, was mit dem Essen zusammenhing, sich für Frau K. als besonders problematisch darstellte und sie in große Unruhe versetzte. Wenn sie sich mit ihrem Mann in Gesellschaft befand, konnte sie „keinen Bissen hinunterbringen". Sie fühlte sich in höchstem Maß gestreßt und hegte die Befürchtung, es könne mit dem Mahl „etwas schiefgehen", wenn daheim Gäste erwartet wurden.

Daß sie sich von der Haushaltsführung, insbesondere dem Kochen für die vierköpfige Familie, chronisch überfordert fühlte, kam wiederholt zur Sprache. Mir war von Frau K. auch berichtet worden, daß sie einmal unter seelischem Druck sehr abgemagert sei. Umgekehrt kam es bei ihr seinerzeit zu einer enormen Gewichtszunahme, als sie das Elternhaus verließ. Die „Strafe" dürfte der Mutter gegolten haben („die sehr knauserig war"), aber ebenso der Klientin selber.
Ich sprach sie nun direkt auf das Thema hin an. Für das Kleinkind bildet ja Gefüttert-Werden die Vertrauensbasis schlechthin. Die Frau äußerte zunächst, obwohl sie es so gerne möchte, besuche sie nie ein Kaffeehaus oder eine Konditorei. Auch wenn sie „etwas Überflüssiges" einkauft, zerstörten Schuldgefühle die Freude darüber.
Plötzlich war nun eine Erinnerung aufgetaucht, die Frau K. sichtlich erregte. Sie befand sich, ca. zehnjährig, mit ihrem älteren Bruder in einem Raum der Wohnung. Da stürzte die Mutter herein und ertappte die beiden beim Naschen, was ihnen neben der Konfiszierung der Zuckerln heftige Vorwürfe eintrug. Offenbar hatte die Mutter aber damit gerechnet, die Kinder würden miteinander „etwas Unanständiges" tun. Der Gedanke war von dem Mädchen als außerordentlich demütigend empfunden worden. Das Eheleben von Frau K. dürfte aber mehr von der damaligen Gesamtatmosphäre beeinflußt sein als von dieser im übrigen höchst aufschlußreichen Szene.

R. Battegay kommt auf den „Daumenlutscher" aus dem bekannten Kinderbuch „Der Struwwelpeter" zu sprechen. Er bemerkt über das Abschneiden der Daumen „zur Strafe", welches dort geschildert ist: „Diese Maßnahme stellt nicht etwa nur eine Kastrationsdrohung dar, sondern zieht darüber hinaus den Lustgewinn des Kindes als solchen in Frage." (58) Das Urteil lautet dann: ich darf mich nicht freuen, in zweiter Instanz: ich muß leiden, in der dritten: es ist besser, wenn ich gar nicht (mehr) lebe.

Anderen eine Grube graben

Das Sprichwort verkündet mit einer gewissen Schadenfreude: „Wer anderen eine Grube gräbt, fällt selbst hinein." Diese Art von „Lebensweisheit" ist jedoch mit äußerster Vorsicht zu genießen. Auf Erziehung dürften Sprichwörter übrigens mehr als nur indirekt Einfluß haben. Schadenfreude (infolge von Besser-Wissen) ist dort ebenfalls oft beheimatet.

Mir fällt an Sprichwörtern dreierlei auf: daß viele einfach falsch sind und bloß eine tendenziöse Zweckbehauptung darstellen. Eine Zwangsläufigkeit wird durch sie suggeriert, die es gar nicht gibt. Außerdem bleibt man uns die Erklärung schuldig. Die „Lebensweisheit" der Sprichwörter steht mit kritischem Denken offenbar auf Kriegsfuß. Aber zumindest als Anknüpfungspunkt mag sich der eine oder andere Satz eignen. So weist Adler auf die Bedeutung des Lebenszusammenhangs für das Verständnis von Einzelheiten hin, wenn er sagt: „Wenn zwei dasselbe tun, ist es nicht dasselbe." Er fügt allerdings hinzu: „Wenn aber zwei nicht dasselbe tun, so kann es doch dasselbe sein". (59) Er durchdringt damit die Oberfläche des „Verhaltens" wie auch des Sprichworts. Auch wir haben uns zu fragen, an welche Art von „Grube" gedacht ist.

Mir scheint, das Sprichwort meint eine Fallgrube. Vielleicht ist es aber auch ein Grab. Der Vorgang des Grabens stünde dann in direktem Gegensatz zu Wachstum (z.B. auch in Form von Wurzeln-Schlagen). „Sich selber das Grab schaufeln", so lautet eine Redewendung, die u.U. wörtlich genommen werden muß.

Herr B. (28 J.) hat ein „gutes Auftreten" und gewinnende Umgangsformen. Bald wurde ihm jedoch klar, daß er mir nicht zu imponieren braucht. Der Verzicht auf beschönigende Selbsttäuschung fiel ihm jedoch schwer. Vom therapeutischen Kontakt dürfte er sich eher „werbepsychologische Tricks", kaum eine Korrektur des Lebensstils erwartet haben. Jedenfalls blieb er nach einigen Zusammenkünften (enttäuscht, wie ich annehme) weg.

Seine Geschichte veranschaulicht, was mit „Sich-selber-Schaden" im Grund gemeint ist: Etwas, das sich von „Anderen-scha-

den-Wollen" (zumindest sie übervorteilen, "in den Sack stekken") kaum trennen läßt.

Ringel nennt als Beispiel für Selbstschädigung die sog. Prüfungs-Neurose. Jemand erweist sich hier insofern als „sein eigener Feind", als dem bewußten Erfolgswillen eine stärkere, unbewußte Tendenz gegenübersteht, die schließlich den Mißerfolg, das „Durchfallen", herbeiführt (60).

Vielleicht blieb Herr B. auch deshalb weg, weil er die „Prüfung" nicht geschafft hat und seine „Rechnung" nicht aufgegangen war. Stets wollte er „rasch zu Geld kommen". Es bestand nun Aussicht auf Heirat mit der Erbin eines florierenden gastronomischen Unternehmens. „Ich habe mir alles so schön ausgemalt", erfuhr ich, aber ebenso von Differenzen zwischen den jungen Leuten. Die Gunst der künftigen Schwiegermutter hatte Herr B. zwar erringen können, aber auch hier gab es bereits eine „Abkühlung", weil er, der Angestellte, sich schon als „Herr" aufspielte. Außerdem hatten galante Abenteuer stattgefunden.
„Diesmal muß ich es schaffen", lautete seine Devise. Er dürfte aber gerade diesmal buchstäblich seine „Rechnung ohne den Wirt" gemacht haben. Der zukünftige Schwiegervater hatte bereits die Entlassung in Aussicht gestellt. Ich habe keine Kenntnis, ob der „Griff in die Kasse" schließlich dazu geführt hat oder nicht. Mir ist nur bewußt, daß der Schaden im bisherigen Leben dieses Klienten immer auch ihn selber traf, niemals nur irgend einen anderen.

Durch frühkindliches Erleben hat sich in manchen Menschen eine ausgesprochen negativistische Grundhaltung gebildet. Gedacht ist dabei nicht nur an „Schwarz-Seher", vor allem an eine Kampfbereitschaft, die offen oder versteckt zum Einsatz kommt. Ringel führt das Prüfungs-Versagen auf die Ambivalenz zwischen Geborgenheitswünschen und Auflehnungstendenzen, vor allem dem Vater gegenüber, zurück (61).

Adler betont den aggressiven Grundzug nach beiden Seiten hin. Mit Weltverachtung verbindet sich immer auch Selbstver-

achtung: je mehr das Besser-Sein (die Überlegenheit) betont wird. Der Typus des „Gegenmenschen"fühlt sich ständig „wie im Feindesland" (62). Wiederholt kommt Adler auf einen vierjährigen Jungen zu sprechen, der gesagt haben soll, er wolle Totengräber werden, dann könne er die anderen eingraben und bräuchte sich vor diesen nicht mehr zu fürchten. „Machtfantasien" werden hier diagnostiziert, die besagen, anderen möge es schlecht gehen, sie mögen sterben, dann gehe es einem selber besser; erst dann habe man Lebenschancen (63).
Vergleiche (besser–schlechter) sind die logische Konsequenz der Vertikale als Maßstab und Bewegungsrichtung; das Übertreffenwollen und gleichzeitige Angst vor Unterliegen stehen dahinter. In Wirklichkeit entstehen durch den Wettbewerb primär – nicht nur als Nebenwirkung – Haß, Feindschaft, Neid gegenüber dem Nächsten. Auch der Erfolg selber ist dadurch mehr als zweifelhaft geworden, weil dessen psychosoziale Bedingungen „untergraben" würden.

„Wenn heute nur wenige Menschen richtig auf das Familienleben vorbereitet sind, so hat dies seinen Grund darin, daß sie niemals gelernt haben, mit den Augen des anderen zu sehen, mit seinen Ohren zu hören, mit dem Herzen des anderen zu fühlen", versichert Adler. Anderswo spricht er die Meinung aus: „Die menschliche Natur verträgt keine permanente Unterwerfung." (64) Naturhafte Unzulänglichkeit provoziert Wachstum, Erniedrigung weckt anderseits destruktive Rachegelüste. Dadurch geht die Verbindung mit Leben verloren. Der selbstsüchtige Mensch liebt sich nicht zu viel, er ist zu jeder Art von Liebe unfähig (65).

Herr B. entstammt kleinen Verhältnissen. Sein Vater, ein harter, arbeitsamer Mann, brachte zwei Söhne in die Ehe mit. Die Mutter ist „nie gefragt" worden. Der Jüngste, von Vater und Stiefgeschwistern „ständig attackiert", wuchs „fast wie ein Einzelkind" heran. Die Mutter suchte ihn stets in Schutz zu nehmen und zugleich „zu etwas Besserem" zu erziehen. Aber bereits die Schule brachte eine Ernüchterung. Flucht in die Krankheit sicherte mütterliche Zuwendung. Aber auch später erfüllten sich Herrn B.s Träume „immer nur für kurze Zeit".

Es gelang ihm nicht, Vater und Brüdern sein Einzigartigkeit zu „beweisen". Aus der verhaßten Tischlerlehre flüchtete er aufs Schiff („ins Abenteuer"), kehrte zurück, ging als Vertreter abermals auf Reisen. In keinem Beruf hielt er es lange aus. Homosexuelle Erlebnisse während seiner Zeit auf See, aber auch Verführung in der Kindheit machte er für Potenzschwierigkeiten verantwortlich, derentwegen seine Braut ihn angeblich verachtet. Zugleich aber brüstete er sich mit „unzähligen Mädchenbekanntschaften", erwähnte flüchtig ein uneheliches Kind, für das seine Mutter aufkomme. Immer wurde jedoch anderen „die Schuld" gegeben.
Mehrmals hatte Herr B. sich wegen „finanzieller Unregelmäßigkeiten" (z.T. vor Gericht) zu verantworten. Nicht nur der harte Vater, auch die Mutter wird mit Vorwürfen bedacht. Sie habe ihn „zum Hochstapler erzogen". Daß Geld verdient werden muß, wollte der junge Mann nicht zur Kenntnis nehmen. Er will „gewinnen", zürnt dem „Schicksal", betrachtet Zukunft notwendigerweise als etwas, wovor man Angst haben muß. „Man kann ja auch selber Schluß machen", lautete der fatalistische Kommentar zu einem verfehlten Lebenskonzept.

Das Ziel müßte sich ändern (66), dann gäbe es kein „Naturgesetz" des Untergangs und keine neurotische Kausalmechanik mehr. Erst auf diese Weise erhielten Tatsachen, auch Gewesenes eine neue Bedeutung. Nichts erschiene mehr als unabänderlich. Die falsche, dissoziierende Alternative „Gewinnen oder Verlieren" müßte um ihre Universalgeltung gebracht werden: durch „radikale Veränderung des Herzens".
Daß „Geben seliger als Nehmen" ist (Apg 20, 35), hält Adler für eine Menschheitserfahrung. Die Stimmung, die in diesem biblischen Ausspruch enthalten ist, zielt ab „auf Ausgleich und Harmonie des Seelenlebens" (67). Sie macht glaubhaft, daß Liebe stärker ist als der Tod und die Vernichtung.

Streben nach falscher Sicherheit

Die Menschen haben heute Angst. Viele glauben, die Ursachen dafür zu kennen. Die Ziele der Angst sind ihnen unbekannt. Drohende atomare Weltvernichtung, wirtschaftliche Schwierigkeiten, gesellschaftliche Umwälzungen werden als Faktoren der Verunsicherung genannt. Letzterer Gesichtspunkt fordert zweifellos besondere Aufmerksamkeit (68). Individuelle, lebensgeschichtliche Faktoren der „Entwurzelung" sollten jedoch nicht einem soziologischen Modetrend zuliebe übersehen werden.

Ein durchaus menschenfreundliches und lebensdienliches „Ziel" der Angst wäre Überwindung von Isolation, nicht aber, sich andere durch Schwäche gefügig zu machen (69). Sonst könnte das kleine Kind nie erwachsen werden. Eiserne oder goldene Fesseln (der Verwöhnung) machen keinen so großen Unterschied. Es müßte gerade dafür seine Betreuer, Versorger, „Wohltäter" am meisten hassen.

In äußerst kurzsichtiger Weise wird für „schwindendes Sicherheitsgefühl unter der Bevölkerung" oftmals lediglich die Zunahme krimineller Handlungen und Vorkommnisse verantwortlich gemacht. Wir werden zumindest die Möglichkeit einer Korrelation ängstlichen Sich-Versteckens und verbrecherischen Angriffsverhaltens in Erwägung ziehen. Eine Gemeinsamkeit des Mißtrauens wäre dann feststellbar, ein Beziehungsverhältnis, das zu Angriff und Verteidigung entartet ist. Das Schwinden von Besitztümern – z.B. infolge von Währungsverfall – bietet für die Verunsicherung keine hinlängliche Erklärung. Vielleicht müßte von verdrängter frühkindlicher „Hungersnot" gesprochen werden, einem dadurch beim Säugling ausgelösten Urmißtrauen (70), das sich erst später gesellschaftlich auswirkt. Durch bestimmte analoge Geschehnisse kann nun dieses Mißtrauen bzw. Verunsichertsein jederzeit mobilisiert werden und dann hervorbrechen. Wirtschaftliche Verknappung setzt dann niemals nur rationale, sondern emotionale und oftmals destruktive Prozesse in Gang.

Wenn wir an das Gleichnis von Sämann denken: Herzenshärte – eigene, in unserem Fall auch fremde – bzw. eine Verhärtung von Strukturen verhindert die Verwurzelung und das Fruchtbringen (vgl. Lk 8, 5 ff.). Ohne Bild gesprochen: Quantitatives tritt hier an die Stelle von Leben und Wachstum.

Je mehr einer gesellschaftlichen Irreführung zufolge der „Habenmodus" zu Ehren gelangt, desto schmerzlicher und verletzender werden die frühen „Kränkungen" stets aufs neue empfunden, desto größer ist die Gefahr, daß die Überlebensfrage gegen andere „gelöst" wird. Bezüglich „Endlösungen" dieser Art sind wir nicht mehr ganz unerfahren (71).
Liebe würde auf folgende Weise ihre Echtheit unter Beweis stellen: indem sie „Furcht vertreibt" (1 Jo 4, 18) bzw. Einheit und Gemeinschaft herstellt. Wenn durch sie Sicherheit im Vertrauen entsteht, erweist sie sich als Lebensfunktion schlechthin. Sie kann deshalb niemals den Charakter einer „milden Gabe" annehmen. Jeder bedarf ihrer, ist auf sie angewiesen. „Nächstenliebe ist Liebe unter Gleichen." (72)
Das Kind, welches verlassen wurde, das man aus erzieherischen Gründen verunsichert hat, sucht sich mit Gegenständen zu trösten. Den Mitmenschen hat es zu mißtrauen gelernt. Es verwechselt dann – bis auf weiteres – Wunscherfüllung mit Geborgenheit und Vertrauen. Es gewöhnt sich an Knopfdruckdenken und tyrannisiert andere durch permanente Forderungen und lernt Leben als einen „Kampf" interpretieren. Der Verlust bis hin zur Tötung irgend jemandes ist hier mit einkalkuliert.
Liebe übersteht den Tod, Objekte repräsentieren ihn. In einem Gleichnis ist folgende aufschlußreiche Szene geschildert: Ein reicher Mann führt Selbstgespräche. Er überlegt, wo er den geernteten Überfluß wohl unterbringen soll. Schließlich spricht er zu sich selber: „Ruhe aus, iß und trink, laß es dir gut gehen." Da redet ihn Gott an und sagt: „Du Tor, heute Nacht noch wird man dein Leben von dir fordern. Wem wird dann gehören, was du aufgehäuft hast?" (Lk 12, 16–21).
Auch die Beifügung zu dem schon zitierten Satz: „Wer sein Leben retten will, wird es verlieren", dürfte wichtig sein: „Was nützt es dem Menschen, wenn er die ganze Welt gewinnt, dabei aber sein Leben verliert?" (Mk 8, 35 f.). Die falsche Sicherungsmethode wird einer Kritik unterzogen: gerade Unersättlichkeit zeitigt den Verlust.

Solange Menschen Sicherheit durch Genuß, Besitz, Macht, nicht aber im Vertrauen, durch mitmenschliche Nähe und Beziehung zu erringen hoffen, dauert die innere Bedrohung fort und dadurch auch die äußere (73).

„Was kann ein Mensch als Preis für sein Leben bieten?", fragt Jesus (Mk 8, 37), um die ganze Unsinnigkeit quantitativen Denkens herauszustellen, das dem Tod, der nun einmal zum Menschsein hinzugehört, nicht gewachsen ist. „Man begeht dann Selbstmord genauso wie ein Geschäftsmann den Bankrott erklärt", vermutet Fromm (74). Aber bereits Gleichgültigkeit gegenüber Rechten, Wünschen und Bedürfnissen des Nächsten beinhaltet letztlich eine Negation von dessen Existenz, des Zusammenlebens und dadurch auch eigenen Daseins.

Sämtliche Selbstschädigungs-Mechanismen sind konzentriert im Streben nach falscher Sicherheit. Eine bestimmte Erfahrung (Unterdrücktwerden) hat die Lust am Zusammensein zerstört. „Wir brauchen keine Ersten", schreibt Adler: „Vor ihnen ist uns eigentlich schon übel." (75) Das körperliche Unbehagen dürfte hier nicht zufällig erwähnt sein. Soziale Entzweiung begünstigt die psychophysische.

Als „Ersatz" des Vertrauens und damit der Sicherheit fungiert ein Fixpunkt, den es gar nicht geben kann, schon gar nicht einen, „um die Welt aus den Angeln zu heben" (76), lediglich sich selber. Ich meine damit Entwurzelung (Orientierungslosigkeit und Sinnverlust).

Drei schädliche Tendenzen kennzeichnen insbesondere das isolationistische Sicherheitsstreben:

– Denken in Gegensätzen, die Betonung der Unterschiede und damit des Trennenden

– Beharrungs-Wille, infantiler Trotz, ein schädlicher Konservatismus; zufällig Gewesenes wird zum Maßstab alles Zukünftigen gemacht, was Wandlung ausschließt

– Selbstüberschätzung; ein illusionäres Wert-Gefühl ist Resultat der Entwertung anderer.

Letztlich entartet jedes Gefühl, das sich dem Kontakt verschließt, zum Würgegriff von Angst bzw. Aggression (77). Wir haben es hier mit der Ideologie des „Gegenmenschen" zu tun, die nach Adler gleicherweise einen „Hang zur Selbstschädigung" wie auch zur „Bestrafung anderer" aufweist (78). Diese Haltung ist deshalb so schwer zu widerlegen, weil sie durch Gegebenheiten in der Öffentlichkeit allenthalben bestätigt und als „natürlich" herausgestellt zu werden scheint.

Ein Natur-Produkt ist Liebe anderseits ganz und gar nicht, vielmehr eine „göttliche Tugend", eine, die allerdings Glauben – Vertrauen-Können – und Hoffnung – den positiven, optimistischen Zukunftsbezug, Zuversicht über den Tod hinaus – voraussetzt.

2. Modell eines Irrweges: der Selbstmord

Jemand müßte entweder selber sehr naiv oder an einer Irreführung anderer lebhaft interessiert sein, wollte er im Ernst behaupten, Welt und Leben stimmten mit unserer Wahrnehmung restlos überein. Es wäre jedenfalls verhängnisvoll zu glauben, Wirklichkeit sei das, als was wir sie aufzufassen bzw. zu beurteilen gewohnt sind.

Bereits beim Sammeln von Erfahrungen handelt es sich um das Wirksamwerden von Annahmen bzw. Theorien. Aus praktischen Gründen und infolge einer bestimmten, wenn auch meist unbewußten Absicht einigte man sich mit anderen auf ein Weltbild. Außerdem begünstigen soziokulturelle Umstände diese oder jene Betrachtungs- bzw. Handlungsweise.

Zu entmutigen braucht uns ein solcher „Relativismus" nicht. Wir heben dadurch die konstitutive Funktion von Beziehung hervor und weisen auf deren schöpferische Möglichkeit hin. Allzu verschieden sind die Formen für Welt- und Lebensgestaltung, als daß ein einzelner einen Absolutheitsanspruch erheben dürfe. Wird ein solcher dennoch erhoben – erfolgt im Gewand einer Ist-Aussage eigentlich eine tendenziös-einengende Soll-Aussage –, so manifestiert sich darin das Machtprinzip. Dessen uniformistischer Tendenz steht übrigens im diametralen Gegensatz zu echter Gleichwertigkeit. Feindseligkeit und Haß, Kampfbereitschaft und Zerstörungswut gegenüber Anderssein sind damit verbunden.

Jede Aussage ist niemals nur Feststellung, sondern immer zugleich Stellungnahme. Die deutungsfreie Tatsachenbeschreibung ist gar nicht realisierbar, schreibt O. F. Bollnow (79). Ohne subjektiven Antrieb kann man gar nicht nach Tatsachen forschen. Gemeint ist damit, daß Fakten für uns immer nur auf der Grundlage eines Vorverständnisses zugänglich sind und unsere Perspektive in das Ergebnis mit eingeht. Auch Adler betont: „Die Auffassung einer Tatsache ist niemals die Tatsache selber." Er hebt ebenfalls das subjektive Moment hervor, wenn er feststellt, daß es nicht darauf ankommt, was objektiv vorhanden sei, ob jemand wirklich minderwertig ist, „sondern darauf, was er darüber fühlt" (80).

Wirklichkeitsbewältigung mittels Denken, Wollen und Fühlen setzt stets ein bestimmtes Modell voraus. Dieses umfaßt Erkenntnisinteresse und Zielsetzung. Es beinhaltet somit einen Wertstandpunkt. Vor allem in bezug auf den Menschen kann es keinen Neutralismus geben. Abgesehen von möglichen Einzelheiten herrscht entweder das Maschinen-Modell oder das Partnerschafts-Modell vor. Es ist entweder der Wunsch vorhanden, behavioristische Dressur-Techniken anzuwenden – Menschenformung zu betreiben und mittels „Lohn und Strafe" zu erziehen – oder aber an einem sozialen Ganzen aktiv-verantwortlich teilzuhaben.

Folgende Gesichtspunkte ermöglichen uns Zugang zur Wirklichkeit bzw. deren Gestaltung:

- strukturelle: Zusammenhänge
- genetische: die Entstehung und ihre Bedingungen
- dynamische: Bewegung, Wachstum oder Verkümmern bzw. Sterben.

Ringel hebt nun mit dem „Präsuicidalen Syndrom" vor allem den strukturellen Aspekt hervor. Er zeigt damit ein „Modell" auf, das Weiterleben unmöglich zu machen scheint, auch wenn es – nach dem Urteil eher verständnisloser Zeitgenossen – dafür keinen „objektiven" Grund gibt. An-einander-vorbei-Leben wird hier wie nirgendwo deutlich und schmerzlich fühlbar.

Den genetischen Aspekt deutet Ringel nur an. Im Gespräch mit ihm konnte ich wiederholt feststellen, daß er diesem in wachsendem Maß Bedeutung zumißt. Diesem Aspekt gilt unser besonderes Interesse: einer Entwicklung, die zum Selbstmord führt, einem Lebensweg, der in einer Sackgasse mündet. Der dynamische Aspekt wird meiner Meinung nach von E. Ringel zu mechanistisch dargestellt. Damit werden wir uns noch kritisch auseinanderzusetzen haben.

Auch wenn Wirklichkeit für uns immer nur aus einer bestimmten Perspektive, somit aspekthaft, erkannt werden kann und nur mit Hilfe eines Modells zugänglich ist, läßt sich darüber doch meist eine gewisse Übereinstimmung erzielen. Es gibt eine gemeinschaftliche Meinungsbildung, nicht nur die eher diktatorische „öffentliche Meinung". Miteinanderleben, Zusammenarbeit und vor allem das Gespräch führen dahin, tragen dazu bei.

Falls „Weltbild" und „Lebensform" indessen nur noch für einen einzigen Menschen Geltung haben, er dazu niemandes Zustimmung findet und damit allein bleibt (Kommunikationsverlust mit chronischem Verstimmtsein als Folge), drohen Stillstand, Auflösung. Tod. Eine Situation, die grundsätzlich immer Entscheidung mit einschließt, wird hier offenbar als unabänderliche Tatsache interpretiert. Es fehlen dann notwendigerweise die Alternativen.

„Je umfassender Quantität und Qualität der Bindungen sind, die das Individuum mit seiner Umgebung anzuknüpfen vermag, desto reicher ist seine Persönlichkeit, desto empfänglicher ist es dafür, sich neuen Situationen anzupassen." J. Baechler fügt die Schlußfolgerung bei, „daß mit dem suicidalen Akt eine extreme Einschränkung der Anpassungsfähigkeit des Subjekts zum Ausdruck kommt" (81).

Hieraus läßt sich entnehmen, daß es sich beim Suicid nicht unbedingt nur um das bedauernswerte Geschick eines einzelnen handelt, vielmehr die Überschätzung technischer Prozesse in unserer Zeit (Maschinen-Modell, Fasziniertsein von Macht) sich als akute Bedrohung auswirkt. Nicht nur, wie vielfach angenommen wird, von außen (durch Zerstörung der Umwelt), sondern primär von innen durch den Abbruch von Beziehung, fehlende Geschlechtspartnerschaft bzw. Solidarität und dadurch ein vitales Unvermögen sind wir in Lebensgefahr.

Es ist sozusagen ein schizoider (auflösender) Prozeß im Gange, ein Rückzug vom Leben überhaupt, wenn soziale Distanz zunimmt. Mittels Rationalisierung erhält diese eine Pseudorechtfertigung. Doch die Behauptung, man könne sich auf andere nicht verlassen, bringt lediglich das Gespaltensein in sich selber zum Ausdruck.

Merkmale des Präsuicidalen Syndroms

Die Verfassung eines Menschen, der sich in Selbstmordgefahr oder auch nur im Zustand von Lebensohnmacht befindet, beschreibt Ringel so: „An Stelle der klassischen, hier fehlenden neurotischen Symptome dominiert eine ausgesprochen neurotische Lebensgestaltung." (82) Damit wird angedeutet, daß eine Charakter-Struktur entstanden ist, die sich als Ich-Deformation auswirkt (83).

Leiden bezieht sich dann nicht auf Einzelheiten – in Entsprechung zu einem bestimmten Symptom –, sondern bestimmt in einer immer unerträglicher werdenden Weise das Verhältnis von Welt, Leben und Dasein im ganzen. Zugleich herrscht nach außen hin meist Angepaßtheit vor, wie es für Charakter-Bildung vielfach kennzeichnend sein dürfte, wenn erzieherische Härte und Anpassungs-Zwang zum Einsatz gelangt sind. Die Ankündigung im Selbstmordversuch kann in seiner Appell-Funktion aus „strukturellen" Gründen, mangels Beziehung, oft nicht wahrgenommen werden (84).

Zumindest darin stimmt eine pathologische Persönlichkeitsstruktur mit gesellschaftlichen (bürokratischen) Modellen überein und vermag darin eine Zeitlang „reibungslos" zu existieren, weil passives Angepaßtsein als „wünschenswertes Verhalten" erscheint. Isolation ignoriert man allzu großzügig in ihrer Gefährlichkeit. Keiner denkt daran, „des anderen Last" zu tragen, weil er angeblich mit der seinigen genug hat. In Wirklichkeit ist hier ein wechselseitiges strukturelles Defizit entstanden.

Wir erhalten darüber durch Adler Aufschluß, der feststellt: „Eine Aufgabe für zwei Personen hat eine eigene Struktur. Sie kann nicht nach Art einer Aufgabe für eine einzelne Person richtig gelöst werden." (85) Im Falle eines solchen Defizits bleibt nicht nur die soziale Aufgabe ungelöst, die sachliche natürlich auch. Die Herabsetzung der „Beweglichkeit" durch eine solche Art von einseitigem – monologischem – Charakter wird immer unerträglicher (86).

Das Präsuicidale Syndrom läßt die Dysfunktionalität einer gewissermaßen versteinerten („verkrüppelten") Ich-Struktur erkennen, zugleich die Notwendigkeit des Du-Bezuges. Entwicklung ist hier als Zerfallsprozeß vor sich gegangen. Das Ergebnis sind die „Elemente" des Syndroms, deren Zusammentreffen die Selbstmordhandlung auslöst. Hier besteht das Maschinen-Modell völlig zu Recht. Es zeigt gleichzeitig seine ganze Unmenschlichkeit und Götzenhaftigkeit, die perverse Gier nach „Menschenopfern".

Die „suicidale Persönlichkeit" im Hinblick auf Desintegration von Fühlen, Wollen, Denken beschreibt Ringel folgendermaßen:

– Einengung: durch sie entsteht ein Sensibilitätsverlust. Es bleibt nur noch das Gefühl der Angst übrig, schmerzlich gefühlte „Enge", am Ende vor dem Nichts, bis auch dieses Gefühl schwindet, der Vernichtung weicht.
– Gehemmte, gegen die eigene Person gerichtete Aggression: der Wille erscheint hier zweifach pervertiert, in Form von Hemmung und Zwang, aber ebenso der Wendung gegen sich.
– Selbstmordphantasie: hier tritt eine dreifache Verunstaltung des Denkens hervor, in Form einer Pseudolösung, des Realitätsverlustes, schließlich eines Zieles, das keines ist.

Ehe der sog. unglückliche Zufall ein zahnradartiges Ineinandergreifen der drei Elementar-Konflikte herbeiführt, sind diese schon existent, spiegeln eine „Welt", ein „Leben", ein „Dasein" wider, die für wertlos gehalten werden. Erziehung (durch bedingungslose Bejahung des Kindes), Prophylaxe (bezüglich Charakterdeformation, Neurose, Sucht, Suicidalität...), Psychohygiene (Konfliktlösungsmöglichkeiten) müßten auf eine grundlegende Umkehr ausgerichtet sein, womit sich die folgenden Kapitel befassen.

Ringels Struktur-Beschreibung erscheint mir besonders fruchtbar im Hinblick auf eine wünschenswerte Verlebendigung auch der gesellschaftlichen Strukturen, da heute die Menschen immer mehr „außengeleitet" sind. Darüber hinaus liegen verschiedenste Konzepte vor, die das Phänomen „Selbstmord" zugänglich machen und dessen Verdrängung entgegenwirken sollen. Daß gerade hier nur eine aspekthafte Betrachtung möglich ist, bedarf kaum einer Erklärung.

H. Pohlmeier zielt, wie mir scheint, zu vordergründig auf Selbstmord-Verhütung ab, von der These J. Amerys suggestiv gebannt, ein solches Unterfangen sei „schamlos", weil es die letzte Freiheit behindere (87). A. Alvarez tritt essayistisch an das Thema heran und vermag vor allem „Stimmungen" herauszuarbeiten" (88). K. Thomas befaßt sich (als Arzt und Seelsorger) sehr pragmatisch mit dieser Not (89). J. Baechler hat eine äußerst umfang- und materialreiche Studie vorgelegt, sich dabei um Systematik bemüht und eine Typologie entworfen. Sein wichtigstes Ergebnis: „Es gibt nie eine einfache Antwort." (90) Was gestörtes Selbstwertgefühl betrifft, vermag H. Henselers Erklärungsversuch zu überzeugen (91). Die meisten dieser Autoren würdigen Ringels Beitrag zum Thema.

Das Ich dürfte weder in der Masse aufgehen – einer falschen Sicherheitsvorstellung zuliebe – noch auch sich gegen soziale Umwelt verabsolutieren. Das eine Mal wäre ein Minderwertigkeitskomplex am Werk, das andere Mal ein Überlegenheitskomplex. Adler stellt nun fest, daß meistens beide vorhanden sind. Letzteren könne man auch im Selbstmord erkennen, aber nur, wenn man sich klargemacht hat, daß eine „Rachehandlung" vorliegt (92). Ringel läßt den Negativismus verständlich werden, wenn er von „gehemmten und entmutigten Kindern mit schüchternem, unsicher-ängstlich-kontaktgehemmtem Verhalten" spricht (93).

Ich möchte nun noch einen Fallbericht bringen und mich dann der Frage widmen, wie Lebens-Bejahung aussehen müßte. Abschließend ist hier auf das Stichwort „Alternative", heute oftmals bloß ein Schlagwort, einzugehen. Eine Antwort könnte lauten: Anderssein (personale Eigenart) dürfte weder kollektivem Zwang zum Opfer fallen noch auch eine aggressive Note bekommen. Falls Leben bedroht ist, wäre das freilich nicht verwunderlich. Auch wenn es heute keine „geschlossene Alternativ-Bewegung", lediglich gemeinsame Ideen, Ängste, Wünsche gibt, besteht für Arroganz von seiten der Wissenschaft oder der Politik kein Grund. Zu jämmerlich sehen die Modelle aus, die Wissenschaftler und Politiker bisher für die Lösung von Zeitproblemen zu präsentieren vermochten (Ausnahmen bestätigen die Regel). Ich stimme A. Unterberger zu, wenn er feststellt: „Man kann gerade in der Widersprüchlichkeit der Alternativbewegungen das Leben an sich wiedererkennen, das sich noch nie in das Prokrustesbett einer fertigen oder möglicherweise widerspruchsfreien Theorie zwingen hat lassen." (94) Ich denke an eine „überlebens-wichtige Bewegung", wenn im Untertitel dieses Buches von „Alternativen" die Rede ist.

Er würde jede Strömung (Bewegung) als gerechtfertigt ansehen, schreibt Adler, die das Wohl der gesamten Menschheit zum Ziel hat, er würde jede Strömung als verfehlt erachten, die durchflossen ist von der Kainsformel: „Warum soll ich meinen Bruder lieben?" (95)

„Zum Prüfstein der Nächstenliebe werden vor allem die Schwachen", stellt Ringel fest (96). So lange Liebe als Zumutung erscheint, man mit „Techniken" das Auslangen zu finden glaubt, ist nicht nur das physische, auch das psychische Überleben sowohl des einzelnen als auch der ganzen Menschheit schwerstens gefährdet.

Sich-nicht-entscheiden

Falls das Kind seine Schwäche als Ohnmacht – im Gegensatz zu Macht-Haben – deutet, ist bereits eine Irreführung erfolgt. Es wünscht sich dann, „gegen" andere Sicherheit zu gewinnen,

durch deren Verlust (97). Käme in der Erziehung ein partnerschaftliches Prinzip zum Einsatz (Ergänzung in bezug auf Geschlechtsunterschiede, Modell der Wechselseitigkeit), bestünde für allgemeinmenschliche „Minderwertigkeit" gemeinschaftliche Kompensationsmöglichkeit.
Es ist zweifellos ein Spezifikum des Menschen, daß er „bloße Wirklichkeit" verneinen und transzendieren kann, „auch seine eigene jeweilige Selbstwirklichkeit" (98). Selbstverwirklichung wäre dann ein Prozeß, kein erreichbares Ziel, schon gar nicht in Form des Triumphes über Mitmenschen. Kultur als Ergebnis der Überwindung defizitärer naturhafter Daseinsbedingungen setzt Zusammenarbeit voraus. Übereinstimmung von Denken und Wollen mit anderen ist erforderlich. Auch und gerade die Gefahr einer emotionalen Dysfunktionalität (sich in seiner Haut nicht wohlfühlen) kann nur gemeinschaftlich gebannt werden.
Der Gefahr, im schizophrenen Wahn zu versinken, vermag insbesondere Einfühlung zu begegnen. Jede Form der Kontaktnahme erhält einen solchen Menschen buchstäblich am Leben. Der Psychose ist umgekehrt ein Weg bereitet, falls die Eltern dafür sorgten, daß ihre Kinder zu Gleichaltrigen Abstand halten, sich als besser einschätzen.
Machtwille samt dissoziierenden Folgen stellt eine Entartung dar. Menschliches Wollen als wirklichkeitsgestaltende Kraft zielt nämlich notwendigerweise auf Einswerden ab, vollendet sich in der Liebe, ohne daß dadurch Individualität verletzt würde. Fromm schreibt dazu, daß Einschüchterung und Isolation „Gift" sind, was der Freiheit dient, zugleich aber „für das Leben wirkt". Hingezogensein zu etwas Lebensschädigendem sei pervers. „Die äußerste Perversion des Lebens ist der Selbstmord" (99).

Nach Ringel bestehen zwei Möglichkeiten, suicidale Verfassung zu ermitteln: die Untersuchung von Personen nach einem Selbstmordversuch und die Bemühung um eine Rekonstruktion der Lebensgeschichte von Selbstmördern (100). Einsichtnahme in soziale Distanz erscheint mir als eine dritte Möglichkeit, vor allem, wenn wir nicht nur „verhüten" wollen, sondern uns positiv

Erhaltung und Entfaltung von Leben am Herzen liegt, soll auch eine psychohygienische Bewußtseinsbildung erreicht werden.

So lange Herr S. (42 J.) sich zurückerinnern kann, leben seine Eltern „nur für das Geschäft". Die Mutter ist und bleibt ganz auf ihren Gatten fixiert, „hält" zu ihm, „gegen" den Sohn. Kontakte zu den beiden Kindern gab es kaum, als Ersatz dafür eine Angestellte und genug Geld. Die Schwester heiratete „so bald als möglich" ins Ausland. Über sie erfahre ich wenig. Obwohl Herr S. im väterlichen Unternehmen tätig ist, nimmt man dort weder von seiner Eheschließung noch von seiner Scheidung Notiz. Alles, was der Vater ihm zu sagen hat, betrifft ausschließlich die Firma. Das Arrangement der Beziehungslosigkeit ist „über Jahre hinweg gleich geblieben".

Einzig der Schmerz und der „Unwille zum Leben" in Herrn S. ist seither gewachsen. Ein Grundmotiv tritt auch hier zutage: Andere verlassen, um eigenes Verlassensein zu demonstrieren. Doch auch das mißlingt. Anders-sein-Wollen als der Vater verleiht jeglichem Wollen einen verneinenden Grundzug. Verneinung allein aber reicht nicht zum Leben.

Selbst ohne biologische Fachkenntnisse ist für jedermann ersichtlich, daß Sterben Auflösung bedeutet und der Organismus zu zerfallen beginnt, wenn er den aktiven Umweltbezug eingebüßt hat. Auch seelisches Leben geht als ein Prozeß wachsender Teilhabe vor sich. Mehr als das im Bereich pflanzlicher oder tierischer Organismen der Fall ist, greift menschliches Dasein über sich hinaus: in lebensgeschichtlicher Hinsicht, aber auch in Form von Partnerschaft.

Selbst wenn der Mitmensch die in ihn gesetzte Hoffnung niemals voll einzulösen imstande ist, bildet diese die Lebensgrundlage schlechthin. Die leere, hoffnungslose Zeit füllt sich anderseits mit Verzweiflung. Es gibt in ihr kein Lebenszeichen. Auch christlicher Glaube kann auf die Vertrauenswürdigkeit des Nächsten als „natürliche" Grundlage nicht verzichten.

Gerade die Absonderung eines „Übernatürlichen", Sakralen, vom Alltag, von den Sehnsüchten des Kindes und vom Zärtlichkeitsbedürfnis hat die heutige

Sinnkrise mitverursacht. Mit guten Ratschlägen oder philosophischen Tröstungen ist dieser nicht beizukommen. „An Gott glauben heißt, sich nicht ausgeliefert wissen an eine apersonale, sinnleere Materie und deren Gesetzmäßigkeit. An Gott glauben heißt, darauf vertrauen, daß wir uns diesem Geheimnis eines und jeden Menschenlebens anvertrauen können" (101).

Ein wichtiger Aspekt der Freiheit betrifft ein Überschreiten-Können der Ich-Grenzen. Vorausgesetzt ist die Bejahung des Andersseins anderer und das Mitfühlen – in lebensgeschichtlicher Hinsicht: Bejaht-worden-Sein durch Vater und Mutter. Materielle Werte und Güter sind jedenfalls nicht „alles", was einer zum Leben braucht.

Ich kenne Herrn S. und sein Problem schon seit langem. Es blieb immer gleich: Zögern, Sich-nicht-entscheiden-Können. Er wollte sich „nur aussprechen". Zu eigentlicher therapeutischer Arbeit kam es nie. Zwischen unseren Zusammenkünften lagen daher oft Monate. Über einen Monolog gelangte mein Klient dabei kaum hinaus.

Gelegentlich versuchte ich, seine Kindheitserinnerung anzuregen. „Ich sehe kaum etwas", hieß es dann. Das wenige erfolgte informativ, ohne emotionale Beteiligung. Gefühlen gegenüber herrschte Mißtrauen. Herr S. meinte, es würde besser, wenn sein Vater (76 J.) sich zur Ruhe setzt. Damit hätten wenigstens die „tagtäglichen Demütigungen ein Ende". Doch sehr glaubhaft ist diese Lösung nicht. Von einem Happy-End vermag ich in diesem Fall übrigens nicht zu berichten; ich weiß nicht, wie es weitergeht.

Bei einem unserer Gespräche war Herrn S. in den Sinn gekommen, daß er stets nach etwas sucht, das ihm in der Kindheit versagt geblieben ist. Gerade durch die zeitliche Verwechslung scheint es aus innerer Kerkerhaft kein Entrinnen zu geben, im Gegenteil: andere wurden „hineingezogen", mußten mitleiden, ohne mitleidig zu sein. Von seiner Frau hatte Herr S. sich scheiden lassen, kehrte aber immer wieder zu ihr zurück. Seine Tochter wollte er „nicht verlieren", seine Freundin ebensowenig. Mittlerweile ist es dieser „zu viel" geworden. Eine andere trat an ihre Stelle.

51

Die neue luxuriöse Wohnung erwies sich für Herrn S. ebenfalls als Fehlschlag. Er fühlte sich unter den vielen Gästen, die er immer wieder zu sich einlud, allein und konnte das wirkliche Alleinsein erst recht nicht ertragen, fürchtete sich davor, ,,eines Tages da hinunterspringen zu müssen". Selbstschädigend (laviert suicidal) deute ich eine Verletzung, deren Zustandekommen mysteriös geblieben ist. Die Phasen quälender Unruhe klangen stets nach einiger Zeit wieder ab, das ,,graue Gefühl" jedoch blieb.
Herr S. pflegte von ,,sexueller Anziehungskraft" zu sprechen. Er vermochte aber den andersgeschlechtlichen Menschen in seiner Ganzheit nicht wahrzunehmen und verwechselte dessen Bedürfnisse mit ,,Geschenken". Er war erschüttert, als er bei sich einmal Potenzschwierigkeiten feststellen mußte. In einem anderen Zusammenhang vermutete er schließlich selbst ,,emotionale Unterentwicklung".
Eine Reduktion von Gemüt und Gewissen ist zweifellos darauf rückführbar. Hier und anderswo (moralistisch-vorwurfsvoll) von ,,Willensschwäche" zu sprechen, wäre sinnlos und eine Ungerechtigkeit, vor allem, wenn Wille gleichzeitig als Naturprodukt oder Erziehungs-(Dressur-)Ergebnis aufgefaßt wird.

Aber nicht nur auf das jeweilige individuelle Schicksal haben wir zu achten, auch auf verfehlte kollektive Schemata, Trends, Leitbilder, insbesondere auf den Glauben an Zwangsläufigkeit. Das Maschinen-Modell würde einen solchen ,,Glauben" nahelegen (102). Die Überlebensfrage ist keine Sachfrage. Angesichts ,,gestörter" zwischenmenschlicher Beziehungen und damit zusammenhängender Eskalationen (z. B. in Form der heutigen ,,Jugendkrise") müßte diese Frage als Teil eines Gesprächs über gemeinsame Lösungsbemühungen gestellt werden. Nur in solchem Zusammenhang ist mit echter, umfassender Befreiung zu rechnen.

Vor allem im Humanbereich ,,schalten" Modelle und Prinzipien, Planvorhaben und quantitatives Denken eigenes Handeln- und Entscheidenkönnen vielfach aus und degradieren den einzelnen zum Ausführungsorgan. Wirtschaftliche oder politische Prognosen treten dann an die Stelle individueller Zukunftsgestaltung, verhindern das Nichtvorhersehbare: die Erneuerung.

Biologismus und Soziologismus – als Erklärungsversuche für Entwicklung, zugleich ausgesprochene Zwangsvorstellungen – haben die Willens-Freiheit in die Ecke gedrängt, nachdem diese vorher moralisch pervertiert bzw. zu einer Ja-sage-Instanz erwünschten Gehorsams gemacht worden ist (103).
Trieb-Lehre, Reiz-Reaktions-Schema (Konditionierungstechnik) und Autoritarismus stehen zumindest in ihrem Mißtrauen gegenüber menschlicher Selbstbestimmung und Entscheidungsfähigkeit im Einklang. Es wäre dann freilich grotesk, das Wort „Freiheit" in Verbindung mit Politik in den Mund zu nehmen, wo Macht schlechthin am Werke ist und Entscheidungen nur wenigen vorbehalten sind.

Auch in der Psychologie dürfte der „Wille" ebenso wie die „Seele" aus der Mode gekommen sein. Motivation als „Ersatz", weil diese sich von außen „steuern" läßt, entspricht offenbar besser mechanistischem Sicherheitsbedürfnis wie z. B. den Lernziel-Strategien der Schule. Wenn Partnerschaft, Liebe, Mitmenschlichkeit, aber auch Mut und Selbstvertrauen keine leeren, nichtssagenden Worte bleiben sollen, muß es dem Menschen zugestanden sein, selber „ja" oder „nein" zu sagen, über echte Wahl-Freiheit zu verfügen. Zumindest das Leiden am Ausgeliefertsein weist in diese Richtung.

C. R. Rogers ist überzeugt, daß der grundlegende Unterschied zwischen der behavioristischen und der humanistischen Betrachtung des Menschen in einer philosophisch begründeten Wahl liegt. Er schreibt dazu: „Für mich ist der Gedanke, daß der Mensch bis zu einem gewissen Grad Architekt seiner selbst ist, keine Illusion" (104).
Adler billigt schon dem Kind die Fähigkeit zu, Erbe und Umwelteinflüsse als Bausteine für den Aufbau seiner Persönlichkeit zu nützen (105). Die „Teilung" im Gesellschaftsleben in Form von Rivalität hätte zur Folge, daß die „Bausteine" am Ende nur noch als Zerfallsprodukte erscheinen, zumindest aber durch einen entsprechenden „Lebensstil" eine Verunstaltung erfolgt.

Zum Leben nicht Ja sagen können

Dem Vertikal-Modell gesellschaftlichen Lebens entspricht im Individualbereich ein Deutungsschema, das Zusammenleben immer mehr ausschließt. Selbstüberschätzung und Verzweiflung greifen hier ineinander. Die einstige Erfahrung des Ausgeschlossenseins wirkt weiter, und zwar nach Art eines Teufelskreises: die Negation der Mitmenschlichkeit wird von der Umwelt durch Ablehnung und Zurückweisung beantwortet.

Speziell die suicidale Verfassung und darin zunehmende Einengung (Isolation) führt Ringel auf drei Umstände zurück (106):

- genetisch: „schwere Neurotisierung in der Kindheit"; schon früh ist hier eine Entwicklungsblockade erfolgt
- strukturell: es fehlt soziale Verbundenheit infolge „konsequenter Fortsetzung" (der Verneinung) in der Zeit danach
- dynamisch: Ausbleiben der Symptombildung.

Letzterer Umstand läßt sich so charakterisieren: Auffallend ist die Unauffälligkeit. Die Katastrophe ballt sich sozusagen hinter der Oberfläche zusammen. Leben wird dadurch immer mehr bedeutungslos. Es fehlt Integrationsfähigkeit.

Der Verlust der „Liebe zum Leben" (Biophilie) wirkt sich dann logischerweise als Nekrophilie, d. h. als Todessehnsucht aus. Fromm sieht eine solche lebensverneinende Tendenz aber auch am Werk im Fasziniertsein und Angezogenwerden von technischen Abläufen: vom Mechanischen schlechthin, von dem, was sicher, berechenbar und greifbar ist. Objekten, die Genuß, Besitz und Macht versprechen, wird in diesem Fall der Vorzug gegeben (107). Die „Verneinung" greift über suicidale Zustände weit hinaus, wie dieser Hinweis erkennen läßt.

Gutem Zureden und jeglicher Form von Indoktrination bzw. Verhaltenssteuerung bleibt der Erfolg notwendigerweise versagt, wenn es darum geht, den Lebenswillen eines Menschen zu stärken (als könne dieser ohne Denken, Fühlen und Beziehung „funktionieren"). Gegenüber der Depression versagen Argumente (man solle froh sein, daß es einem so gut geht . . .). Sie beweisen nur Verständnislosigkeit und Unvermögen, „verstärken" das Frustriertsein.

Man kann aber auch Jugendliche zur Weißglut bringen, wenn man ihnen treuherzig versichert, sie hätten das ganze Leben noch vor sich – als ob ein bestimmtes Quantum ausschlaggebend wäre. Gerade im Jugendalter kommt es häufig in voller Schärfe zu einem Wiederaufleben der unbewältigten Vertrauenskrise. Alte Demütigungen werden neuerlich fühlbar. In bezug auf geschlechtliche und personale Identität findet eine Auseinandersetzung mit hemmenden Schuldgefühlen und drohender Identitätsdiffusion statt (108). Angepaßten, leitbildorientierten Menschen bleibt eine solche Auseinandersetzung vorerst erspart. Vielleicht bringen sie den Zwang später gegen sich selber zum Einsatz.

Das bekannte und für alle Beteiligten so quälende Erleben des Sich-unverstanden-Fühlens, nicht nur Jugendlicher, beinhaltet den Zweifel am Bejaht-Sein. Dieser wird umso mehr empfunden, je stärker die Mutter einst dem Kind gegenüber von einer zögernden, distanzierten oder besitzergreifenden Haltung bestimmt war und Bedingungen für ihre „Liebe" gestellt bzw. mit Härte oder Verwöhnung operiert hat.

Mangelnde Wechselseitigkeit hat zur Folge, daß sich das Kind als Lebewesen, aber auch mit seinen Bedürfnissen und Verpflichtungen nicht bejahen kann. Die Mutter wird dann vom Kind ebenfalls oft zum Bedürfnisbefriediger degradiert (109). Es fehlt in einer solchen einseitigen Beziehung die bedingungslose Hingabe.

Das Wesen der Neurose sieht A. Adler in der „Ja-aber-Formel" ausgedrückt, d. h. in einem Unvermögen, sich dem Leben und seinen sozialen Aufgaben ohne Einwände und selbstinszenierte Rückzugsmöglichkeiten zu stellen.

Er schildert den verzweifelten Versuch, aus der „Minussituation" herauszukommen, folgendermaßen: „In jedem dieser Fälle findet sich ein ‚Ja', das den Druck des Gemeinschaftsgefühls betont, immer aber gefolgt von einem ‚Aber', das stärker ist und eine Vermehrung des Gemeinschaftsgefühls hindert. Das ‚Aber' ist in allen einzelnen Fällen verschieden. Am stärksten ist es im Selbstmord und in der Psychose ausgesprochen:

als Folge von Erschütterungen, bei denen das ‚Ja' nahezu verschwindet" (110).
Dieser Beschreibung müßte nun eine Begründung folgen. Die Frage lautet, wo die „Minussituation" herrührt und wodurch eine „Erschütterung" entsteht, die das Ja zum Gemeinschaftsleben ausschließt. Adler gibt darauf eine klare und präzise Antwort. Wir werden deren Tragweite nicht aus Pietät übersehen oder unterschätzen dürfen.
Wenn die Mutter das Gemeinschaftsgefühl des Kindes „bei sich münden läßt", es gleichsam absorbiert, und dadurch eine „Ausschaltung der übrigen Welt" bewerkstelligt, ist nach Meinung von A. Adler dem Kind die „Grundlage zum sozialen Menschen entzogen" (111). Die Mutter wird dadurch zu einer Schlüsselfigur, was auch aus vielen Aussagen von E. Fromm hervorgeht (112).
Ringel schließlich gibt darüber Aufschluß, was er unter „schwerer Neurotisierung" versteht, und zwar in bezug auf den lebensgeschichtlichen Hintergrund psychosomatischer Erkrankungen: „Getroffensein an der Wurzel des Lebens" – durch beeinträchtigte Mutter-Kind-Beziehung. Während neurotisierende Konflikte mit dem Vater heute verringert erscheinen, seien „Mutterneurosen" im Zunehmen begriffen (113). Damit wird auch das Narzißmusproblem berührt, insofern in ihm ein gestörtes Selbstwertgefühl enthalten ist.
Die „konsequente" Fortsetzung der Fehlentwicklung, aber ebenso das Fehlen von Symptomen und der Verzicht auf ein Zeichen der Not werden verständlich, wenn die Mutter sich jeglichem Umweltkontakt des Kindes in den Weg stellt. Das kommunikative Unvermögen geht außerdem auf fehlende Ich-Strukturen zurück: Das Kind vermochte sich im Verhältnis zur Mutter nicht zu verselbständigen.

Ein solcher Mensch tendiert deshalb immer wieder zur Verschmelzung hin. Die Suicidalität führt R. Battegay in diesem Fall auf eine Diskrepanz zwischen narzißtischem Größen-Selbst (Grandiositätsphantasie) und mangelnder Identität zurück (114). Ein Kind, das von der Mutter in irgendeiner Weise in Beschlag genommen wurde und dem in der Folge Ablösung zum Zweck der

Verselbständigung verwehrt wurde, erweist sich als lebensunfähig, zumindest als außerordentlich „kränkbar" (115). Ihm fehlt nicht nur ein realistischer Umweltbezug, sondern ebenso die reale Präsenz im eigenen Körper.

Zwischen psychosomatischer Krankheit – dem Übergreifen des psychischen Konflikts auf den Organismus infolge unbewußter Selbstschädigungsabsicht – und der Selbstmordneigung möchte ich lediglich einen graduellen, keinen qualitativen Unterschied annehmen. Beide Male erfährt nämlich die Teilung eine Verleiblichung: als zwanghaftes Leiden- oder Sterben-Müssen, gleichsam zum Hohn auf heutige Konsummentalität. Möglicherweise haben wir es hier mit deren Demaskierung zu tun.

Wie der Genußwunsch „gegen andere" Lebensfreude zerstört, so bringen Besitz- und Machtwünsche Gemeinschaft zum Verschwinden. Aus dem zögernden „aber" wird schließlich eine Negation.

Wie wenig oftmals dem ehelichen Ja-Wort echte Partnerschaft erwachsen ist, zeigt sich u. a., wenn identitätsgestörte Mütter nun ihrerseits das Kind zum Opfer der männlichen Macht-Hierarchie machen: indem sie ihm seine Unterlegenheit und Abhängigkeit schmerzlich fühlen lassen, um sich wenigstens im Verhältnis zu ihm selber überlegen und „grandios" einschätzen zu können.

Auf Umwegen kommt sowohl in mütterlicher Überfürsorge als auch in der offenen Ablehnung des Kindes heutiger Expansionismus als „Verführung" zum Ausdruck, in der Tatsache nämlich, daß Frauen in höchstem Maß irritiert und durch die Identitätsangebote unserer Gesellschaft schlechthin überfordert sind. Die Ehrung, die man Müttern einmal im Jahr zuteil werden läßt, soll über das psychosoziale Elend hinwegtäuschen. Entsprechend groß ist bei vielen die Animosität gegen den „Muttertag".

Immer noch zeigt öffentliches Interesse sich von den Problemen der Frau und deren Auswirkung auf Heranwachsende nahezu unbeeindruckt. Man läßt sich von tiefenpsychologischen Erkenntnissen bezüglich der Notwendigkeit einer zufriedenstellenden Mutter-Kind-Beziehung offenbar nicht aus der Ruhe bringen. In der allfälligen Entrüstung über den Feminismus nimmt man die Verzweiflung nicht wahr. Den Gipfelpunkt der Verständnislosigkeit und des Zynismus dürfte eine Äußerung von Ursula Lehr darstellen. Die Autorin setzt sich über die erschütternden Befunde eines R. Spitz zum Hospitalismusproblem – in typisch behavioristischer Blickverengung – hinweg. Sie deutet die schädlichen Folgen des Heimaufenthalts für Kleinkinder, der Mutterlosigkeit dortselbst, lediglich als „Fehlen sensorischer Stimulation" (116).

Eine Wirtschaft, die angeblich auf die Berufstätigkeit der Frau nicht verzichten kann, allenfalls Tagesmütter, Krabbelstuben und diverse Kinderaufbewahrungsmöglichkeiten – mit oder ohne „sensorische Reize" – als Ersatz anbietet, wird von der Verelendung erst tangiert, wenn man den Konsumschwindel durchschaut hat. Es besteht die Möglichkeit, daß ein innerer Zusammenbruch dann jegliches System in Frage stellt. In diese Richtung mag der zunehmende Protest gegen Grundstücksspekulantentum bis hin zu Hausbesetzungen weisen. Man fühlt, daß Gewinnsucht, Habgier, Selbstvergötzung letzlich „mörderisch" wirken.
In Ermangelung von Nähe, Liebe, Geborgenheit und Vertrauen erscheint Leben für viele nur noch als Last. Eine Entwicklung, der die Möglichkeit des Sich-entscheiden-Könnens entzogen ist, geht notwendigerweise als Fehlentwicklung vor sich. Ihr Ergebnis ist der blinde, automatisierte Ja-Sager, der zu echter Bejahung unfähig ist und eigentlich immer nur seinen Vorteil im Auge hat.
Bestimmte gesellschaftliche Wertvorstellungen gelangen hier zum Einsatz. Es wird durch sie der Anschein erweckt, als sei verbissenes Streben Bedingung des Erfolges. Von dessen Nutzen für andere, wofür es der Einfühlung bedürfte, ist nicht die Rede.
Wenn Gefühle als Sentimentalität abgetan werden, enthüllt sich die ganze Niederträchtigkeit und Unmenschlichkeit des Machtprinzips. Um politischer Errungenschaften und wirtschaftlichen Umsatzes willen wird mit großer Geschicklichkeit soziales Ergänzungsbedürfnis in ein Konsumbedürfnis umfunktioniert. „Hans im Glück", die tragische Märchenleit-

figur, taucht hier auf: statt des Goldes gehört ihm zuletzt nur noch ein Mühlstein, den er wegwirft.
„Im Habenmodus findet der Mensch sein Glück in der Überlegenheit gegenüber anderen, in seinem Machtbewußtsein und in letzter Konsequenz in seiner Fähigkeit zu erobern, zu rauben und zu töten. Im Seinsmodus liegt es im Lieben, Teilen, Geben". (117)

Die Inanspruchnahme „gesetzlich erlaubter" Abtreibung z. B. läßt eine nekrophile Orientierung (Lebensberaubung) erkennen: sowohl beim einzelnen als auch in der Gesellschaft. Bereits hier, nicht erst im Suicid oder der Psychose, zeigt sich uns das „Aber" als Verneinung schlechthin. Zuvor mußten Verführer das Kunststück fertigbringen, sich unentbehrlich zu machen: der Mediziner, der die Fristenlösung „praktiziert". Dem Rauschgifthändler fehlt lediglich die Legitimation. Bezüglich Lebensverneinung sehe ich keinen Unterschied. „Je mehr der Drang nach wertlosem Besitz sich geltend macht, umso mehr verfälscht er normale Neigungen und Wertungen", erklärt Adler (118) und macht damit auf eine Wurzel der Bewußtseinsverfälschung aufmerksam.

Mitmenschliche Beziehungen werden zerstört und pervertiert, wenn Genuß-, Besitz- und Machthaben als Lohn der Fügsamkeit und des Angepaßtseins in Aussicht gestellt sind. Der Verzicht auf Spontaneität und Initiative wirkt sich besonders verhängnisvoll aus, falls Mutterschaft zu einer „Karriere" wird, das Kind somit nur noch ein Mittel zum Zweck ist (119). Hier wäre von einem Rollen-Zwang zu sprechen, und zwar in Analogie zu „Leitbildern" der Erziehung (120). Eine Konstruktion verdrängt dann personale Eigenart. Es erfolgt eine Anonymisierung bzw. Gleichschaltung.

Dem Klischee, der programmierten Vorstellung von Welt, Leben, Dasein fällt schließlich jegliche Verantwortlichkeit zum Opfer. Man verläßt sich dann getrost auf Institutionen, fügt sich deren Regeln. Auch der Erwachsene bleibt auf diese Weise ein belohnungssüchtiges Kind: infantil und unmündig. Im kommunistischen Machtbereich werden Nonkonformisten in eine psychiatrische Klinik verbannt. Hierzulande erklärt man solche Menschen für verrückt, was sich davon nicht wesentlich unterscheidet.

E. Fromm urteilt über den Angepaßten: „Er hat den Mut verloren, für sich allein zu denken und Entscheidungen nur auf Grund seiner vollen intellektuellen und gefühlsmäßigen Verpflichtung gegenüber dem Leben zu treffen." (121) Ihm fehlt die Gesprächsfähigkeit als wesentlicher Korrekturmodus.

Die Leitbilder bewirken auf eine ganz spezifische Weise Entfremdung: von sich selber und vom Nächsten. „Massenware" bzw. typisierte einzelne sind gänzlich kommunikationsunfähig geworden, und zwar durch:

- Verzicht auf eigenes Denken; es überwiegt Hörigkeit und es fehlt der Überblick (die Kompetenz)
- Unfähigkeit zu eigenem Wollen: weil man für Folgen keine Verantwortung tragen und sich ganz auf den „großen Bruder" Staat verlassen will
- Gefühllosigkeit; sie ist die Konsequenz der Fremdsteuerung, passiven Reagierens und Konsumierens.

Ja-sagen ohne die Bedingung und Einwände eines größenwahnsinnig-feigen (narzißtischen) „Aber" gelingt am Ende nur jener Liebe, „die nicht das Ihre sucht" (1 Kor 13, 5). Konkret gesagt, es bedürfe dazu einer Mutter, die dem Kind das Leben „schenkt", ohne gleichzeitig als „Dank" dessen Verzicht auf Eigenständigkeit zu fordern.

3. Die Versuchung des Götzendienstes

Der Gott der christlichen Offenbarung teilt seine Liebe den Menschen weder als „Belohnung" mit – auch wenn die Projektion eines elterlichen Egoismus ein solches Zerrbild hatte entstehen lassen – noch ist an eine exklusive Gegenliebe gedacht. Liebe soll vielmehr weiterwirken, sich ausbreiten, der Versöhnung dienen und zum Einswerden beitragen. „Wer nicht liebt, bleibt im Tode", heißt es im ersten Johannes-Brief, außerdem: „Da Gott uns so sehr geliebt hat, müssen auch wir einander lieben." (1 Jo 3, 14; 4, 11)

Der Vergebungs-Bitte im Vaterunser folgt der Ruf um Hilfe in der Versuchung, und zwar auf eben diesem Hintergrund: im Hinblick darauf, daß wir bereit sind, unseren „Schuldigern" zu vergeben und so mit dem Heils-Willen Gottes übereinstimmen. Ohne das „neue Gebot" kann es zu keiner radikalen Wandlung kommen, sofern Liebe Lebenserneuerung mit einschließt. Alle organisatorischen Regelungen und Maßnahmen versagen angesichts weltweiter Kriegsgefahr wie auch einzelmenschlicher Ausweglosigkeit restlos und kläglich, sofern sie nur auf Einzelheiten, niemals das Ganze abzielen.

Die Versuchung bestünde u. a. darin, daß jemand glaubt, er könne auch auf dem falschen Weg zu einem richtigen, nutzbringenden Ziel kommen, mehr noch: es käme dabei nur auf eigene Anstrengungen an.

Der „neue Götze", die Berechnung, das unpersönliche Prinzip, Rationalität ohne Gefühl müßte in seiner ganzen Armseligkeit, aber auch Gefährlichkeit erkannt werden. Er dürfte sich nicht länger einer selbstmörderischen Anbetung erfreuen (122). Anders ausgedrückt: auf das goldene Kalb der Selbstvergötzung (narzißtischer Grandiositätsvorstellungen) wäre Verzicht zu leisten.

Wir können es in psychologischer Sprache auch so sagen: Der innere Konflikt ist nur lösbar in Verbindung mit dem äußeren, sozialen, niemals ohne diesen bzw. zu Lasten anderer. Weder einem Prinzip noch einer bestimmten Erfahrung – z. B. in der Kindheit – kommt Unabänderlichkeit, Absolutheit zu.

Zumindest einen „psychischen Selbstmord" würde z. B. ein Sichopfern auf dem „Götzenaltar der Mutter" nach sich ziehen (123). Durch Mutter-Liebe, schreibt Fromm, entstünden zwei Menschen, die vorher eins waren. Kennzeichnend für diese Liebe sei Fördern der Verselbständigung – im Gegensatz zu einer, wenn auch maskierten Habsucht. Die Mutter, heißt es dort weiter, kann nicht nur Leben geben, ebenso dieses nehmen und zerstören, „verletzen wie niemand sonst" (124).

Die Versuchung der Mutter und durch sie bestünde darin, daß Liebesentzug in Erwägung gezogen wird, Bejahung nur bedingungsweise erfolgt, sie auf Angewiesensein des Kindes spekuliert, mit dessen Zuwendungsbedürfnis rechnet. Fixierung an eine Beziehungsperson und Entwicklungsblockierung (psychosozialer Immobilismus) bedingen einander. Ein Teufelskreis der Entmutigung wäre die Folge (125).

„Sammelt euch nicht Schätze, die Rost und Motte verzehren", lautet die ernüchternde Aufforderung der Bergpredigt. Als Begründung wird angeführt: „Denn wo dein Schatz ist, da wird auch dein Herz sein." (Mt 5, 19, 21) Doch Jesus hat nicht nur vom Götzen Mammon gesprochen und die „Armen im Geist" – Menschen, die sich ihres Bedingt- und Angewiesenseins bewußt sind – selig gepriesen, er hat vor allem „Größenunterschiede" außer Kraft gesetzt, wenn er verlangt: „Wer unter euch der Größte sein will, der sei der Diener aller" (Mt 23, 11).

Ohne Vergötzung der Macht bzw. der eigenen Person könnten materielle Dinge nie zum Götzen werden. Gleichzeitig fungieren diese als Mittel zum Zweck. Sie sollen Aufstieg sichern, aber nicht auf Grund unverdienter göttlicher Berufung, sondern infolge eines Geschäfts – wie es z. B. in Form von Verwöhnung der Fall ist.

Die eindrucksvollste Schilderung einer möglichen Fehlorientierung stellen die drei ersten Evangelisten in Form der Versuchungsgeschichte dem Bericht über das öffentliche Wirken Jesu voran. Das fremdartige, an einen Traum erinnernde Bild zeigt die menschliche Situation schlechthin, zugleich eine Steigerung der Gefahr, und zwar auch in psychologisch relevanter Weise. Eine Verabsolutierung von Genuß, Besitz oder Macht würde den Menschen von seinem Wesen entfremden.

E. Fromm ist darauf aufmerksam geworden. Er schreibt: „In dieser Geschichte werden Besitz- und Machtgier als Manifestationen der Habenstruktur verurteilt." (126) Für Adler dient das Andersen-Märchen „Der Essigkrug" zur Veranschaulichung eines unersättlich-wahnwitzigen „Gottähnlichkeitsstrebens" (127).

Ausschlaggebend ist dabei der Wunsch, die Bindung an Gott und den Mitmenschen abzuschütteln. Ohne Anstrengung, durch einen Zaubertrick wollen Menschen ans Ziel kommen und sich die Mühe eines gemeinsamen Weges ersparen.

In der Gestalt Jesu zeigt sich uns keine prinzipielle, modellhafte, sondern eine konkrete (personale) Alternative zum Irrweg auf Grund einer Versuchung (Verführung) durch den „Lügner und Menschenmörder von Anbeginn" (Jo 8, 44).
Ein dreifaches Angebot hat dieser zu machen, das jeweils auf Entwertung – Vereinseitigung durch verlogene, falsche Absolutheit – ausgerichtet ist: des Körpers gegen den Geist, individueller Wünsche gegen soziale Rechte, der Macht gegen Solidarität bzw. Gleichwertigkeit.
Der Teufel, so wird gesagt, fordert Jesus zunächst auf, sich Sättigung zu verschaffen, indem er Steine in Brot verwandelt. Ein Hinweis auf Bedürfnisse, die über Leibliches hinausgehen, erfolgt als Entgegnung. Der zweite Schritt: Jesus soll alle Reichtümer der Welt erhalten, sich dafür aber dem Bösen unterwerfen, ihn anbeten. Zuletzt soll Jesus die Menschenmassen durch wunderbare Flugkünste von der Zinne des Tempels herab in Erstaunen versetzen und so über sie Macht gewinnen (vgl. Lk 4, 2–12).
Die dreifache, sich steigernde Ich-Fixierung, in Form von Genuß-, Besitz-, Machtstreben, entsprechend emotionaler Einengung, unproduktiven Besitz-Denkens und einem zerstörerischen Macht-Willen, macht Hinwendung zur Mitmenschlichkeit erforderlich. Jesus hat diese in Wort und Werk, durch Leben und Sterben verwirklicht. Bloße Abstinenz gegenüber dem verführerischen Angebot bzw. der „Versuchung" würde nicht hinreichen.

Im folgenden soll nun diese Wendung herausgearbeitet werden, und zwar mit Rücksicht auf Prophylaxe, Therapie, aber ebenso eine neue, humanere Interaktionsstrukur, d. h. der Personorientierung statt (verbreiteter) Sachorientierung (128). Zuvor ist noch samt einleitendem Fallbericht auf die Dynamik der „Teilung" aufmerksam zu machen. Das Mutter-Syndrom bildet dafür die Grundlage bzw. eine Erklärung des Präsuicidalen Syndroms, insbesondere von dessen autoaggressivem (selbstzerstörerischem) Element.

Steine statt Brot

Bildungspolitik verschlang noch vor kurzem viel Geld. Man hoffte, sie werde sich bezahlt machen. Inzwischen wissen wir, daß dies nicht der Fall ist. Erziehungstechniken fanden regen Anklang z.b. in Form eines Intelligenz- oder sogar Kreativitäts-Trainings. Machbarkeit des Menschen hat sich indessen nicht nur als unmöglich, eine damit verbundene Reduktion als ausgesprochen schädlich und geradezu neurosenfördernd erwiesen. Entsetzt sehen Schultechnokraten und ehrgeizige Eltern sich mit zunehmendem Unwillen Heranwachsender konfrontiert (129).

Man hat diese an der vollen Schüssel, dem seinerzeitigen Wohlstandsnapf, buchstäblich verhungern lassen. Die „sensorische Stimulation" verbunden mit der Frage: „Wie bekomme ich ein intelligentes (erfolgreiches) Kind?" ist gescheitert. Das Sättigungsbedürfnis Jugendlicher wurde behavioristisch – im Stile von Tierexperimenten – gesteuert und damit irregeleitet. Wir sind allesamt der „Versuchung" erlegen.

Aus einem anderen Menschen etwas „machen", ihn manipulieren wollen, auch diese Form der Machtergreifung trägt den Todeskeim in sich (130). Es sollte uns sehr zu denken geben, daß Menschen in Ost und West sich gegen Reglementierung so erbittert-verzweifelt zur Wehr setzen.

Am Ende zeigt sich trotz aller Unterschiede dieselbe Unmenschlichkeit in sämtlichen diktatorischen Maßnahmen, den harten, militaristischen und den weichen technologisch-bürokratischen. Wer sich in seinem Persönlichkeits-Wert mit Leistung und Erfolg gleichzusetzen „gelernt" hat, fühlt sich den Ängsten und Aufgaben unserer Zeit nicht gewachsen. Das Maschinen-Modell hat ausgespielt. Es könnte doch zumindest sein, daß nicht die Welt schlechthin unterzugehen droht, sondern eine ganz bestimmte, gegen menschliche Bedürfnisse errichtete „Welt".

Psychotherapie, jede Art psychologischer Beratung und auch Selbstmordverhütung wird sich davor in acht zu nehmen haben, sich opportunistisch mißbrauchen zu lassen (131). Durch

Symptombehandlung an einer „Normalisierung" mitzuwirken, wie man sie in kommunistischen Ländern durchzuführen pflegt, wäre verbrecherisch. So abwegig dürfte der Vergleich nicht sein.
Es scheint, daß seelische Verkrüppelung und Lebensohnmacht die Unmenschlichkeit gerade jenes Systems offenbart, das sich „liebevoll", fürsorglich, wissend, unentbehrlich gibt und gegen das man deshalb nicht in Opposition zu treten wagt: aus Angst, den letzten Rest an Zuwendung aufs Spiel zu setzen.

Es fehlte bloß, daß Eltern und Erzieher sich gegen „Einmischung in ihre inneren Angelegenheiten" zur Wehr setzten, da Psychoanalytiker und Individualpsychologen – immerhin schon geraume Zeit – die üblichen Erziehungsprinzipien und -methoden anzuzweifeln wagen, insbesondere das verbreitete Unverständnis für seelische, nicht bloß materielle Bedürfnisse von Kindern und Jugendlichen (132).

Wie wenig auch Erwachsene zur Lebensmeisterung in echter Verantwortlichkeit heute imstande sind, zeigt deren infantilnarzißtisches Reagieren auf Wohlstandsschwund und angesichts einer „ungewissen Zukunft". Die Methoden, sich Trost zu verschaffen, nachdem man seinerzeit religiöse Bindungen in arroganter Selbstüberschätzung abzuschütteln wußte, entbehren weder der Tragik noch der Lächerlichkeit.

Wir sind heute offenbar weithin und unbeirrt von Zusammenbrüchen damit beschäftigt, ein „teuflisches" Angebot in Form von Genuß, Besitz, Macht anzunehmen: Folgende Erscheinungen deuten darauf hin:

- Alkoholismus, Drogensucht, Medikamentenkonsum sollen Mühsal, Krisenbewältigung, echten Aufbruch, Reifwerden ersparen helfen
- Astrologie, Zuflucht zum Okkultismus, magische Praktiken sind dazu ausersehen, neuen Reichtum herbeizuzaubern; mangels Selbstvertrauen liefert man sich kosmischen Gesetzen, dem „Schicksal", letztlich Geschäftemachern aus
- Sektenwesen, „Jugendreligionen", überhandnehmende Geheimlehren und -bünde schließlich hätten die Aufgabe, ein Gefühl von Einzigartigkeit („Allmacht") zu vermitteln.

In Wirklichkeit findet hier eine geradezu grauenvolle Selbstpreisgabe statt. Menschen streben danach, in einem kollektiven „Mutterschoß" einzugehen, um geborgen zu sein. Der damit verbundene Masochismus ist der Preis, um Alleinsein und eigene Nichtigkeit abzuwehren. „Nur der Neurotiker hat den Kampf gegen restlose Unterwerfung (noch) nicht aufgegeben." (133)
Die „inzestuöse Fixierung", irgendeine Form von unverändert fortdauernder oder neuerlich aufgesuchter Mutter-Bindung, beeinträchtigt oder zerstört nach Fromm die Fähigkeit zu lieben (134). Mit Adler ist das Entzweitsein von Mann und Frau als die Wurzel der Zerstörung anzusehen (135). Der Teil wird dann allenthalben für das Ganze ausgegeben, nachdem der Mann die Frau aus der Öffentlichkeit verdrängt hat und die Mutter sich gegen den Vater wenigstens beim Kind unentbehrlich zu machen wußte.

Dessen Enttäuschtsein und Protest ohne Rücksicht auf die erwartete, oft genug erpreßte „Dankbarkeit" bzw. Schmerz-Reaktion bis hin zu neurotischer Manifestation angesichts einer verkehrten (verkürzten, reduzierten) „Welt" könnte uns auf den rechten Weg bringen. Wir müßten dann allerdings auf „Teilung" um der Herrschaft willen Verzicht leisten und zum Geben, Teilen (Selbstmitteilung) und Opfern wirklich bereit sein.

Höchstwahrscheinlich soll am Ende der Bergpredigt kein pädagogisches Lehrstück gegeben werden, wenn es dort heißt: „Wer von euch gibt seinem Sohn einen Stein, wenn er ihn um Brot bittet? Oder wer möchte ihm eine Schlange geben, wenn er ihn um einen Fisch bittet?" Die Frage nach elterlicher Fürsorge leitet zu der Behauptung über, daß der himmlische Vater denen Gutes zu geben bereit ist, die ihn darum bitten (Mt 7, 11). An anderer Stelle heißt es sogar, Gott würde ihnen „den Heiligen Geist geben" (Lk 11, 13).
Nicht an irgendwelche Wohltaten, Genußmittel, Reichtümer oder Vorrechte ist somit gedacht, um die man nur (wie im Märchen ...) zu bitten bräuchte, so wenig mit dem „Übel", dessen

Überwindung im Vaterunser erfleht wird, jegliches Ungemach gemeint sein soll.

Der Geist Gottes bewirkt Frieden und Versöhnung. Er befreit uns vom Übel des Entzweitseins, das mit Machtstreben unlösbar verbunden ist. Jesus scheut nicht davor zurück, diesen Zustand Eltern ins Gesicht zu sagen (ohne auf deren Prestige Rücksicht zu nehmen). In beiden Textvarianten lesen wir nämlich: „Wenn nun schon ihr, die ihr böse seid, euren Kindern gute Gaben zu geben wißt . . ."

Das Bösesein kann umgekehrt freilich nicht ohne Folgen für Gebefreudigkeit bleiben. Über Materielles reicht diese kaum hinaus. Hierher gehört nun allerdings die Entgegnung: „Der Mensch lebt nicht vom Brot allein." (Mt 4, 4) Wollte man sich damit phrasenhaft über materielle Not hinwegsetzen, so hindert ein anderes Jesus-Wort daran. Es lautet: „Gebt ihr ihnen zu essen." (Mt 14, 16) Anderseits entzieht Jesus sich dem Engagement, jegliche Hungersnot großzügig und auf wunderbare Weise enden zu lassen. Er nimmt Murren und Enttäuschtsein in Kauf, da er sich selber Brot „für das Leben der Welt" nennt (Jo 6, 51) und sich nicht auf die Rolle des Sozialreformers festnageln läßt.

Kindern Steine statt Brot reichen, das hieße nicht nur, in ihnen trügerische Hoffnungen auf Lebensgenuß und erzielbare Reichtümer wecken, auch und vor allem, sie in Konkurrenzkampf und Rivalität zu anderen hineintreiben, die Ideologie des „Gegenmenschen" weiterhin zu propagieren.

Falsch verbunden

Das Unvermögen, andere in ihrer personalen Besonderheit und unabhängig von eigenen Bedürfnissen und Wünschen bejahen, an ihrem spezifischen Welthorizont teilnehmen zu können, führt dazu, daß an ihnen vorbeigeredet und -gelebt wird. Es gibt auf dieser „Bühne" nur einen einzigen Akteur. An die Stelle von sozialen Kontakten und Beziehungen ist eine Fiktion getreten. Es ist, als ob ein solcher Mensch sich ständig in der Jahreszahl (analog zu einer Telefonnummer . . .) irrte.

Zuweilen gewinne ich während des therapeutischen Gesprächs den Eindruck, daß gar nicht ich gemeint bin, Gefühls- und Willensimpulse jemand anderem gelten. Es ist, als ob ein Telephongespräch stattfände, wobei die falsche Nummer gewählt wurde, den Teilnehmern (oder eben einem der beiden) der Irrtum nicht bewußt wird und sich dadurch Mißverständnisse ergeben. Ein solcher Mensch redet notwendigerweise ins Leere, erhält keine Antwort. Er gerät dadurch abermals in die frustrierende Bindung seiner Frühkindheit (136).

Der produktive Mutter-Bezug vermittelt anderseits Entwicklungsimpulse und „verführt" nicht zur Unwandelbarkeit. A. Miller schreibt über den in seinem Selbstwertgefühl beeinträchtigten narzißtisch-gestörten Menschen: „Er ist immer das von der Mutter bewunderte (verwöhnte) Kind. Zugleich spürt er, daß, so lange seine Eigenschaften bewundert werden, er doch nicht als der, der er jeweils ist (in seinem wirklichen oder nun möglichen Selbst), geliebt wird." (137) Es handelt sich um eine uneigentliche „Verbindung", eigentlich um eine Fesselung, die personales Werden verhindert.

Die Schlinge um den Hals dessen, der vom Gewesenen im Guten wie im Bösen nicht loskommt, den Prinzipien von einst unbeirrt folgt, Hängen an der Mutter mit Liebe verwechselt, wird immer enger. Sie gestaltet sich zum Würgegriff der Angst (wie das folgende Beispiel anschaulich macht). Selbst wenn die Verwöhnung fortdauern sollte, wäre dies kaum ein Trost, könnte dadurch der Hunger nicht gestillt werden, Armut und Ohnmacht könnten nicht überwunden werden. Sehr oft ist es freilich so, daß ein verwöhntes Kind aus allen Wolken fällt, es mit einem Mal mütterliche Härte zu spüren bekommt. Die Strategien wechseln, das Ziel – seine Unselbständigkeit, Abhängigkeit, Minderwertigkeit – bleibt gleich.

„Alle gesellschaftlichen und persönlichen Lebensbedingungen, die auf Unterdrückung von Leben (in seiner unreduzierten sozialen Dimension) hinauslaufen, erzeugen eine Leidenschaft der Zerstörung." Diese ist nach Fromm „Folge des ungelebten Lebens", erlittener und befürchteter Trennung, mangelnder Integrationsfähigkeit. Wenn einem solchen Menschen „Objekte" (der Zerstörung) mangeln, würde sein eigener Selbst Gegenstand einer solchen Tendenz: zur psychischen Krankheit

tritt dann die physische (psychosomatische), „im äußersten Fall der Selbstmord"(138).
Der in einer „uneigentlichen" Verbindung lebende, nicht um seiner selbst willen geliebte und daher liebesunfähige Mensch ist ganz erfüllt von Trauer, aber ebenso einer geradezu explosiven narzißtischen Wut. Wenn wir nun mit Ringel in Betracht ziehen, daß die depressive Verfassung mit dem Präsuicidalen Syndrom schlechthin „identisch" ist (139), ist in diesem Fall ständig mit akuter Selbstmordgefahr zu rechnen. Zumindest aber kann Leben als „Vorbeileben" nur unerträglich und qualvoll sein.

Welche Rolle der Mutter bei einer solchen Entwicklung zukommt, zeigt mir in erschreckender Weise die Situation von Herrn E.(28 J.), einem etwas schwerfällig wirkenden Menschen. Mittlerweile sind seit dem Erstinterview mehr als zwei Jahre vergangen. Vor einem halben Jahr war es zum Abbruch des Kontakts gekommen. Er hatte sich auch mir gegenüber „unmöglich" gemacht, wie das familiäre Urteil gelautet hat. Kürzlich rief mich nun die Mutter von Herrn E. an und machte mir die Mitteilung, ein Psychiater habe bei ihrem Sohn den Ausbruch einer psychotischen Depression festgestellt. Das dürfte für mich wissenschaftlich von Interesse sein, meinte sie sachlich-distanziert. Augenblicklich befinde er sich in einer manischen Phase, was ihn zu grandiosen Studienerfolgen befähige.
Seinerzeit war Herr E. nach Abbruch des Medizinstudiums – er war jahrelang zu keiner Prüfung angetreten, hatte am Studienort mit dem Geld seiner Eltern aber sehr flott gelebt – und einer gescheiterten Berufstätigkeit zu mir gekommen. Er befand sich damals in einer äußerst labilen Verfassung und steckte „tief im Alkohol". Von der Auswegslosigkeit bedrängt und „voll von mütterlichen Vorwürfen" fand er sich dazu bereit, sein „Trinken" als oral-regressive Handlung (frühkindlicher Bedürfnisbefriedigung ähnlich) zu betrachten. Daraus die Konsequenz zu ziehen und mit mir an einer „Ablösung" zu arbeiten, fiel ihm ungemein schwer. Zuviel sprach dagegen. Die Ja-aber-Formel gelangte ständig

zum Einsatz. Wenn es nach Herrn E. gegangen wäre, hätte er bloß ein Wieder-gut-Sein der „erzürnten" Mutter erbettelt. Es steht mir nicht zu, dieser, einer sehr dominierenden, zugleich aber selbstunsicheren Frau, die wegen vielfältiger Schwierigkeiten einmal einen Suicidversuch unternommen hatte, Vorwürfe zu machen. Aus ihrer Sicht hatte sie den Sohn stets so behandelt, „wie er es verdiente", die Verwöhnung nicht eingerechnet. Das familiäre Elend, für das Herrn E. nun eine Art Sündenbockrolle zugeschoben wurde, kann ich nicht verschweigen. Man fühlte sich in dem kleinem Ort als etwas Besonderes, durch das „Versagen" des Sohnes aber nun gedemütigt. Harte, lieblose Urteile über andere „bestätigten" sich stets, erwiesen sich aber auch als Bumerang. In allem wirkte eine rückläufige Bewegung (hin zur Familie).

Die negative Solidarität beschreibt H. E. Richter unter dem Stichwort „Festung". Familien mit solcher paranoider Einstellung würden ihre aggressiven Impulse „nach außen" ableiten, um einer Pseudoharmonie willen. Sie verschaffen sich die Fiktion guten Einvernehmens, indem Außenstehende mit Verachtung oder Angriff „bestraft" werden. Diese Impulse sind eigentlich gegeneinander oder sogar gegen das eigene (ungeliebte) Ich gerichtet (140).

Letztlich schlägt aber gerade in diesem starren System das Machtprinzip durch. Es findet ein Kampf jedes gegen jeden statt. Vor allem einer muß für die anderen büßen als schwarzes Schaf, das man sich „hält": um eigene Überlegenheit unter Beweis zu stellen.

Auf den „männlichen Protest" der Frau, wie Adler ihn geschildert hat, ist in diesem Zusammenhang besonders hinzuweisen (141). Die „Verbindung" ist und bleibt hier „falsch", d. h. unecht und in bezug auf Denken, Wollen, Fühlen dysfunktional. Die narzißtischen Wünsche vereiteln ein echtes Ergänzungsverhältnis.

Bezüglich Herrn E. und des sehr lange dauernden Kontakts mit ihm, einem Menschen, der gerade durch Fügsamkeit meine Zu-

versicht oft auf eine harte Probe gestellt hat, will ich folgende Punkte (im Sinne der sich steigernden „Versuchung") hervorheben: den Alkohol als „Genußmittel", den „Besitz" eines Autos („das sich sehen lassen kann"), künftiges Prestige („Macht") als Arzt.
Verzweifeltes Ringen nach Letzterem und Unvermögen hielten sich die Waage. Die Mutter, die „es" wollte, stand „dazwischen". Von Kindheit an war Herr E. dazu ausersehen, einst die väterliche Praxis zu übernehmen. Was er zu hören bekam: daß er ein Genie sei, gleichzeitig ein Nichtsnutz. Beides gehorsam zu bestätigen, muß eigentlich in den Wahnsinn treiben.
Gleichwohl versäumte er es nirgendwo, mit seiner Herkunft zu prahlen, nicht im Internat und nicht während seines Präsenzdienstes, womit er sich den möglichen Ausweg „abschnitt". Einmal gab er sich in einem Nachtlokal, wo er während einer Nacht eine große Summe durchgebracht hatte, sogar als Arzt aus. Sein Verhalten schwankte stets zwischen Untertänigkeit und Anmaßung. Seinen Wagen, den er mit Hilfe einer Erbschaft erstanden hatte, pflegte er „liebevoll" und brachte unentwegt das Gespräch auf das Autofahren. Immer wieder gab es Zeiten übermäßigen Alkoholkonsums, daraufhin Reue und Versprechungen, endloses Gerede, ebenso die Tendenz, sich selber wegen dieses oder jenes „Erfolges" auf die Schulter zu klopfen, wie ich wörtlich zu hören bekam.
Nach Jahren der Untätigkeit gestand er mir siegesgewiß, wie er sich die Fortsetzung seines Studiums dachte: eine Freundin, die „eigentlich" froh sein mußte, ihn zu haben, sollte ihn dabei „moralisch unterstützen". Nur unter einer solchen Voraussetzung, so schien es, war die Mutter mit dieser Verbindung einverstanden. Sie wußte sich zugleich ihren weiteren Einfluß zu sichern, kaufte prompt im Studienort eine Wohnung, drohte zugleich mit Enterben, wenn der Sohn es nicht schaffen sollte.
Einmal erklärte mir die Dame mit Stolz am Telephon, noch der Achtzehnjährige hätte sich für Schläge ins Gesicht bei ihr bedankt. Ich gewann den Eindruck, sie hatten eigentlich jemand anderem gegolten. Ein ähnliches Ereignis war auch während der

Therapiezeit erfolgt. Herr E. hatte die Brille abgenommen, um sich von seiner Mutter ohrfeigen zu lassen („weil sie mir auch damit hilft"). Der Vater und die beiden Schwestern verharrten bei alledem in einer distanzierten Position. „Nur nach außen hin halten wir zusammen", hieß es immer wieder. Zu einer Korrektur seines Lebensstils fehlt Herrn E. nicht zuletzt wegen der unbewältigten familiären Feindseligkeiten bis zur Stunde die Kraft.

Was die „Ausschaltung" des Vaters durch die verwöhnende, zugleich sich selbst und ihre Möglichkeiten (narzißtisch) überschätzende Mutter betrifft, zitiere ich M. Mitscherlich. Sie schreibt, erst in der Drei-Personen-Beziehung würde das Kind lernen, „sich in Bedürfnisse einzufühlen, die im Gegensatz zu den eigenen stehen" (142). Hier könnte auch von einem qualitativen Sprung bzw. der Entdeckung der eigenen Sozialnatur gesprochen werden. Die eigenen Bedürfnisse reichen in diesem Fall über das Ich hinaus, stehen Einswerden nicht mehr im Wege. M. Rotmann spricht ebenfalls von einer Triade – im Gegensatz zur Dyade bzw. Symbiose. Er stellt schließlich fest, daß der neurotische Mensch oft nur zu einem Elternteil gute Beziehungen hat, in seiner Beziehung zu beiden aber in Schwierigkeiten kommt (143).

Die Mutter kann weder den Vater ersetzen noch dieser die Mutter. Aus christlicher Sicht möchte ich es so sagen: jeder Mensch ist schlechthin unersetzlich, zugleich aber auf die Beziehung zu allen anderen angewiesen. Eine juristische Reglementierung der Geschlechts-Partnerschaft leistet einer Lebensbejahung durch Liebe nicht unbedingt einen guten Dienst.

Das Mutter-Syndrom

Ein Syndrom stellt sich als ein Zusammentreffen pathologischer Erscheinungen, sog. Symptome, dar. Die Reihenfolge ist dabei meist ausschlaggebend. Erinnern wir uns daran, daß im Rahmen des „Präsuicidalen Syndroms" selbstzerstörerischem Wollen und Denken (dem zweiten und dritten Element) „Einengung", d. h. fehlentwickeltes Fühlen, zugrunde liegt. Es bildet sozusagen das „Geleise".

Dem vielfach verkannten, mißachteten und verdrängten Gefühl kommt im menschlichen Leben allergrößte Bedeutung zu. Es fungiert als eine Kraft, die Einswerden bewirkt und die Teile zum Ganzen fügt oder aber besonders anfällig macht für „die Leidenschaft der Zerstörung". Schizoide Züge sind stets mit Schmerz gepaart.

Emotionalität gewinnt auch auf Körperfunktionen Einfluß, macht krank oder wieder gesund. Sie hilft eigenem Dasein das Gleichgewicht zu bewahren, stellt den Kontakt zur sozialen Umwelt her und ist gleichbedeutend mit Leben in vollem Umfang. Durch ein produktives „Minderwertigkeitsgefühl" sind wir vor illusionärer Selbstüberschätzung bewahrt, vermögen uns für das Heilende zu öffnen und fühlen uns erlösungsbedürftig.

Ringel stellt nun etwas sehr Wichtiges fest, allerdings nicht im Zusammenhang mit Selbstmord: Das Kind ist dem Gefühlsbereich „rettungslos ausgeliefert" (144). Wir könnten auch so sagen: es ist ganz Gefühl. Das ist seine Stärke und zugleich seine Schwäche. Denken und Wollen, Distanz vom Gegebenen und ein Vorgriff in die Zukunft stehen ihm noch nicht zur Verfügung.

Wenn nun eine Frau als Mutter positives Selbstwertgefühl entbehren muß und sich durch ihre „Selbstlosigkeit" über ihr Unvermögen zur Selbst- und Nächstenliebe hinwegtäuscht, besteht die Gefahr, daß sie sich des Kindes als Mittel zum Zweck bedient. Das Kind wieder pflegt sich umso intensiver an die Mutter zu klammern, je mehr diese ihm Lebensfreude streitig macht, es emotional verhungern läßt oder aber ihre Zuwendung zu Steuerungszwecken mißbraucht.

Der Mythos von der guten, immer fürsorglichen, opferbereiten Mutter ist somit verständlich. Daß es sie gibt, wird nicht bestritten. Das Tabu jedoch stimmt mißtrauisch. Man müßte am Ende nicht darum bemüht sein, auf ein „Aggressionspotential" – das es nicht gibt – für zerstörerische Kräfte zurückzugreifen, wenn man bereit wäre, auf das Mutter-Syndrom bzw. die „Versuchung", sich auf Kosten des Kindes überlegen zu fühlen, aufmerksam zu werden. Die wirklich ermutigende Mutter bedarf keiner Stilisierung zu einem Wunschbild (145).

Mein Grundanliegen würde völlig verkannt, käme jemand auf die Idee, ich wollte Mutterliebe in den Staub ziehen. Ich halte sie für die Regenerationskraft schlechthin, allerdings nur in Verbindung mit berechtigtem kindlichen Vertrauen. Um ein Hinterfragen kommen wir allerdings nicht herum, schon deshalb, weil das „gesunde Volksempfinden" sich so wenig an gesetzlicher „Freigabe der Abtreibung" stößt und man weiterhin nicht zimperlich ist, was Erziehungsmaßnahmen betrifft, die von der Tiefenpsychologie längst als Ausgangspunkte psychosozialer Verelendung erkannt sind (146).

Mit dem Teufel-an-die-Wand-Malen soll es freilich nicht sein Bewenden haben. Doch kein Leitbild, nur gelebtes Leben hilft der Frau als Mutter der Versuchung Widerstand zu leisten und sich einer Ideologie mutig zu widersetzen. Die Mutter-Kind-Beziehung, welche als ein Durchgangsstadium begriffen und nicht künstlich zu einem Dauerzustand gemacht wird, vermag in bezug auf Hoffnung inspirativ zu wirken. Bleibt diese Beziehung über Jahre hinweg als hierarchisches System aufrecht, fühlen schließlich beide, die Mutter und das „Kind" (der Erwachsene in der Kinder-Rolle), sich nur noch als Gefangene.

Christlichem Denken ist ein Mutterbild zu eigen, das jeglicher, auch noch so sanfter Gewalt widerstrebt. Mir scheint, Marien-Verehrung – ohne abergläubisch-infantiles Beiwerk – könnte uns vom Mutter-Syndrom und aller durch es erzeugten Lebensverunstaltung befreien. Es dürfte allerdings keine repressive Ancilla-Theologie als Unterwerfungs- und Disziplinierungsmittel herangezogen werden, um Frauen mit Hilfe von Frömmigkeit kirchlicher wie ehelicher Obrigkeit botmäßig zu machen (147).

Wenn es ein Wurzel des Übels gibt, dann ist es die Unterwerfung, ein gehorsames Sich-fügen-Müssen. Unweigerliche Folgen sind: Vereinzelung, Hilflossein, Kapitulieren vor den Mächtigen. Gott stürzt diese nach den Worten Mariens vom Thron (vgl. Lk 1, 52). Die Verfälschung biblischer Aussagen über die Mutter Jesu durch feudale Attribute halte ich für ein bedauernswertes Mißverständnis. Deren Glaubenssinn beinhaltet jedenfalls Verzicht auf Selbstherrlichkeit und die Bereitschaft zu echter Fürsorge.

Gemäß dem Vorstellungsvermögen des Märchens kann eine Frau, die Kindern schadet, nur eine Hexe oder eine Stiefmutter sein. Aber auch der Durchschnittsmensch schätzt die „Bande des Blutes" falsch ein. Er geht außerdem fehl, wenn er meint, nur durch Grausamkeit und Härte könne seelischer Schaden entstehen. Dies erfolgt, wenn wir die psychologischen Forschungsergebnisse zum Thema überblicken, sowohl durch verfrühte als auch durch verzögerte Mutter-Trennung. Die falsche Liebe richtet dabei den größeren Schaden an.
Über die Lebensnotwendigkeit emotionaler Zuwendung von seiten ein und derselben Beziehungsperson – nicht unbedingt der leiblichen Mutter – vor allem während des ersten Lebensjahres sind wir durch R. Spitz hinlänglich informiert. Nach dessen Meinung zieht „Mutterlosigkeit" in diesem Lebensabschnitt den Tod des Säuglings (durch Marasmus) nach sich oder Debilität oder aber die Entstehung des Asozialitäts-Syndroms.

Dieses weist u. a. folgende Merkmale (Symptome) auf: hochgradige Infantilität (Verhaftetbleiben in oralem und analem Verhalten, Genußsucht und Eigensinn), Riesenansprüche hinsichtlich Beachtung und vor allem Besitztümern, Sadismus (und Masochismus), fehlende Gewissensbildung bzw. Gruppenfähigkeit (148). Was die Bedeutung des Geborgenheitserlebnisses in der Frühkindheit für geistig-seelische Entwicklung anlangt, dürfte sich inzwischen ein gewisses Verständnis durchgesetzt haben. Der Ausdruck „Nestwärme", der in diesem Zusammenhang manchmal Verwendung findet, klingt mir zu animalisch. Er provoziert die Vorstellung eines rein passiven Bedürfnisses nach Versorgt- und Behütetwerden. Überfürsorge steigert sich u. U. bis zur Überhitzung. Die Fähigkeit aktiver Umweltzuwendung käme dadurch nicht weniger in Gefahr als durch Vernachlässigtwerden.

„Daß kein Übel größer ist als die Verwöhnung samt ihren Folgen", diese geradezu sensationell klingende Einsicht verdanken wir A. Adler (149). Sowohl Härte als auch besitzergreifende „Liebe" weisen in die Richtung des Mutter-Syndroms. Worin besteht dieses nun? Eine Beantwortung fällt uns leichter, wenn wir uns dessen Werden, Wesen und Wirkung vergegenwärtigen (150).

Als gemeinsamer Nenner lassen sich zunehmende Vereinzelung und Inaktivität des Kindes anführen: als Ergebnis von Machtansprüchen statt Mutterliebe.
Dieser Prozeß kulminiert in einer ganz und gar unrealistischen und damit destruktiven Lebenserwartung. Nicht minder unrealistische Versprechungen der Mutter stehen im Hintergrund. Diese weist in den Augen des Kindes dann folgende grandios-übersteigerte (verabsolutierte) Eigenschaften und Merkmale auf:

– nährend: womit das Lustprinzip als Isolationsstrategie in Aktion tritt, was schließlich auf „Einengung" hinausläuft
– gebend: wodurch Ausbeutung eingeleitet wird, die aber am Ende nur noch Sterben erstrebenswert erscheinen läßt
– mächtig: worin eigene Lebensohnmacht, Unselbständigkeit und Hilflosigkeit wurzeln.

Ein Mensch, dessen seelische Wachstums- und Bewegungsfähigkeit zur Gänze dem Mutter-Syndrom zum Opfer gefallen ist, strebt unbeirrt von Fehlschlägen und Mißerfolgen ausschließlich nach Genuß, Besitz, Macht. Er wartet darauf, u. U. bis er die Unmöglichkeit einer solchen Konzeption durch eine alternative Erfahrung festzustellen vermag, den Irrtum einsieht oder aber daran zugrunde geht.

Den Hintergrund bildet, so paradox dies klingt, die „Selbstlosigkeit" der Mutter, die zugleich dem Kind einen Verzicht auf Selbstsein, wenn auch unbewußt, aufzwingt. Ihre Identitätsdiffusion spiegelt sich in dessen Nicht-werden-Können wider. Das Kind zeigt nicht das Glück eines Menschen, der wirklich geliebt wird. Solche Kinder schildert Fromm als ängstlich und angespannt. „Sie werden von der verborgenen Lebensfeindlichkeit und Lebensangst der Mutter angesteckt." (151) Die Kälte der Mutter, ihre mangelnde Einfühlung verhindert die Integration von Ich-Bewußtsein und Körper-Gefühl, was auf ein Gespaltensein hinausläuft.

Fromm geht noch einen Schritt weiter, wenn er als letzte Konsequenz ungelebten, entfremdeten, verneinten Lebens von einem Verfalls-Syndrom spricht. Als dessen Elemente bezeichnet er: Gefesseltbleiben an die Mutter in Form der inzestuösen Symbiose, narzißtische Beziehungslosigkeit, schließlich Nekrophilie, d. h. Todessehnsucht bzw. Zerstörungswut (152). Es sind jene Elemente, die wir bereits mehrfach als täuschend und irreführend kennengelernt haben.

Diese Gedanken mögen unkonventionell sein, vielleicht sogar anstößig klingen. Sie haben ihre Berechtigung, wenn wir u. a. an die wachsende Zahl von Kinder- und Jugendselbstmorden in jüngster Zeit denken (153). Meist fehlt gerade für diese jeder „objektive Grund"; lediglich eher zufällige Auslöser (z. B. Schulschwierigkeiten) sind vorhanden. Die überschätzte und zuletzt parasitär ausgebeutete Mutter kann, ob sie es will oder nicht, nur enttäuschen und somit das Leben als nicht lebenswert erscheinen lassen.

Psychohygienische Aspekte

Während einer Seminarveranstaltung bei den Salzburger Hochschulwochen 1975 wurde von einem Teilnehmer E. Ringel die Frage gestellt, ob man es denn verantworten könne, tiefenpsychologische Erkenntnisse breiten Kreisen mitzuteilen, denen die Voraussetzung zu echtem Verständnis mangle. Ringel gab zur Antwort, wenn es um menschliches Leben geht, so fühle er sich in erster Linie diesem gegenüber verpflichtet, den möglichen Vorwurf, Wissenschaft zu popularisieren, nehme er dann gern in Kauf.

Die Notwendigkeit diesbezüglicher Veranstaltungen und Angebote ist auch mir mittlerweile durch meine Arbeit in der Erwachsenenbildung bewußt geworden. Ich will gern zugeben, daß es einigermaßen schwierig ist, Mißverständnissen und der Entstehung verkürzten pseudopsychologischen Schlagwortwissens vorzubeugen. Menschen mit einem unstillbaren missionarischen Eifer, die alsbald damit beginnen, ihrer Umgebung „therapeutisch" zuzusetzen, bringen einen wirklich und wahrhaftig in Verlegenheit. Anderseits, so scheint mir, hat man den „Mann von der Straße" bisher unterschätzt und ihn deshalb oft mit zusammenhanglosen Einzelheiten abgespeist (154).

Das Geheimhalten von Wissen mag sich für manchen als höchst einträglich erweisen, ihm zumindest Prestige sichern. Wenn solche Informationen sich aber auf psychisches Leben beziehen, dürfte Geheimhaltung, damit die Expertenposition unangetastet bleibt, völlig in die Irre gehen. Während der Mediziner seinen Patienten einer Behandlung unterzieht, ist der Psychotherapeut auf die aktive Mitarbeit jener Menschen angewiesen, die einer Krisenbewältigung bedürfen – manipulatorische, „verhaltenspsychologische" Techniken ausgenommen.

Das Aufsuchen eines Therapeuten oder einer psychologischen Beratungsstelle wird heute vielleicht nicht mehr im selben Maß wie noch vor wenigen Jahren als peinlich bzw. ehrenrührig empfunden. Man hat sogar von einem Psychoboom gesprochen. Insbesondere Therapie-Gruppen waren kürzlich noch sehr frequentiert. Inzwischen dürfte die Begeisterung etwas abgeflaut sein. Eine wirkliche Bewußtseinsbildung in Richtung Psychohygiene jedoch ist bisher weder von einem Modetrend (dem Psychoboom) noch durch entsprechende Bedürfnisse ernstlich in die Wege geleitet worden.

1948 wurde die „World Federation for Mental Health" gegründet, der heute 50 Länder angehören. Durch die begriffliche Nähe der „seelischen" Gesundheit zur körperlichen konnte aber der falsche Eindruck entstehen, als ob es auch hier um bestimmte, engumschriebene Verfahrensweisen ginge, die auf Wiederherstellung von „Funktionstüchtigkeit" ausgerichtet sind (155).

Psychohygiene wäre primär als ein Anliegen zu betrachten, das auf Überwindung zwischenmenschlicher Schwierigkeiten, den Abbau von Spannungen und Mißverständnissen bis hin zur Friedenssicherung ausgerichtet ist. Die Herstellung des individuellen Gleichgewichts müßte auf dem Weg über positive Bedingungen des Zusammenlebens angestrebt werden. Das entspricht übrigens auch dem Ansatz von A. Adler (156), wobei allerdings im Rahmen solcher Aktivitäten keiner psychologischen Richtung Priorität zukommt. Eine humanistische Grundorientierung ist jedoch unabdingbar.

Als Aufgabenbereiche für psychohygienische Bewußtseinsbildung und Praxis bedeutungsvoll erscheinen mir Familie, Schule, Arbeitswelt, Freizeit, Erwachsenenbildung, ebenso die Situation der alten Menschen. Über Phrasen oder bloße Deskription sind wir bisher in alledem kaum hinausgelangt.
Am ehesten ist bezüglich des heute oft gebrauchten Ausdrucks „Streß" mit Verständnis und Aufnahmsbereitschaft zu rechnen. Gerade hier aber zeigt sich, daß dieser Zustand nicht ausschließlich auf objektive Faktoren zurückgeht, es die sog. Streß-Persönlichkeit gibt. Dem Subjekt in seinem Bezogensein wäre das Hauptaugenmerk zuzuwenden (157).
Es entspricht der erklärten Absicht meines Lehrers Ringel, möglichst viele Menschen über die positiven Bedingungen mitmenschlichen Zusammenlebens in Kenntnis zu setzen. Damit ist die prophylaktische Dimension angesprochen. Psychohygiene soll nach Ringel aber auch und vor allem Möglichkeiten der Krisen- und Konfliktbewältigung bieten. Diesen beiden Schwerpunkten fühle ich mich auch mit vorliegendem Buch und sämtlichen meiner bisherigen Publikationen verpflichtet.

Entmündigende Maßnahmen (Verbote, Dressurtechniken) können niemals psychohygienisch relevant sein. Auch hier heiligt der Zweck nicht die Mittel, selbst wenn manche Menschen oft mit einer wahren Leidenschaft nach genauen Anweisungen, Rezepten, ja sogar Hypnotisiertwerden Ausschau halten und eine diesbezügliche „Nachfrage" heute groß ist.

Welche Schlußfolgerungen ein Leser aus meinen bisherigen Ausführungen zieht, kann und will ich nicht nach Art eines Trainings-Programms festlegen und vorschreiben. Ich möchte an dieser Stelle lediglich im Anschluß an Ringel auf jene drei Punkte zurückgreifen, die sich auf das Meiden von Aggressionsförderung, die Entstehung eines reaktiven Gewissens – im Gegensatz zu einem dialogisch-offenen – und die wünschenswerte Auflösung einer Mutter-Fixierung beziehen.
Wenn Ringel das Wort „neu" zum Leitstern jeder Therapie machen möchte (158), so ist das auch für psychohygienische Aktivitäten zutreffend. Ihr Ziel ist eine Steigerung von Mut und Selbstvertrauen, und zwar in Bezugnahme auf die Dyna-

mik von Denken, Wollen und Fühlen, in dieser Reihenfolge, worauf noch einzugehen ist. Daraus ergeben sich folgende Grundsätze:
- Gespräch hilft in wechselseitiger Verantwortung, auf ein mechanisiertes (zwanghaftes) Gewissen zu verzichten, um gemeinsame Wahrheit bemüht zu sein und ein der Situation gemäßes Wissen zu erringen.
- Solidarität ermöglicht die Überwindung aggressiver (destruktiver) Impulse und dadurch das Außer-Kraft-Setzen eines menschenfeindlichen Machtprinzips.
- Entwicklung schließlich soll sich als Alternative zu neurotischem Fixiertbleiben darstellen. Sie hätte damit ihren Schwerpunkt in der Bereitschaft zu Wachstum und Erneuerung.

Als „Grundregel seelischer Hygiene" fordert nach T. Brocher ein „uraltes Sprichwort" Anerkennung. Es lautet: „Was du nicht willst, daß man dir tu, das füg' auch keinem andern zu." (159) Ich habe allerdings den Eindruck, wir wüßten genau, wo dieses Sprichwort herstammt. In positiver Formulierung begegnet es uns in der Bergpredigt. Es heißt dort nämlich: „Alles, wovon ihr möchtet, daß es euch die Menschen tun, das sollt auch ihr ihnen tun." (Mt 7, 12). Vielleicht wäre die Einhaltung dieser „goldenen Regel" imstande, zur Ausnüchterung nach einem unseligen „Goldrausch" beizutragen. Erst dann läßt die Überlebensfrage sich wirklich lösen.

Ein Bemühen um seelische Gesundheit kann nur als Hilfe zur Selbsthilfe sinnvoll sein. Dasselbe gilt übrigens auch für Psychotherapie. Andernfalls würde Fixiertsein an Beziehungspersonen der Vergangenheit lediglich durch eine neue, nicht minder entmündigende Abhängigkeit ersetzt.

In der Vermittlung einer flexibleren, weniger für Selbsttäuschung anfälligen Interaktionsstruktur bestünde die zu leistende Hilfe. Bezüglich der Selbsthilfe ist zu betonen, daß diese grundsätzlich über das eigene Ich hinausreicht. Eine Aktivität ist gemeint, die zwar vom einzelnen Menschen ausgeht, aber zugleich auf größere Nähe zum Mitmenschen abzielt. Der Wunsch, seelische Gesundheit festigen oder wiederherstellen zu können, um dadurch den Mitmenschen überlegen zu sein, wäre von vornherein zum Scheitern verurteilt.

II. Das Gespräch – ein Lebenselement

> „Die Rolle der Phantasie kann prinzipiell nicht hoch genug eingeschätzt werden. Handelt es sich doch bei ihr um ein neuformendes Denken. Es gibt kaum ein menschliches Ziel, das nicht in der Phantasie vorweggenommen worden wäre." E. Ringel (160)

So lange Menschen sich über den Inhalt ihres Gesprächs einigen und dadurch Probleme klären oder sogar gemeinsames Handeln in die Wege leiten können, bleibt das psychosoziale Gleichgewicht erhalten. Gesprächsfähigkeit und damit auch die Identität des einzelnen würden zum Problem, wenn weder im Denken noch im Handeln Einigkeit erzielt werden kann. Sich-wohl-Fühlen und damit Gesundheit in einem sehr weitem, daher ungebräuchlichen Sinn geraten dadurch in Schwebe. Schizoide Züge nehmen überhand.

Uneinssein mit dem Partner, nicht so sehr was Inhalte betrifft als vielmehr durch ein emotionales Unvermögen zur Verständigung, ist die logische Konsequenz des Machtprinzips, sofern durch dieses Unterschiede überbetont werden. Die Verinnerlichung eines solchen Zwistes läßt den Minderwertigkeitskomplex und als dessen Fehlkompensation einen Überlegenheitskomplex entstehen.

Die „Lösung" bestand für das Kind (und besteht für den Erwachsenen dann immer noch) in der Produktion einer Phantasie-Welt, die in Wirklichkeit selbstschädigender Art ist, in höchstem Maß gesundheitsschädlich: weil Gefühle darin nicht verbindend und erneuernd, sondern bloß einengend wirken.

Wir können das Anliegen einer Psychohygiene möglicherweise als gemeinsames Ausfindigmachen von Alternativen zu frühkindlicher Neurotisierung eines Macht-Ohnmacht-Gefälles insbesondere im Mutter-Kind-Verhältnis umschreiben. Das Gefühl, vom Leben ausgeschlossen zu sein, müßte statt der „konsequenten Fortsetzung" ein Ende finden, besser noch: an

die Stelle von Isolation (infolge Härte oder Verwöhnung) müßte Kommunikation treten, und zwar auf gleicher Ebene, ohne jegliche Überschätzung von Unterschieden.
Einer „Sanierung" der emotionalen Grundlage, der Herstellung eines positiven Selbst-Wert-Gefühls, geht notwendigerweise die Herstellung eines menschenfreundlichen, lebensbejahenden Bewußtseins voraus, womit wir uns in diesem zweiten Kapitel zu befassen haben. Ohne rationalistische Enge fragen wir nach einem gemeinsamen Weg im Denken und Wollen.
Mit der Zerstörung in Gedanken befaßt sein und sich schließlich für ein solches „Ziel" entscheiden, ein solcher Vorgang stellt sich uns anderseits als letzte Konsequenz des Machtprinzips dar.
Wer einer diesbezüglichen Versuchung zum Opfer gefallen ist, hat den anderen eines wirklich voraus: er übertrifft sie darin, daß er sich selber das Leben nimmt und auf diese Weise einen letzten Triumph erleben zu können glaubt. Zusammen-Leben geht umgekehrt als Bemühen um Übereinstimmung von Gedanken und Willensimpulsen mit dem Nächsten vor sich, wofür das Gespräch mehr als bloß einen Rahmen bildet.

1. Gleichwertigkeit verwirklichen

Im Gegensatz zu der im Grunde materialistischen Auffassung, daß Werte (seien es materielle, seien es geistig-moralische) unabhängig vom Menschen existieren, wir uns diese anzueignen vermögen, ist dem Menschen in humanistisch-christlicher Sicht von vornherein, sofern er Person ist, Wert zuerkannt. Gleichzeitig weist sein Wertstreben über alle innerweltliche Zielsetzung hinaus.
Person-Orientierung besagt: Erst durch Verwirklichung von Partnerschaft vermag der Mensch sich (so nach Meinung von Adler, Fromm, ebenso Rogers) als Persönlichkeit zu profilieren und die ihm geschenkte Potenz zu aktualisieren.

Ich möchte mich in theologischer Sprache so ausdrücken: Kein Mensch kann sich die Teilhabe an der Dreipersönlichkeit Gottes verdienen (sie ist „Gnade"); aber wir sollen uns dieser Gabe und Aufgabe würdig erweisen, und zwar durch Übereinstimmung mit Gottes Heilswillen, im Bemühen um Frieden, Versöhnung, Nächstenliebe.

Wertverwirklichung ist hier gleichbedeutend mit intensivierter Sozialbeziehung (unter der Voraussetzung, daß Menschsein von vornherein Mitmenschlichkeit bedeutet und alles Leiden auf Isolation zurückgeht). Eine objektivistische Auffassung in bezug auf Werte samt der Annahme von deren hierarchischem Aufbau treibt dagegen die Trennung weiter voran und stachelt Habgier, wenn auch in sublimierter Form, an.

Haben-Orientierung schließt stets eine mechanistische Selbstinterpretation mit ein, ebenso Besitzansprüche Mitmenschen gegenüber, was zugleich auf deren Entwertung (Erniedrigung) hinausläuft. Soziale Ergänzungsbedürftigkeit würde im unmenschlichen Horizont der Über- und Unterordnung permanent frustriert. Stets müßte der eine vor dem anderen auf der Hut sein. Letztlich gäbe es kein Entrinnen, wenn der Mensch es von Natur aus, auf Grund eines Triebes, bloß auf Selbsterhöhung abgesehen hätte und zur Liebe unfähig wäre.

Seinem Wesen nach ist das Gespräch dazu geeignet, einen Ausweg aus der Sackgasse der Zwangsläufigkeit gewinnen zu lassen. Folgende Aspekte fordern dazu Berücksichtigung:

– ein genetischer (die Entwicklung zur Gesprächsfähigkeit durch Ernst-genommen-Werden schon im Kindesalter)
– ein struktureller (gemeint ist die positive Beziehung der Gesprächspartner, deren Wertschätzung füreinander)
– ein dynamischer (sich einlassen auf Erneuerung durch das Gespräch, ohne daß dessen Ziel von vornherein feststünde).

Je weniger wir vor Gegebenem (z. B. Machtstrukturen, dem bürokratischen Apparat) kapitulieren, vielmehr Mut zur Frage-Offenheit besitzen, desto stärker kann eine innovative Bewegung zur Wirksamkeit gelangen. Hinderlich für die richtige Einschätzung des Gesprächs wäre Fixiertbleiben an das Mo-

dell einer Trieb-Dynamik (dem Adler sich so vehement gegen Freud widersetzt hatte).
Die humanistische Betrachtungsweise läßt sich von der Annahme eines Spannungsverhältnisses zwischen Sozialdynamik und Selbstverwirklichungstendenz leiten. Damit ist jede ungesunde Einseitigkeit zugunsten von Wechselseitigkeit überwunden (161).

Zwei der kommunikationstheoretischen Axiome von P. Watzlawick sind besonders bekannt und mittlerweile oft zitiert worden. Das eine besagt: „Man kann nicht nicht kommunizieren", das andere: „Jede Kommunikation hat einen Inhalts- und einen Beziehungsaspekt; der Inhaltsaspekt vermittelt Daten, der Beziehungsaspekt gibt die Anweisung (entscheidet darüber), wie diese Daten aufzufassen sind." (162) Der Notstand der schizophrenen Psychose wird von Watzlawick auf den Versuch zurückgeführt, sich der (seinerzeit als unerträglich erlebten) Kommunikation zu entziehen. Eine mögliche Deutung des zweiten Axioms scheint die zu sein, daß Inhalte überhaupt erst durch Teilhabe des Subjekts ihre Bedeutung erlangen, das Subjekt wieder von Sozialbeziehung maßgeblich abhängt, ein Mensch ohne den Dialog seine Personalität nicht zu aktualisieren vermag (Ich-Stärke vermissen läßt), „Ungelebtes Leben" würde dadurch überhand nehmen. Ein drittes Axiom befaßt sich damit, daß Interaktion (Gespräch und Zusammenarbeit) symetrisch oder komplementär sein kann. In letzterer Beziehung gibt es zwar zwei verschiedene Positionen, die sich aber ergänzen und daher, wie Watzlawick betont, nicht mit dem Gegensatzpaar „stark" und „schwach" (überlegen und unterlegen) verquickt werden dürfen (163).

Die Bedeutsamkeit des Gesprächs, dessen befreiende und wirklichkeitsgestaltende Kraft zeigt sich uns schon im Alltag, insbesondere aber in der Therapie, wo nach alternativen Interaktionsformen gesucht, Beziehung verlebendigt und ein im Grunde unmenschlicher Hierarchismus (Autoritarismus) überwunden werden soll.
Bei allen „inhaltlichen" Unterschieden ist es das Ziel der therapeutischen Kommunikation, die monologische Struktur aufzubrechen und einen neurotischen Wiederholungszwang enden zu lassen. Dadurch wäre psychosoziale „Gesundheit" sichergestellt.
Im echten partnerschaftlichen Miteinandersprechen bekennen Menschen sich zu ihrem Angewiesensein aufeinander und

empfangen dadurch zugleich integrative Impulse: auch Denken, Wollen, Fühlen finden zueinander. Es gelingt eine innere „Ergänzung" durch die äußere. Damit ist in etwa das Anliegen dieses zweiten Kapitels umrissen.

Am größten ist die Selbstmordgefahr nach Ringel, „wenn die Einengung nur subjektiv erlebt wird" (164). Isoliertsein (die monologische Struktur) tritt dabei in dreifacher Steigerung auf:

– Gefühl erscheint getrennt von Denken und Wollen
– mitmenschliche Umwelt rückt in weite Ferne
– Zeit scheint stillzustehen (Zukunft zeigt sich als bloße Wiederholung der Vergangenheit).

Insbesondere die Totalität beziehungslosen Fühlens begünstigt einen Rückfall in die Hilflosigkeit jener Lebensphase, da der Mensch dem Gefühl „ganz ausgeliefert" war. Der Widerspruch zu den Bedingungen des ständig fortschreitenden Alters kennzeichnet die Depression (das Sich-beengt-und-getrennt-Fühlen) als Zerreißprobe (165).

Zur Überschrift dieses Kapitels sei kurz bemerkt: Der Ausdruck „Lebenselement" wird hier ganz im Sinne der Umgangssprache verwendet, wo man etwa zu sagen pflegt, das Wasser sei Lebenselement des Fisches. Ähnliches läßt sich von der Luft in bezug auf die physiologischen Bedingungen des Menschen feststellen. Jedenfalls ist nicht an „Teile" (Elemente in physikalischer Bedeutung) gedacht. Dem Gespräch kommt vielmehr die Aufgabe zu, Zusammengehörigkeit bewußt und ausdrücklich zu machen, ein soziales Ganzes herzustellen.

Was Sprache und Gespräch anlangt, so handelt es sich dabei um ein Thema, an dem gegenwärtig verschiedenste Wissenschaften reges Interesse bekunden. Ich hätte weder Mut noch Lust, auch nur die wichtigsten linguistischen Theorien in Kürze zu referieren (166). Eine Unterscheidung dürfte für unsere Zwecke unabdingbar sein: Sprachwissenschaftliche Aussagen lassen sich entweder dem Maschinenmodell (einem mechanistischen Paradigma) oder aber personalem Denken zuordnen; das eine Mal will man den Gesetzen möglichst exakter Informationsübermittlung auf die Spur kommen, das andere Mal zeigt sich der Dialog als eine neuformende Kraft, die mit psychosozialer Gleichgewichtsherstellung schlechthin identisch ist.

Progression als ganzheitliches Wachstum

An jedes Gespräch ist die, wenn auch meist unausgesprochene, implizite Erwartung geknüpft, man könne dadurch weiterkommen, ein Fortschritt sei auf diese Weise zu erzielen; gemeinsam wird um eine Horizonterweiterung gerungen (167). Eine solche Erwartung bezüglich sachlicher und personaler Lösungs-Möglichkeit erfüllt sich aber nur, wenn kein Partner sich auf Kosten des anderen einen Vorsprung (Mehr-Sein bzw. -Wissen) sichern will. Politische und wirtschaftliche Überredungskünste zielen anderseits auf Stabilisierung ab; höchst einseitige „Lösungen" werden dabei angeboten, oftmals geradezu suggeriert.

Von wirklichen Gesprächs-Partnern fordert O. F. Bollnow die Anerkennung der vollen Gleichberechtigung („auch schon im Verhältnis zum Kind"). Er stellt fest, daß die allem autoritären Druck entzogene innere Freiheit, in der sich die miteinander Sprechenden als grundsätzlich gleichberechtigt begegnen, die unerläßliche Voraussetzung für das Gewinnen einer gemeinsam-verbindlichen Wahrheit ist (168).

Auch für Adler ist Wahrheit mehr als bloße Tatsachenfeststellung. Er nimmt ebenfalls an, daß wir dieser als einer existenziellen Größe nur gemeinschaftlich näherzukommen imstande sind (169). Im therapeutischen Gespräch etwa dürfte weder der Therapeut sich von einer bestimmten Formungsabsicht leiten lassen noch ist der Klient in der Lage, schon zu Beginn das Ziel der Veränderung festzulegen (gerade weil einer neuen Zielwahl so große Bedeutung zukommt). Alle Kraft muß zunächst (gegen einen Ja-aber-Trend) für echte Wandlungsbereitschaft und das Sich-Öffnen des Dialogs aufgewendet werden.

Jede Autorität gibt sich als wissend aus, leitet von daher ihren Machtanspruch ab und sieht sich deshalb veranlaßt, ihren „Untertanen" das Gefühl der Hilflosigkeit aufzuzwingen, um sich unangreifbar zu machen (170). Die Skepsis, die sich neuerdings auf das Wort „Hinterfragen" richtet, Beargwöhnung kritischen Denkens (z. B. im Unterricht), Lächerlich-Machen feministischer Aktivitäten, kollektive Verdächtigungen, als seien

alle nichtangepaßten Jugendlichen rauschgiftsüchtig oder zumindest terroristisch ambitioniert, derlei verrät die Enge. Narzißtisches Gekränktsein und regressive Tendenzen kommen hier zum Ausdruck.
Wer innerhalb dieses vertikalistischen (hierarchischen) Systems machtlüstern oder gehorsam, als Aufrührer oder Untertan, agiert, es nicht in Frage stellt, von daher sein Selbstverständnis bezieht, verliert den Boden unter den Füßen. Er gerät mit seinem Wollen und Fühlen in die Vergangenheit und unterliegt nicht nur von außen her einem Denkzwang, sondern gerät innerlich in einen infantilisierenden Sog (171).
Für sehr bedeutungsvoll halte ich in diesem Zusammenhang, daß der Mensch nach Fromm stets nur die Wahl hat zwischen zwei Möglichkeiten: zu einer ,,pathologischen Lösung zu regredieren" oder ,, zu progredieren", d. h. seine Menschlichkeit weiterzuentwickeln. Die Schwere der Erkrankung, der Umfang des Verfalls-Syndroms, sei nicht durch die Libido-Ebene (auf welcher die Neurotisierung erfolgt ist) festgelegt, sondern vom Grad der Regressions-Tiefe abhängig (172).

Als Kriterium für deren Bemessung gilt meiner Meinung nach dialogisches Unvermögen, die Nicht-Mitteilbarkeit des Problems, als Folge verdrängten und dadurch deformierten Fühlens. Es ist hier von einer Subjektivität als Spaltungsprodukt zu sprechen: nicht zum Unterschied von der Welt der Objekte, sondern im Gegensatz zur Gemeinschaft, gleichbedeutend mit absolutem Isoliertsein (173).

Vergegenwärtigen wir uns die Strukturbeschreibung von Ringel: Verengtes Gefühl (an erster Stelle genannt) greift über auf den Willen (nachdem hier zuvor die falsche Alternative ,,stark oder schwach" Einfluß zu gewinnen vermochte) und läßt schließlich Denken zur Selbstmordphantasie entarten.
Die Umkehrung müßte als Verlebendigung von Wille und Gefühl vor sich gehen, wofür dialogisches Denken (ohne jede rationalistische Einschränkung) – von mir an die erste Stelle gesetzt – den Ausgangspunkt bildet.
Im Rahmen des ,,Präsuicidalen Syndroms" erscheint Phantasie im Sinne ,,neuformenden Denkens" in ihr regressives Ge-

genteil verkehrt: Vorstellung gilt nur noch einem Derealisierungsprozeß bzw. -ergebnis, der Zerstörung eigenen Lebens. Diesbezüglich unterscheidet Ringel folgende Phasen:

- Das Erwägen der Möglichkeit des Totseins
- Darauf folgt die gedankliche Beschäftigung mit Selbstmord
- Zuletzt werden Details, konkrete Umstände der Selbsttötung in Erwägung gezogen.

Ringel bemerkt dazu: „Die höchste Alarmstufe ist erreicht, wenn die Phantasie bereits mit der Art der Durchführung beschäftigt ist." (174)
Angezogen-Werden von der Tiefe, den nihilistischen Sog, die ungeheure Beschleunigung dem Abgrund entgegen, eine besondere Art von Zerstörungslust begründet Fromm so: „Wenn es das Wesen der seelischen Gesundheit ist, aus dem Mutterleib in die Welt hineinzuwachsen, so ist es das Wesen der schweren Seelenkrankheit, vom Mutterschoß (in irgendeiner Form) angezogen, d. h. aus dem Leben genommen zu werden." (175)
Retrospektiv wird in der Selbstmordgefährdung deutlich, daß Verselbständigung bei einem solchen Menschen leider unterblieben ist.

Lediglich das Gefühl des Ausgeliefertseins hat das Ausgeliefertsein an Gefühle in der Frühkindheit abgelöst, was eine Verschärfung, keine Veränderung darstellt. Weder Denken noch Wollen erfolgt dann situationsadäquat, bloß als nachträgliche Rechtfertigung eines verengten, privatistischen Konzepts. Die uneinlösbare Versprechung von Genuß, Besitz, Macht (gegen andere, ohne sie) vermochte die Entwicklung eines dialogischen „Realitätsprinzips" wirksam zu hintertreiben (176).

Progression (Wachstum und Erneuerung) oder aber therapeutische Wiederherstellung von Integrationsfähigkeit müßte, wie ich glaube, den umgekehrten Weg gehen, die psychischen Funktionen in umgekehrter Reihenfolge zur Geltung kommen lassen.
Durch folgende Schwerpunkte wird diese Änderung (Ergänzung) angedeutet:

- Denken erfolgt im Gespräch als gemeinschaftliche Problemlösungsbemühung, wobei Phantasie neue Wege weist und ein jeder den anderen dabei ermutigt.
- Wollen (Entscheiden) geht in Übereinstimmung mit der Eigenart und den Bedürfnissen menschlichen Lebens vor sich, wenn das Wohl der Gemeinschaft und des einzelnen aufeinander abgestimmt sind.
- Fühlen weist immer schon über leibseelisches Dasein (als Einfühlung) hinaus, wirkt auf Eins-Werden, die Überwindung von Gegensätzen, Rivalität, Mehr-sein-Wollen hin, ermöglicht Verständigung und Versöhnung.

Während Einengung, Autoaggression und suicidale Phantasie ein hierarchisches Gefälle darstellen, für den „Sturz" geradezu programmieren, besitzt das Gespräch eine gemeinsame Grundlage. Die Horizontale – als gleiche Ebene – gestattet Bewegungsfreiheit. Für individuelle wie auch soziale Progression wird Raum geschaffen, indem an die Stelle machtlüsternen Teilens Selbstmitteilung tritt.

Der Grundgedanke dieses Buches findet darin seinen Ausdruck, daß einer Fixierung bzw. Regression und darin dem Dominieren des Hilflosigkeitsgefühls durch dialogisches Denken und Sprechen vorzubauen ist.

Eine solche Akzentsetzung erweist sich als umso notwendiger, je mehr die üblichen Erziehungsvorstellungen, aber auch Verhaltenserwartungen in Schule, Beruf, Öffentlichkeit einer Hinwendung zu selbständigem Denken eher hindernd im Wege stehen, die Fortdauer eines infantilen Status begünstigen. Je mehr unerreichbare Ideale in Umlauf gesetzt werden, desto unbestrittener bleibt Macht (177).

„Die Horizontale (des Gesprächs, der Zusammenarbeit) verfällt der Leere und Verkehrung, wenn sie nicht beständig mit der Vertikale verbunden bleibt", schreibt P. Tillich. Gemeint ist das „Wissen um einen letzten, ewigen Sinn". Ein Mißverständnis wäre es, dabei an das autoritäre System der Vorgesetzten und Untergebenen zu denken. Dieses erscheint aus religiöser Sicht (mit seiner Hybris und seinen leeren Versprechungen) geradezu als gotteslästerlich, dämonisch, zumindest verlogen. „Hoffnung vereinigt die vertikale und die horizontale Linie." (178) So wichtig eigene Zielwahl sein mag, für ein letztes Ziel können wir uns bestenfalls öffnen; selbst die Hoffnung ist ein Geschenk Gottes.

Als ein Denken über den Augenblick hinaus und zugleich Vorwegnahme absoluter Zukunft, eine Kraft, die uns trotz aller Schwierigkeiten und Hindernisse am Leben erhält, den Mut nicht verlieren läßt, bezieht Hoffnung sich vorerst auf den Mitmenschen. Ohne die Erfahrung des Beglückt-worden-Seins bliebe jede Verheißung unglaubwürdig.

So paradox es klingt, zum Zeichen der Hoffnung wird allemal das „Kind in Windeln" (Lk 2, 12). Das Angewiesensein des Menschen auf den Menschen, falls dieses nicht machtlüsternen Spekulationen und Strategien nach Art eines gewissen Herodes zum Opfer fällt, bildet den Ausgangspunkt jeglichen Unterwegsseins, auch einem „ewigen Ziel" entgegen.

Alles oder nichts?

In welch hohem Maß Prinzipien, Schemata, Werturteile oder aber Frage und Antwort im Gespräch unseren Wirklichkeitsbezug bestimmen, wir niemals nur mit Fakten konfrontiert sind, sondern immer schon eine bestimmte Deutung, eine subjektive Stilisierungstendenz zum Einsatz gelangt, davon war bisher wiederholt die Rede. Lebensschicksale klären sich uns nur insofern, als wir das jeweilige Grundprinzip (den „Lebensstil") zu ermitteln imstande sind: das eine Mal ein Maß (oftmals: Maßlosigkeit), welches der Mensch ohne Rücksicht auf die Bedingungen des Zusammenlebens festlegt und anstrebt, das andere Mal eine Richtung gemeinschaftlichen Unterwegsseins (179).

Welche Maßnahmen auch im einzelnen ergriffen werden, der Unterschied liegt stets in der Starrheit (monologischem Eigensinn) oder der Flexibilität bzw. der Bereitschaft, sich vom Gespräch leiten und inspirieren zu lassen. Der Neurotiker scheitert daran, daß er sich gegen die Eventualitäten mitmenschlichen Bezuges absichert. Durch Rückzug will er vor dem Zusammenbruch seiner Eitelkeit gefeit sein. Er bezahlt Selbstüberschätzung mit Opfern aller Art, die er für das kleinere Übel hält (180). In Wirklichkeit entscheidet er sich dadurch für das größte nur denkbare Übel. Sein Ideal erweist sich als irreführend; es hält kritischem Denken nicht stand, was nun nicht etwa ein Abrücken vom „Ideal", sondern vom Denken nach sich zieht. Wir haben es hier mit einer allzu häufig praktizierten Vogel-Strauß-Politik zu tun (181).

Auch wenn wir feige Mittelmäßigkeit damit keineswegs zum Maßstab erheben wollen, verläuft Leben im Alltag meist ohne besondere Höhepunkte, fernab von scharfen Kontrasten. Vor allem dürfen wir nicht auf den „glücklichen Zufall" warten. Alles haben bildet kaum die Regel (abgesehen von der Unverträglichkeit befriedigter Gier). Der Neurotiker nimmt nun allerdings die Ausnahme für sich in Anspruch. Er hält sich für etwas Besonderes, will zumindest durch sein Unglück andere übertreffen (ihnen dafür die Schuld geben können).

In dem Prinzip „Alles oder nichts" nimmt W. Schmidbauer nun einen ganz spezifischen Denkfehler wahr. Er spricht von einer „Trotzreaktion", einem Wollen, das sich rational nicht zu rechtfertigen vermag. Die Aufteilung der Welt in Gegensätze bildet den Hintergrund. Eine solche „Reaktion" zum Unterschied von einer Antwort bzw. Stellungnahme erfolgt, wenn idealisierte Erwartungen nicht erfüllt werden (182). Die Liebe zur Mutter verwandelt sich hier in Selbsthaß.

Eine Verständnishilfe liefert Adler, wenn er in Verbindung mit dem genannten Prinzip von der Einkleidung des Machtstrebens in gegensätzliche Schemata schon im Kindesalter spricht. Er stellt hiebei fest, das Schwache (die eigene Situation . . .) werde als feindliches, zu unterwerfendes Element bekämpft (183). Damit zeigt sich uns ein Modus des Abstandnehmens bis hin zur Feindseligkeit dem Mitmenschen gegenüber, aber ebenso Entfremdetsein von sich, mangelnde Selbstwahrnehmung. Eigene Mängel müssen auf Grund narzißtischer Gigantomanie in Vorzüge „umgelogen" werden.

Es wird in diesem Falle der Anspruch erhoben, die soziale Umwelt möge sich den eigenen Wünschen, Vorstellungen unterordnen, sich ändern, die Illusionen bestätigen. Umso ernüchternder fällt die früher oder später unvermeidbare

Konfrontation mit der Wirklichkeit aus. Insbesondere das eifersüchtige Festhalten der einstmals durch die Mutter gewährten Sicherheit macht eine immer kompliziertere Verfälschung der tatsächlichen Verhältnisse erforderlich. Gerade wer „alles haben" will (184), riskiert, daß er am Ende nichts hat, um schließlich auch noch aus dem Verlust vermeintlichen Nutzen zu ziehen. Daß es sich dabei um keine harmlose Verrücktheit handelt, sondern oft eine akute, wenn auch uneingestandene Gefährdung des Lebens damit verbunden ist, läßt auch der folgende „Fall" erkennen. Keiner meiner Berichte soll übrigens die jeweilige Thematik zur Gänze, höchstens in Einzelzügen demonstrieren; ich habe eher durchschnittliche, keine spektakulären Beispiele gewählt.

Der Neurotiker habe bezüglich seiner Ziele das Gefühl: „diese oder keine", schreibt Adler. Je gesünder, dialogfähiger ein Mensch ist, desto mehr verfüge er über Einfallsreichtum, um neue Wege ausfindig zu machen. Das beim Neurotiker zutage tretende „Gottähnlichkeitsstreben" (Adler nennt als besonders abschreckendes Beispiel den „Übermenschen" nach Nietzsche) verrät die Faszination des „Überlegenheitszieles", aber ebenso dessen Destruktivität (185). Das Abstandnehmen vom Gespräch (als Korrekturmodus und Möglichkeit gemeinsamen Findens der Wahrheit) bildet geradezu die Voraussetzung des Irrweges, offenbar schon bei der behütenden oder grausamharten, das heißt einseitigen Mutter.

Wir werden hier kaum von einem Intelligenzmangel, eher von charakterlicher Deformation sprechen müssen. Fromms Erkenntnis, eine produktive Charakterorientierung habe zur Voraussetzung, daß „Denken und Fühlen nicht verkrüppelt sind" (186), verrät zweierlei: erstens daß Denken und Fühlen zusammengehören, eine Einheit bilden, zweitens eine ganzheitliche, integrative, nicht-rationalistische Vorstellung von Denken, auch im Hinblick auf dessen Entwicklung bzw. „Wachstum" (187).

Fehlende Begabung konnte kaum dafür verantwortlich gemacht werden, daß Herr K. (22 J.) eine für sein berufliches Fortkommen wichtige Prüfung nicht geschafft hat (er war zum zweiten Mal durchgefallen). Die befürchtete Rückkehr nach Hause hielt ich für unbewußt inszeniert. Nachdem er eine Zeitlang in der elterlichen Landwirtschaft mitgearbeitet hatte, war Herr K. zur

Eisenbahn gekommen, wo er sich im Verhältnis zum Bauer-Sein einen ,,Aufstieg" versprach.

Sowohl daheim als auch am Arbeitsplatz ließ er sich vom Gedanken des ,,Übertreffens" leiten, hielt zugleich ,,Abstand", wollte mit niemandem etwas zu tun haben. Besonders im Verhältnis zu einem älteren und einem jüngeren Bruder spielte dieses höchst widersprüchliche Motiv eine wichtige Rolle. Ein Zusammenwohnen mit dem jüngeren Bruder am Arbeitsplatz hielt er nur kurze Zeit aus. Völlig ungerührt berichtete er mir vom Selbstmord eines Zimmergenossen. Das Problem habe sich damit ,,erledigt"; gemeint war, daß er damit das Zimmer für sich allein habe.

Daß von ihm nun eine Leistung gefordert sei, was offenbar im Elternhaus nicht der Fall war, setzte den jungen Mann in Erstaunen, verstärkte sein Mißtrauen. ,,Ich kann mich nicht konzentrieren", versuchte er sich zu rechtfertigen, doch sogleich hieß es: ,,Ich bin geistig eigentlich immer abwesend und mit etwas anderem beschäftigt."

Welche Dinge das sind, war aus ihm nicht herauszubringen. Er schien es zumindest nicht sagen zu können. Zu Beginn der Therapie äußerte Herr K., daß es ihm schwerfalle, über Persönliches zu sprechen. Es hätte wohl heißen sollen, das Gespräch sei anstrengend, denn da müsse man eine eigene Meinung haben. Gerade daran mangelte es aber. Echte Unterschiede profilieren sich erst durch Gemeinsames. Die irrationale Mittelpunktposition läßt beides in Verlust geraten.

Sowohl die erkenntnistheoretische Position des Empirismus als auch die des Rationalismus geht von einem ,,archimedischen Punkt" aus, macht das Ich zur Mitte, was sich von einem anthropologisch-hermeneutischen Ansatz aus als trügerisch erweist. Wir haben stets an einer sozial vermittelten Deutung teil, besitzen vor allem durch die Sprache einen gemeinschaftlichen Zugang zur Welt.

,,Der Lebensbezug ermöglicht und begründet (erst) den Erkenntnisbezug", schreibt Bollnow (188). Auch nach Adler ist eine irrige, im Grunde irrationale Tendenz feststellbar, und zwar versucht der Neurotiker einen „festen Punkt zu gewinnen, um die Welt aus den Angeln zu heben" (189). Welt erscheint vom Ich-Standpunkt aus notwendigerweise verzerrt.

Die anderen Menschen sind bei einem ichhaften Unterfangen selbstverständlich lästig, im Wege. Sie stelle die „private Logik" immerfort in Frage. Rationalität bedeutet übrigens auch nach Fromm Ergebnis gemeinsamer Erkenntnisbemühung. Die Bezeichnung „irrational" verwendet er mit Vorliebe für symbiotische Abhängigkeit (190). Der Neurotiker will nichts davon wissen, wie sehr er sich durch sein Abstandhalten im Zustand infantiler Unfreiheit befindet und sich mit seinen „Trotzreaktionen" eigentlich wie ein kleines Kind benimmt. Umso unbarmherziger werden „Kinderfehler" von solchen Menschen (projektiv) geahndet.

Mit einer gewissen Aggressivität, in der zugleich immer wieder Angst aufschien, versuchte Herr K. sich von anderen zu unterscheiden. An der Gunst der Mutter jedoch lag ihm viel. Sie hatte dem in der Kindheit oft kränklichen Sohn prophezeit, daß er stets zu ihr zurückkehren werde, weil fremden Menschen nicht zu trauen sei. Zugleich habe das „brave Kind" immer wieder Bewunderung geerntet.

Entrüstet äußerte sich Herr K. wiederholt über seine Brüder, denen er ihr seinerzeitiges ungeniertes Onanieren sowie „Mädchengeschichten" vorwarf (191). Ihm selber genüge die Mutter, keine Frau sei mit ihr zu vergleichen. Sie hatte einst dafür gesorgt, daß er „unschuldig" blieb. Einmal war ihm in den Sinn gekommen, er könne ins Kloster gehen, fühlte sich aber durch den Gedanken an eine Gemeinschaft dortselbst „abgeschreckt".

Ein besonderer Schock mag für den Sechzehnjährigen der Tod des Vaters gewesen sein. Dieser war kurz zuvor Zeuge, als Herr K. beim Klettern abstürzte und schwere Verletzungen davontrug (ein anderer Bergunfall war in seinem fünfzehnten Jahr vorangegangen). Gerade die sportliche Aktivität meines Klienten ließ in etwa den wachsenden Abstand zur Gemeinschaft erkennen: Am Fußballspielen, das er „fanatisch" betrieben hatte, störte ihn schließlich, daß es eine Mannschaft gab. Beim Bergsteigen konnte er allein sein und sogar auf die anderen „herunterschauen".

Nach mehreren Monaten therapeutischer Arbeit, die ein „Umdenken" brachte, traf Herr K. einmal bei mir sehr erregt ein. Er wisse jetzt, daß er sich die ganze Zeit hindurch habe umbringen wollen (auch die beiden Bergunfälle wurden dazugezählt); in seiner Phantasie sei er einzig mit diesem „unaussprechlichen" Ziel beschäftigt gewesen. Bewußt wurde ihm diese Neigung, als er beim Schifahren „um ein Haar" dem Abgrund entging (die Mütze landete dabei in der Tiefe).
Er begann einzusehen, daß es ein „Unsinn" war, auf das Zusammenleben zu verzichten. Er lernte seine Arbeitskollegen „von einer neuen Seite" kennen. Die Mädchenbekanntschaften, die er daraufhin einging, verrieten allerdings nicht nur (wie er annahm) den „Nachholbedarf", auch und vor allem mangelndes soziales Training, eine geradezu infantile Gier. Diese erstreckte sich auch auf eine Reihe von gleichgeschlechtlichen Kontakten, nachdem er mit sechzehn zu leben „aufgehört" und auf Kameraden bezogene Gelüste („mit Hilfe des Unfalls") abgeblockt hatte.
Die therapeutische Beziehung endete damit, daß Herr K. ohne Bitterkeit einsah, daß man sich vieles erst „verdienen" muß; vor allem fand er nun keine Zeit zum Träumen mehr, seit er mit einem Mädchen „ernstlich über eine gemeinsame Zukunft" nachzudenken begonnen hatte. Er hatte vor allem gelernt, daß das Gespräch „interessant" sein kann.

Adler versichert, daß es bei der „erprobten Taktik des Rückzuges" nicht auf die Selbstbestrafung ankommt; die Steigerung der Schockerscheinungen körperlicher oder seelischer Art soll bloß vor Niederlage schützen (192). Die Unangemessenheit des Unternehmens deutet auf das Vorhandensein einer „Regressionsebene" als trügerischer, völlig unzeitgemäßer, zum Lebensalter in Widerspruch befindlicher Grundlage hin.

Die Gesprächsbasis

Das Vorhandensein eines Problems reicht meist nicht aus, daß Menschen sich wirklich auf ein Gespräch miteinander (ohne „wenn" und „aber") einlassen. Der Zwang der Verhältnisse führt noch keine echte Haltungsänderung herbei. Die meisten versuchen zunächst mit alten Mitteln der neuen Probleme Herr zu werden.

Ganz abgesehen von „Gruppenvorteil" bei der Bewältigung von Sachaufgaben: Freiheit würde nicht so oft mißverstanden oder mißbraucht, wären wir uns dessen bewußt, daß es sie nur füreinander, durch wechselseitige Freigabe (und Ermutigung) geben kann. Vor allem aber gelangen wir nur im Gespräch zu unserer Menschlichkeit. „Wer zum Gespräch nicht fähig (oder willens) ist, bleibt notwendig ein Unmensch." (193)

Nicht eine moralische Verurteilung ist damit angesprochen, wohl aber auf ein „Urteil" angespielt, das Menschen an sich selber zu vollstrecken im Begriffe sind, die ihrem Leben in irgendeiner Form ein Ende setzen (zumindest ein falsches, schädliches Ziel verfolgen).

Auch wenn zumindest der Selbstmord-Versuch einen Appellcharakter aufweist, besteht wenig Aussicht, „gehört zu werden" (194), und zwar deshalb, weil der Hilfesuchende und sein (potentieller) Mitmensch sich sozusagen auf verschiedenen Ebenen befinden, beide aneinander vorbeireden. Unsere undifferenzierten Kommunikationsmöglichkeiten, Klischees, vor allem aber das Machtprinzip spielen eine unselige Rolle. Die körperliche Nähe ändert an der Nicht-Mittelbarkeit nichts. Nicht der räumliche, der zeitliche Abstand ist hier ausschlaggebend, die durch ihn bewirkte „falsche, nicht zustande kommende Verbindung".

In der Therapie ist mir immer mehr bewußt geworden, daß Menschen nur durch eine bestimmte Form der Welt- und Selbsterfahrung zu ihrer „Menschlichkeit" gelangen: wenn sie sich hier und jetzt im Gespräch als gleichwertig empfinden können, es nicht mehr nötig haben, sich mit dem Schema elterlicher Überlegenheit (des Besser-Wissens) oder kindlicher Hilflosigkeit, beide der Vergangenheit angehörend, zu identifizieren (195).

Erst dadurch wird ihnen ihr eigenes Leben in seiner Gestaltbarkeit zugänglich; eine bisher übersehene Alternative zeichnet sich ab, ebenso die Möglichkeit aktiver, mitverantwortlicher Anpassung und dadurch Vermenschlichung auch der sozialen Formen: durch Verzicht auf den Autoritarismus (196). Denken bezieht sich in diesem Fall auf das zu Verwirklichende, nicht bloß auf das schon Wirkliche. Von einem sozial akzentuierten Zukunftsbezug aus erscheint auch die Gegenwart anders, nicht mehr einengend, hemmend, illusionär.

Über Menschen in neurotischer „Lebensverunstaltung" schreibt Ringel, sie könnten „aus eigenem" keine Veränderung vornehmen, die ihnen eine bessere Zukunft eröffnet; sie seien nicht imstande, aus erlittenem Schaden klug zu werden, vielmehr dazu verdammt, ihre Vergangenheit zu wiederholen, und zwar in dem Maß, als sie diese „nicht verstehen" (197).

Die Unterscheidung zwischen Erklären, dem Auffinden eines Kausalzusammenhangs, von Naturgesetzen und einfühlendem Verstehen – durch Teilhabe an fremdseelischem Leben – ist hier angebracht (198). Wir werden dazu nicht an Symptomen oder einzelnen Erziehungsschwierigkeiten („Verhaltensweisen", die angeblich „gestört" sind) hängen bleiben dürfen, sondern uns mit dem Nächsten solidarisch fühlen. Nicht der Logik fällt die Hauptaufgabe zu, sondern der Bereitschaft, den anderen in seinem Anderssein zu bejahen, ihn zur Eigenaktivität zu ermutigen.

Ich trete hier nun für ein Denkbemühen ein, das für das Gespräch und die dadurch angestrebte Veränderung charakteristisch ist. Jenes kommt nur zustande, wenn trotz aller Unterschiede eine gewisse Übereinstimmung des Wollens und Fühlens gegeben ist. Die erforderliche Horizonterweiterung gelingt nur durch eine Gemeinsamkeit des Sehens, Wahrnehmens, Denkens. Sie wird jedoch häufig in tendenziöser Weise (z. B. in der Erziehung) hintertrieben: indem der eine Macht (Entscheidung) beansprucht und dadurch den anderen in eine untergeordnete Position manövriert.

„Die Bereitschaft zum Gespräch fordert den Verzicht auf jede Autorität. Das unterscheidet echtes dialogisches Verhalten von jedem monologischen, ob dieses als Anordnung oder als Belehrung erfolgt" (199). Nicht Gedankenschärfe (womöglich als Grübelzwang), sondern Frageoffenheit und Kommunikationsbereitschaft läßt die Neuorientierung zu, ist die Bedingung dafür, daß Menschen in produktiver Weise zu ihrer Umwelt in Beziehung treten können (200).

Die Wertschätzung, welche Gesprächspartner einander bekunden (Wohlwollen), hat zur Folge, daß Gegenwart und Zukunft mehr Gewicht (Anziehungskraft) bekommt, Vergangenheit „verstehend" überwunden, ihrer Absolutheit entkleidet wird, deutlicher gesagt: das Ermutigende von einst erfährt eine Bestätigung, Verletzendes wird durch neue Lebens- und Entfaltungsmöglichkeit außer Kraft gesetzt. An die Stelle einseitiger Geborgenheitswünsche tritt Verantwortung.

Einer der eindrucksvollsten Dialoge des vierten Evangeliums findet zwischen Jesus und Nikodemus statt. Der spätere Helfer beim Begräbnis Jesu kommt dabei auf einen abwegigen, keineswegs rein zufälligen Gedanken, den er aber sogleich zurückweist: „Wie kann ein Mensch nochmals geboren werden, wenn er schon alt ist; kann er etwa in den Mutterschoß zurückkehren?" (Jo 3, 4).

Eine solche Rückkehr brächte, wie Fromm versichert, nicht Leben, sondern Tod (201). Von Jesus gilt umgekehrt, daß sein Tod Leben bewirkt. Die Erneuerung gilt einem anderen Verhältnis der Menschen zu Gott und untereinander. „Er entäußerte sich", schreibt Paulus über Jesus, „er nahm Knechtsgestalt an und ist uns Menschen gleich geworden" (Phil 2, 7 f.). Hier ist der Vertikalismus überwunden, anders als bei einem Menschen, der Genuß, Besitz, Macht vergötzt oder Opfer solcher Vergötzung geworden ist: infolge mißlungener Ablösung oder der in unserer Konsumwelt begünstigten Regressivität.

Was das Nikodemus-Gespräch betrifft, so stellt Jesus darin neues Leben durch „Wiedergeburt aus Wasser und Heiligem Geist" in Aussicht (Jo 3, 5). Entgegen einer individualistischen Sakramentenauffassung ist auf die universale Tendenz gerade der Taufe hinzuweisen (vgl. Mt 28, 19).

Paulus urteilt darüber: „Wir sind alle in einem Geist zu einem Leib getauft, ob Jude oder Grieche, Sklave oder Freier" (1 Kor 12, 13). Die Alternative zur Regression heißt Solidarität.

Durch die Taufe empfangen wir Heil: indem wir in die Glaubens-Gemeinschaft eintreten. Dem Leben ist damit auch die Überwindung zeitlicher Begrenzung zugesagt. Jedes Gespräch (als Integrationsmodus) weist zumindest in diese Richtung und weckt dadurch Hoffnung.

Miteinander nachdenken

Wir haben von Regressions-Ebene bzw. -Tiefe (dem Wunsch zur Rückkehr in den Mutterschoß) gesprochen und damit eine räumliche Metapher verwendet. Wenn wir das Bild wörtlich nehmen, hätten wir uns im Verikaldenken verfangen (202). Wer der Tiefenpsychologie eine „Höhenpsychologie" entgegensetzt, einem Trieb den Geist (Sinn), der verbindet damit am Ende bloß die Absicht, Machtverhältnisse zu stabilisieren; von Erneuerung könne dann keine Rede sein (203).

Tiefenpsychologie hat nun gar nichts mit einer räumlichen, sondern mit einer zeitlichen „Tiefe" zu tun: neurotischer Konservativismus bezieht sich in Form von Fixierung bzw. Regression auf die Kindheit und deren unerledigte Konflikte, verdrängte Gefühle, verinnerlichten Zwang, welcher nun als Hemmung zutage tritt.

Vor allem für die Individualpsychologie gilt diese Deutung von „Tiefe" als zeitlich-lebensgeschichtlich. Adler will darüber hinaus Bewußtes und Unbewußtes (in der „Tiefe" Befindliches) nicht als getrennte, sondern komplementäre Teile „ein und derselben Realität" betrachten (204). Die Trennung wäre ein pathologischer Zustand.

Wie sehr der Hierarchismus aus der Kindheit (durch bestehende Ungleichwertigkeitsverhältnisse ständig „verstärkt" und geradezu als „natürlich" ausgegeben) Wachstum und Erneuerung, Gespräch und gemeinsame Problembewältigung und damit einen wirklichkeitsadäquaten Umweltbezug ausschließt, läßt in höchst eindrucksvoller Weise auch die sog. Transaktionsanalyse nach Eric Berne und Thomas A. Harris erkennen. Hier wird die Notwendigkeit einer gleichen Ebene (Gesprächs- und Kooperationsbasis) besonders betont: zum Unterschied und im Gegensatz zur Reproduktion von Gefühls- und Willens-Impulsen aus der Vergangenheit, beide zum Schaden ganzheitlichen, gemeinschaftlichen Denkens (205).

Die Unterscheidung von drei Ich-Zuständen (in jedem Menschen) bildet den Ausgangspunkt für die Transaktions-Analyse, d. h. das Erkunden, ob Beziehung vertikal oder horizontal (partnerschaftlich) strukturiert ist. Zumindest inhaltlich steht diese Therapieform der Lehre Adlers nahe (insbesondere was Finalität, eigene Zielwahlmöglichkeit anlangt).

Durch das Eltern-Ich, das sich auf Grund einer Identifikation mit elterlichen Normvorstellungen gebildet hat, ist unser Wollen beeinflußt, vorgeformt; es empfängt von hier Ordnungsgesichtspunkte oder unterliegt einem Zwang, der im Rahmen der „Transaktion" auch auf andere ausgeübt wird. Das Kindheits-Ich im Leben des Erwachsenen steht dem Gefühl nahe; dieses wirkt entweder inspirativ, phantasieanregend oder aber versetzt in einen Zustand der Hilflosigkeit (meist als Reaktion auf Machtdemonstrationen).

In diesen beiden „Zuständen" unterliegen wir der Vergangenheit, sind im selben Maß der Gegenwart entrückt und zugleich handlungsunfähig geworden. Statt einer Realität haben wir dann eine Fiktion zwischen uns aufgebaut, treiben ein „im Grunde unehrliches Spiel" (206). Falls das Eltern-Ich oder das Kindheits-Ich dominiert, sind wir unseren Mitmenschen, aber auch uns selber fremd geworden, und zwar weil die Basis sich unterscheidet, Gleichwertigkeit fehlt.

Beziehungen gehen dann als etwas Irrationales vor sich, vertiefen und wiederholen die Spaltung, bewirken zunehmende Isolation. Einzig im Erwachsenen-Ich, als denkende Menschen (wobei Denken, Wollen, Fühlen integriert sind, eine dynamische Einheit bilden), werden wir unserer Lebensaufgabe, vor allem dem Mitmenschen gerecht. Th. A. Harris schreibt: „Das Erwachsenen-Ich ist der Ort, wo die Dinge geschehen, wo sich Hoffnung regt und wo Veränderung möglich ist." (207) Die Positionszuweisung (und Annahme) des Kindheits-Ich bewirkt anderseits Einengung, die des Eltern-Ich eine mehr oder weniger große Aggressivität (Herrschsucht).

Den möglichen Vorwurf, ich würde durch eine Bevorzugung des Denkens und eines auf Realitätsbewältigung ausgerichteten Gesprächs, des füreinander Gegenwärtig-Werdens (im Gegensatz zur primären emotionalen Beengtheit suizidgefährdeter Menschen), eine „Oberflächenpsychologie" befürworten, will ich mir gern gefallen lassen. Mir ist weder an der Vorstellung von einem Kellergewölbe der Seele gelegen, in dem die Triebe beheimatet sind, noch halte ich eine „Logotherapie" und das unablässige Gerede von der Sinnkrise für hilfreich (bzw. den Versuch, sich auf eine reine „Innerlichkeit" zu konzentrieren). Wohl aber bekenne ich mich zu einer rationalen Therapie im Sinne von A. Ellis, der seinerseits um seine Nähe zu Adler Bescheid weiß (208), und halte darüber hinaus eine kognitive Psychologie für hilfreich, wie sie etwa von U. Neisser vorgetragen wird (209). Auf die ich-psychologische Entwicklung innerhalb der neueren Psychoanalyse sei hier nur am Rande hingewiesen.

Welche elementare Bedeutung die Gemeinsamkeit von Denken, Wollen, Fühlen (in dieser Reihenfolge) durch Miteinandersprechen aufweist, wie sehr Denken der Ergänzung bedarf, um nicht weiterhin lebensfeindliche Konstruktionen hervorzubringen, wie das in unserem technischen Zeitalter der Fall ist, oder Selbstmord phantasierend vorwegzunehmen, darauf ist durch folgende Schwerpunkte abermals aufmerksam zu machen:

– Wollen und Entscheiden sind nicht ein Privileg bestimmter Instanzen (z. B. von Eltern oder Politikern), sondern mit Bewegungsfreiheit eines jeden Menschen schlechthin identisch.
– Gefühle wirken über die Kindheit hinaus inspirativ, ermöglichen vor allem mitmenschliche Kontakte, Verständigung, Versöhnung, dürfen dann aber nicht mit Schwäche und Hilflosigkeit gleichgesetzt werden.
– Denken ist auf Lösung in einer bestimmten Problemsituation ausgerichtet; zu einer Neustrukturierung der Situation, aber auch unserer psychosozialen Verfassung vermittelt uns erst das Gespräch die Kraft.

Jede zwischenmenschliche Beziehung (Transaktion), die nicht auf der Ebene des Erwachsenen-Ich, d. h. gemeinsamen Nachdenkens stattfindet, sondern, wie es so häufig der Fall ist, vom Eltern-Ich des einen zum Kindheits-Ich des anderen hin (nach Art eines einseitigen „Gefälles"), kommt einer „Entgleisung" gleich. Die „Lösung" bleibt dann begreiflicherweise auf einem niedrigen Niveau sowohl für den Unterlegenen als auch für den Überlegenen. Entsprechend groß sind die Schwierigkeiten. „Der Reiz, den das Leben für uns hat", schreibt Adler, „kommt gerade aus dem Mangel an Gewißheit; wenn wir über alles im Bilde wären, gäbe es keine Auseinandersetzung, keine Entdeckungen mehr". Adler weist besonders auf die neuen Fragen und Möglichkeiten „gemeinschaftlicher Arbeit" hin (210).

Alles, was (z. B. pädagogisch) als Programmierung angelegt ist, fraglos, mechanisch, ohne Rücksicht auf Einfälle, wie sie erst im Gespräch auftauchen, führt am Leben vorbei. Es führt, so paradox es klingt und ist, hin zu einem imaginären (z. B. kollektiven) „Mutterschoß" und damit zur Selbstpreisgabe.

Gegen Selbstmord erziehen

Eine besondere, wenn auch unbewußte, die Grundlage betreffende Destruktivität ist stets mit einseitigen Formungsabsichten in bezug auf den Mitmenschen, z. B. die eigenen Kinder, verbunden. Die Mein-Kind-Haltung, possesive „Liebe", Besitzerstolz, die Zwangsjacke nennt Ringel Keimzelle für das tiefste menschliche Unglück (211).

Das „Dressat" (die behinderte Selbstgestaltungsfähigkeit) sei nur durch ein Mittel überwindbar, schreibt Künkel, das vielen Erziehern aber so zuwider ist, daß sie es nicht anwenden: die Stärkung kindlichen Mutes und die Verselbständigung der kindlichen Persönlichkeit. „Dem Vater ist die Freude verdorben, wenn er nicht mehr kommandieren kann; der Mutter blutet das Herz, wenn sie nichts mehr zu sorgen, zu behüten, zu kritisieren hat." (212)

Die Pathologie wurzelt darin, daß ein Mensch sich nicht bloß zum „Maß aller Dinge" macht und damit einer subjektivistischen (monologischen) Horizontverengung zum Opfer fällt, sondern danach trachtet, anderen Menschen, vor allem Heranwachsenden, sein „Maß" (seine Wertvorstellungen, Berufswünsche, Hemmungen...) aufzuzwingen.

H. Stierlin urteilt über Eltern, die eine Verselbständigung (die Ablösung) des Kindes „in aller Liebe" verhindern, so: „Sie vertrauen ihm einen Auftrag an, machen es zum Stellvertreter, zur Verlängerung ihres Selbst." (213) Selbstverwirklichung müßte ein unerfüllbarer Wunsch bleiben, oder aber sie erfolgt in Form eines trotzigen Selbstbehauptungswillens (gemeinschaftsfeindlich).

Fraglose Anpassung, die in der Erziehung oft verlangt und als „normal" ausgegeben wird, schließt ein Denkverbot mit ein und hat außerdem ein ausgeprägtes Mißtrauen gegenüber eigenen, aber auch fremden Gefühlen zur Folge. Damit fällt auch Wollen-Können weg, verwandelt sich in Machbarkeit. „Ein Mensch geht zugrunde, wenn er zu einer Sache wird", schreibt Fromm: „Bevor es dazu kommt, gerät er in Verzweiflung (falls sich das schickt...) und möchte das (ungelebte) Leben abtöten." (214)

Es gereicht christlichem Leben sicher nicht zur Ehre, daß man in ihm jemals die Forderung nach Abtötung und Selbstverleugnung erhoben hat, letztere nicht etwa in Verbindung mit Nachfolge Jesu, als Ausdruck von Solidarität mit dem Gekreuzigten (vgl. Mt 16, 24), vielmehr zum Zweck der Erzeugung „gehorsamer Untertanen" (nachdem kirchliche Amtsträger einen Gott geschuldeten Gehorsam auf sich zu beziehen und eine derartige Verdrehung fertigzubringen vermochten).

Ein am Selbstsein gehinderter Mensch neigt dazu, die zerstörerischen Maßnahmen der Menschenformen auf sich selbst anzuwenden (sich mangels eigener Identität mit diesen zu identifizieren). Sowohl die zeitlich unbefristete Identifikation mit den Eltern als auch der Fortbestand eines Kindheits-Ich hindert am Selbst-werden-Können, erzeugt Seelenkrüppel. Jeder Versuch (oder das Nicht-erlangen-Können) an Identitätsgefühl setzt den Menschen seinen alten Kindheitskonflikten aus (215).

Er bleibt dann an die Vergangenheit gefesselt, produziert endlose Wiederholungen, ist unfähig zur Partnerschaft. Im Hinblick auf Erziehung, die suizidalen Tendenzen vorbeugt, diesen entgegengesetzt ist, läßt sich nur eine verneinende, keine rezepthafte Aussage machen: Die Gefahr der Fehlentwicklung ist umso größer, je mehr der Heranwachsende einer Verhaltensdressur ausgesetzt wurde; alles, was Angst erzeugt, Veränderung, unvorhersehbare Wendung „ausschaltet", womöglich eine bestimmte Karriere garantieren, ein für allemal Schutz und Sicherheit bieten soll, ist als verderblich und zutiefst unmenschlich abzuweisen (216).

Vielleicht muß hier die Frage nach dem aller Erziehung zugrunde liegenden Menschenbild gestellt werden. Bollnow möchte auf ein solches „Bild" gänzlich verzichten; er entscheidet sich für „grundsätzliche Bildlosigkeit in bezug auf den Menschen", deren Anerkennung dazu dienen soll, sich „für die unabsehbaren neuen Möglichkeiten offen zu halten" (217). Ein solches „Bild" schaltet dialogisches Bemühen aus.

Ich möchte eine Unterscheidung treffen zwischen schädlichen Leitbildern in der Erziehung und einer notwendigen Zielvorstellung. Letztere muß allerdings dem Heranwachsenden selber vorbehalten bleiben. Eine echte Eltern-Kind-Partnerschaft bedarf keiner Plankonstruktionen.

In Entsprechung zu heutigen gesellschaftlichen Strukturen steht in der Erziehung einseitigem Zwang (auch in Form von Verwöhnung) dialogische Wechselseitigkeit gegenüber, letztere eher als Wunsch denn als Wirklichkeit. „Wenn wechselseitige Regulierung (im Mutter-Kind-Verhältnis) versagt, zerfällt die Situation in eine Reihe von Versuchen, durch einseitige Willensakte in die Gewalt zu bekommen, was durch beiderseitiges Entgegenkommen nicht erreicht wurde." (218)

Schließlich beginnt ein solcher Mensch nicht nur gegen andere, auch gegen sich selber zu kämpfen: weil ein perfektionistisches Ideal („Bild") ihn daran hindert, Übereinstimmung höher einzuschätzen als Rechthaben und Siegen. Viele unserer Mängel sind das Ergebnis der Gewalt, die wir fälschlich gegen uns anwenden. „Alle neurotischen Symptome werden ausgelöst und erhalten, indem wir sie bekämpfen" (219), d. h. einen Gegensatz zwischen Wollen, Fühlen, Denken erzeugen.

Aber nicht nur Zwang, Kampfmaßnahmen, Gewaltanwendung, Machtdemonstrationen oder Menschenformung beschwören die Gefahr der Lebensverunstaltung herauf. Vor allem für soziale Distanz und Isoliert-Werden trifft das zu.
Ein junger Mann „aus gutem Haus", der kurz vor seinem Tod infolge Krebserkrankung seine Autobiographie fertiggestellt hatte, schreibt, er sei nicht in einer unglücklichen Welt aufgewachsen, wohl aber in einer „verlorenen". In seiner Jugend sei er von allen Problemen verschont geblieben; das wichtigste Motiv war „Harmonie" (220).
Schließlich kommt der Autor zu folgendem Urteil über ein bestimmtes Erziehungsideal: Dessen Auswirkungen (bei ihm) mögen eine Ausnahme sein, „denn schließlich bekommt nicht jeder, der falsch erzogen ist, Krebs davon". Verwunderlich sei nur, daß überhaupt Schäden zu erwarten sind. Falls er an seiner Krankheit sterben sollte, werde man jedenfalls sagen können, er sei „zu Tode erzogen worden" (221).
Hart geht Fritz Zorn (so lautet das Pseudonym) ins Gericht mit einer angeblich „christlichen" Sexualerziehung in seinem gänzlich areligiösen, bürgerlichen Elternhaus. Ein anderer Aspekt erscheint mir nicht minder gravierend. Er betrifft ein inhaltsloses Interaktions-Ritual (die korrekten Manieren, z. B. des Grüßens), die leere Form.
„Mein Kontakt mit der Bevölkerung von K. beschränkte sich auf ein qualvolles Grüßen; daran, daß ich auch einmal mit jemandem etwas gesprochen hatte, kann ich mich nicht erinnern." So sei es einleuchtend, daß die Freundin, die er sich vorstellte, ein Wunschbild bleiben mußte. Schließlich wird gesagt: „Bei uns zu Hause war man lieber korrekt als lebendig" (222). Der Gefühlsmangel ist identisch mit Lebensmangel.

Der Kriegsgott vermochte den unglücklichen Menschen, der sich einsam, bezeichnenderweise anonym, gegen seine Erziehung auflehnte, nicht zu retten. Sein Buch trägt den Titel „Mars". Wenn es nur die Alternative „Eltern-Ich" oder „Kindheits-Ich" (Überlegenheit oder Unterlegenheit) gäbe, wäre Verzweiflung unausweichlich.

Ob Haß eine Lösung sei, wurde ich einmal gefragt. Ein Kursteilnehmer vermutete, es müsse u. U. die gewaltsame Trennung von allzu besorgten, in Wirklichkeit dominierenden Eltern geben. Ich weiß aus der therapeutischen Arbeit, wie sehr Menschen unter einem ihnen anerzogenen Zwangsgewissen leiden können. Zugleich halte ich Freiheit aber für ein Beziehungs-Phänomen und glaube außerdem, daß feindselige Gefühle immer auch den schädigen, „vergiften", der sie hegt. Statt jemanden zur Gewaltanwendung aufzufordern, wäre es sinnvoller und hilfreicher, ihm ein echtes Gesprächsangebot zu machen.

Ein Interview (mit Erwin Ringel)

Um die Möglichkeiten einer lebensbejahenden („antisuizidalen") Erziehung war es in einem sehr ausführlichen (im Vergleich mit dem vorangegangenen Dokument freilich eher harmlosen) Gespräch zwischen E. Ringel und mir gegangen. Ich lasse von der während der Zeit der Salzburger Hochschulwochen 1975 entstandenen Tonbandaufzeichnung nur einen kleinen Teil folgen.

Folgende Schwerpunkte des ganzen Interviews klingen dabei an: Die Frage nach dem Menschenbild in der heutigen Schule (bzw. deren Menschlichkeit), nach Freiwilligkeit des Selbstmords, nach neuformendem Denken, schließlich nach familiärem Selbstverständnis und damit der Familie als Sozialisationsinstanz (223).

Brandl: Herr Professor, glauben Sie, daß die Lehrerbildung ihre tiefenpsychologische Abstinenz, ihre Gefühlsfeindlichkeit, sich weiterhin wird leisten können?
Ringel: Das glaube ich ganz und gar nicht. Ich halte es vielmehr für beschämend und unverantwortlich, in einem so wichtigen Bereich das Erbe von Freud und Adler zu ignorieren, mehr noch, sich mit psychologischen Tricks zum Zweck einseitiger Verhaltensformung zufriedenzugeben. Durch eine solche Abstinenz

würde nur darauf verzichtet, dem Lehrer für seine immer schwerer werdenden Aufgaben echte Verstehenshilfen zu vermitteln, es besteht dann auch die Gefahr, daß Kinder und Jugendliche ihr Versagen gegenüber schulischen Leistungsanforderungen als katastrophal, und zwar auch in psychosozialer Hinsicht, erleben. Sie geraten dann in die Rolle von Außenseitern und werden dadurch in ihrem Entmutigtsein bestätigt.

Es wäre pure Heuchelei, angesichts eines solchen Defizits die immer häufiger werdenden Fälle des Kinder- und Jugendselbstmords, des um sich greifenden Drogenmißbrauchs, zunehmender Kriminalität, einer ganz gewöhnlichen, aber nicht minder qualvollen Depressivität zu individualisieren, womöglich Angeborenem zur Last zu legen oder gar zu behaupten, der Betreffende selber habe die Schuld, es geschehe ihm recht.

Brandl: Selbstverwirklichung ist heute vielfach zu einem Stichwort dafür geworden, alle bisherigen Bindungen abzubrechen und damit, wie ich glaube, so wenig in den Besitz von Freiheit zu gelangen, wie das beim Selbstmörder der Fall ist; wie deuten Sie dieses Phänomen?

Ringel: Den Freitod gibt es nicht. Er ist eine Erfindung jener, die mit den Problemen und Nöten ihrer Mitmenschen nicht behelligt werden wollen. Was den von Ihnen erwähnten Abbruch betrifft, so haben wir wohl zu unterscheiden zwischen dem durchaus berechtigten Bedürfnis nach personaler Identität und verhängnisvoller Unreife samt üblen Folgen.

Eltern, vor allem die Mütter haben nicht das Recht, Heranwachsenden den Identitätsgewinn streitig zu machen, ihnen in irgendeiner Form ihren Willen aufzuzwingen, ohne einen Gedanken auf die Zukunft zu verschwenden, die sich niemals vorausberechnen läßt.

Es gibt aber oft auch eine Flucht aus jeder Form von Mitmenschlichkeit; das „Untertauchen" in der Gruppe kann ebenfalls dazuzählen. Dahinter verbirgt sich infantiler Trotz, ebenso Verzweiflung ob all der Verständnislosigkeit und Enge in Familie, Schule, Beruf. Selbstbehauptung entartet dann notwendigerweise zum

unfruchtbaren Protest und zur asozialen Verweigerung. Eine wirklich humane Wirklichkeit jenseits von Gemeinschaft gibt es nicht. Gemeinschaftsgefühl und Lebensgefühl sind einigermaßen identisch.
Brandl: *Worin unterscheidet sich Ihrer Meinung nach neuformendes Denken von Selbstmordphantasie?*
Ringel: *Letztere zeichnet sich aus durch Beziehungslosigkeit und bleibt dadurch unfruchtbar, produziert lediglich Zerstörung. Denken, das erneuernd wirkt, kulturellen Werten gilt oder auch nur alltägliches Handeln begleitet und hier vor Langeweile schützt, hat immer einen Inhalt; vor allem geht es stets final vor sich, betrifft Verantwortung für die Zukunft.*

Jede Form der Indoktrination bringt andererseits diesen belebenden Prozeß zum Stillstand, begünstigt zumindest den Leerlauf. Denken, das nicht mehr realisierend erfolgt, wirkt derealisierend. Ohne Konsequenzen bleiben Gedanken und Gefühle nie. Dafür sind auch viele verhängnisvolle Ideen und Parolen politischer oder weltanschaulicher Art ein Beweis. Oft genug haben solche eine Heroisierung unsagbarer Grausamkeiten und zerstörerischer Handlungen bewerkstelligt.
Brandl: *Könnte man die Verabsolutierung bestehender Verhältnisse, bürokratische Wichtigtuerei, unsensible Neuerungssucht, insbesondere im Schulbereich, als Ausdruck der Dummheit ansehen; bedeutet Dummheit am Ende soviel wie Mangel an Kooperationsbereitschaft?*
Ringel: *Sicher kann man das und soll es sogar, aber nicht, um Mißstände dieser Art zu entschuldigen. Schlimm ist es, wenn in Wirklichkeit gar nichts erneuert wird, man sich deshalb auch gegen Jungsein zur Wehr setzt, weil Vorurteile am Werk sind. Besonders groß ist das Verhängnis, wenn denen, die davon betroffen sind, die man allein läßt, und zwar aus purer Konkurrenzsucht, gar nicht der Verstand, sondern der Mut fehlt, um sich gegen Ignoranz und Präpotenz aufzulehnen.*
Brandl: *Halten sie die Familie heute wirklich für so ungeeignet zur Erziehung, wie es oft den Anschein hat und nicht minder oft behauptet wird?*

Ringel: Im Zeitalter des Pluralismus differieren die familiären Wertvorstellungen und Sozialisationsmuster zweifellos ganz beträchtlich; es herrscht eine große Unsicherheit auch für das Verhältnis der Geschlechter zueinander. Eindeutig negativ wirkt es sich aus, daß viele Eltern seinerzeit nur zum Gehorchen, nicht aber zu kritischem Denken erzogen worden sind.
Was mich im Hinblick auf die Entwicklung hin zum Selbstmord und zur Selbstschädigung sehr besorgt stimmt, das sind nicht nur fehlende Wertvorstellungen, sondern vor allem reaktionäre Tendenzen, Anklammerungswünsche, ein gefährliches Sicherheitsbedürfnis; man will sich damit das Nachdenken und vor allem die Verantwortung ersparen.
Neuerdings münzt man verschiedentlich wieder christliche Glaubensaussagen in Maßnahmen zu seelischer Vergewaltigung um, von Gewissenszwang und Herzenshärte. Das Wort von der Brüderlichkeit klingt schmerzlich nach. Man dürfte noch immer nicht gelernt haben, wirklich miteinander statt verständnislos aneinander vorbei-zuleben. Das beginnt immer noch mit der ungleichen Bewertung der Geschlechter; die Partnerschaft zwischen Eltern und Kindern, für beide Teile, wenn sie gelingt, ein Gewinn und Vorteil, muß damit ein unerfüllbarer Wunsch bleiben.

Was Psychologie im Rahmen der Lehrerbildung in Österreich als Unterrichtsfach an den pädagogischen Akademien anlangt, so macht Einsichtnahme in den Lehrplan deutlich, daß dortselbst primär technologische Interessen im Vordergrund stehen, man insbesondere „verhaltenspsychologische" Dressurmaßnahmen zu vermitteln bestrebt ist, quantitatives Denken (die Leistungs-Messung) gegenüber einem verstehenden, personorientierten Ansatz dominiert.

Wenn man bedenkt, daß im ersten Drittel unseres Jahrhunderts Lehrern tiefenpsychologische Kenntnisse vermittelt worden sind, Psychoanalyse und Individualpsychologie für den Schulalltag fruchtbar gemacht wurden, stimmt der Rückfall in materialistische Manipulationstechniken schmerzlich. Lohn und Strafe, die behavioristischen „Erziehungsmittel", dominieren weiterhin im

Erziehungsbereich auch der Familie, erfreuen sich dort einer ungerechtfertigten Wertschätzung.

Ohne eine entschiedene Wendung von der Kausalmechanik zur Anerkennung von Zielstrebigkeit und Eigenaktivität (Selbstgestaltungsfähigkeit) eines jeden Menschen, auch schon des Kindes, und vom künstlich erzeugten Hilflosigkeitsgefühl hin zu partnerschaftlichem Denken ist stets damit zu rechnen, daß Erziehung „neurotisiert" und eines Tages der Mut zum Leben fehlt.

2. Lebenswille – gegen Zerstörung

Vom physisch Kranken wird oft sicherlich nicht zu Unrecht behauptet, er habe bessere Heilungschancen, falls der Wille zum Gesundwerden vorhanden ist. Auch im Bereich der Organmedizin käme ein bloßer Funktionalismus einer Verkennung gleich. Nicht nur ein Teil ist erkrankt, der ganze Mensch leidet (ist passiv).
Gerade deshalb wäre es unzutreffend, den Lebenswillen für eine Art Energiepotential zu halten, das im Notfall mobilisiert werden kann; menschliche Geistigkeit, Freiheit und aktive schöpferische Kraft würden hier unterschlagen.
Die Gleichsetzung des Willens mit einem Mechanismus – man spricht bezeichnenderweise weniger von Freiheit als von „Motivation" – bringt eher ein bestimmtes Denken zum Vorschein, als daß menschlichem Dasein hier wirklich entsprochen wäre. Insbesondere der deskriptive Begriff „Verhaltensstörung", ohne den Versuch, die erlebnismäßigen Hintergründe der Dysfunktionalität zu ermitteln, kann kaum zu echter Gesundung beitragen. Wer ihn verwendet, übt eigentlich nur einen Anpassungszwang aus, spekuliert mit der Angst der Betroffenen, für verrückt erklärt zu werden.

„Ob der Mensch (angeblich) das Produkt der Konditionierung oder das Produkt der Evolution ist, er wird in beiden Fällen ausschließlich von Bedingungen determiniert, die außerhalb seiner selbst liegen." Mit dieser Feststellung zeigt E. Fromm die trotz aller Unterschiede vorhandene gemeinsame Grundorientierung von Triebtheoretikern und Konditionierungstechnikern auf. Ob innere (biologische) Kräfte uns zum Handeln antreiben oder äußere Reize das „Reagieren" berechenbar machen sollen, beide Male wäre lediglich eine Marionette am Werk. „Der Mensch hätte keinen Anteil an seinem Leben, keine Verantwortung, keine Spur von Freiheit." (224) Auch schrankenlose Triebbefriedigung oder das Belohntwerden für wunschgemäßes „Verhalten" könnte uns über die Langeweile nicht hinwegtrösten, von der wir in einem solchen mechanisierten Leben heimgesucht würden. Eine wachsende Zahl von Leiden dürfte schon heute die Folge der suggerierten Passivität sein und damit die Schädlichkeit eines bestimmten Menschenbildes zum Ausdruck bringen.

Nicht erst im Falle von Krankheit, auch schon im Hinblick auf menschliches Werden – aus erzieherischer Verantwortung – wäre statt der kausalen eine finale Betrachtungsweise angezeigt, die Frage, ob einem Menschen für sein Leben überhaupt in ausreichendem Maß Entscheidungs- und Entfaltungsmöglichkeiten zur Verfügung stehen, er erstrebenswerte Ziele finden kann oder sich unentrinnbarer Zwangsläufigkeit ausgesetzt fühlt. Insbesondere wenn psychische Gleichgewichtsstörungen vorhanden sind, kann der Lebenswille niemals ohne Inhalt und Ziel „funktionieren".
Die Überwindung des Vereinzeltseins wäre mit sozialer Annäherung, bejahter und vollzogener Mitmenschlichkeit identisch. Eine völlige Neuorientierung ist erforderlich, keine Symptombehandlung. Es sei genau jenes Symptom vorhanden, schreibt Adler, das zu einer bestimmten Zielsetzung bzw. Selbstvorstellung paßt. „Mit der Wandlung des Zieles werden sich auch die Denkweisen und Haltungen verwandeln." (225) Nicht der Hunger, sondern die Liebe erweist sich als stärkste Kraft im Menschen, sonst hätten wir unter Lieblosigkeit nicht so sehr zu leiden.
Das Ziel der Zusammenarbeit, der Wille zur Partnerschaft bewirkt auch eine Gemeinsamkeit von Denken und Wollen, trägt zur Überwindung der Dysfunktionalität aller Seelenkräfte bei, verhilft dazu, daß der innere Zwiespalt und Leerlauf überwunden werden kann.

Wollen, das auf die Herstellung positiver Sozial-Beziehung ausgerichtet ist, kommt in dreifacher Weise zum Einsatz, als Bereitschaft zum:

- Teilen (im Gegensatz zu einem bloß konsumorientierten „Trieb")
- Geben (statt der Selbstbereicherung durch Besitzanhäufung)
- Opfern (als Alternative zur Machtdemonstration der Zerstörung, des Tötens).

Diese Feststellung löst notwendigerweise Befremden aus, wenn Liebe für Sentimentalität, zumindest eine ausschließliche „Gefühlsangelegenheit" gehalten, Wille anderseits weitgehend mit Willkür bzw. Egoismus gleichgesetzt wird (226). Der sich damit abzeichnende Macht-Wille ist Ergebnis und zugleich Wirkkraft der Entzweiung, machtlüsterner Teilung. Schon das Kind wächst sehr oft in eine entzweite Welt hinein, ist damit zu einer Fehlorientierung gezwungen: wenn Mann und Frau (Vater und Mutter) entzweit sind, Kampf, Übertreffen, das Gegeneinander, nicht aber Einssein angestrebt, gewollt wird. Der „Aggressionstrieb" ist in Wirklichkeit ein Kunstprodukt, Symptom einer Soziopathie.

Könnte es nicht sein, daß die psychische Verfassung, durch welche ein Mensch in Selbstmordgefahr gerät, sich lediglich als die berühmte Spitze des Eisberges darstellt? Dann hätten wir allen Grund, unsere Einstellung zum Leben einer selbstkritischen Prüfung zu unterziehen, dürften suizidale Handlungen nicht mehr bloß mit gebührendem Bedauern zur Kenntnis nehmen. Wir müßten darüber nachdenken, ob der Lebenswille mancher Menschen nicht auf Grund gesellschaftlicher Umstände zuweilen ins Leere geht. Die Erstarrung von Wasser zu Eis wäre dann in bestimmter Hinsicht symbolträchtig.

Der Vergleich mit dem Eisberg, welcher nur zum geringeren Teil aus dem Wasser ragt (227), wird übrigens oft dazu herangezogen, das Verhältnis von Bewußtsein zum Unbewußten zu veranschaulichen. Freud habe das Unbewußte schwächen wollen, um es unter Kontrolle zu bringen, schreibt Fromm; er habe eine Synthese von Trieb-Determinismus und Rationalität (Willenskraft) zustande gebracht. Adler dagegen sei nur eine

einseitig rationalistisch-optimistische Theorie gelungen, wonach der Mensch durch intellektuelles Verstehen sich selber befreien könne (228).
Den Optimismus will ich gern gelten lassen, ebenso die Wertschätzung des Willens bei Adler. Aber von einer Selbstheilung kann keine Rede sein. Denn nach Adler wird das Minderwertigkeitsgefühl einzig durch verwirklichte Solidarität überwunden. Das Gemeinschaftsgefühl müßte aus dem Selbstmitleid heraushelfen, es überflüssig machen.

Obige Frage bezieht sich auch auf das Unbewußte und eine darin wurzelnde Destruktivität; sie ist diesbezüglich vor allem auf gesellschaftlichen Verdrängungs-Zwang ausgerichtet. Eine zeitliche lebensgeschichtliche Tiefe ist gemeint, zugleich ein unmenschlicher Hierarchismus: Transaktionen, die auf Erniedrigung bzw. Kindheits-Ich-Reaktionen abzielen, Fixierung bzw. einen Entwicklungsstillstand bewirken sollen. Jede Form – z. B. einzelne Symptome – betrachtet Adler als „gefrorene Bewegung"; er fordert deren Rückverwandlung, deren Auftauen, und meint zugleich mit „Bewegung" eine Sozialdynamik (229). Diese wiederum wird von ihm als identisch mit dem Charakter angesehen. Adlers Charakterkonzept ist nicht statischer, sondern dynamischer Art, gemeint ist die Art und Weise, sich zur Umwelt in Beziehung zu setzen (230). Symptome lassen bloß eine Form erkennen. Erst aus der Charakterdynamik gewinnen diese ihre Verständlichkeit.

Die Tiefenpsychologie veranlaßt uns dazu, den Willen nicht isoliert vom Leben im ganzen (und damit von Liebe oder Haß) zu betrachten, wie es die philosophische Tradition zumindest nahelegt (231). Wir werden deshalb nicht so sehr den einzelnen „Willensakten" als vielmehr dem Aktzentrum bzw. der Charakter-Orientierung Aufmerksamkeit schenken und danach fragen, ob diese produktiver, lebensbejahender oder aber zerstörerischer Art ist.
Machtwille und Lebenswille schließen sich gegenseitig aus; soviel sollte bisher klar geworden sein. Außerdem: innerhalb eines mechanistischen Denkschemas, das sich kaum argumentativ beseitigen läßt, bleibt nicht nur das Rätsel des Selbstmords ungelöst, ebenso die umformende, befreiende Kraft der Mitmenschlichkeit.

Die Ideologie des „Gegenmenschen"

Ein Kind, das sich „wie im Feindesland fühlt", steht nach Adler in Gefahr, „ein Gegenmensch und kein Mitmensch zu werden"; es betrachtet das Leben ausschließlich als einen Kampf (232). Aber auch der Sieger wäre nicht imstande, der mit dem Macht-(Kampf-)Prinzip verbundenen Isolation, dem Mißtrauen, monologischer Starre Herr zu werden. Sowohl der Überlegene als auch der Verlierer bleibt mit sich allein. Beide können ein daraus resultierendes Ohnmachtsgefühl nicht abschütteln.

Zum Thema „Ideologie" wäre auf den Gesellschafts-Charakter nach E. Fromm (ohne die marxistischen Implikationen) hinzuweisen (233), zugleich und insbesondere auf die verbreitete unreflektierte Auffassung, Machtkampf sei „natürlich" und stets vorhanden gewesen („das war immer so"). Je weniger bestehende Machtverhältnisse in Frage gestellt werden dürfen, ansonsten Entwertungstendenzen wirksam, Ausschlußdrohungen gegeben sind, desto geringer ist die Bewegungsfähigkeit. Lediglich die Vertikale steht als Bewegungsrichtung zur Verfügung.

Ausbruchsversuche „physikalisch" (mit Druckverhältnissen) zu erklären, hieße entweder kurzsichtig sein oder aber dem Autoritarismus zu huldigen, ihm Reverenz zu erweisen. Das Mitleid, welches den Opfern eines gegenmenschlichen Systems gezollt wird, wäre dann pure Heuchelei.

Man ist versucht, hier J. Amery zuzustimmen, wenn er meint, es gehe wohl nicht mit rechten Dingen zu: „Einerseits die kalte Gleichgültigkeit, welche die Gesellschaft dem Menschen zeigt, und die erhitzte Sorge um ihn, wenn er aus dem Verband der Lebenden freiwillig auszutreten im Begriffe steht." (234) Alle professionelle Selbstmordverhütung wird sich fragen lassen müssen, ob sie sich am Ende nur erbötig macht, den Machthabern eine Gewissensberuhigung zu verschaffen.

Eine Studentin, Regine K. (22), die schizoide Züge aufwies, erinnerte sich, daß ihr Vater sich wiederholt über ihre Weiblichkeit sehr abfällig, verletzend geäußert hat. Sie war nicht von dem Gedanken abzubringen, einen jungen Mann, dessen Vorzüge sie mir in den glühendsten Farben schilderte, „besitzen" zu wollen. Nicht zuletzt ihre Selbsterniedrigung mußte sie aber diesem ganz und gar unattraktiv erscheinen lassen. Ihre Okkupationsbestrebungen hatten stets zur Folge, daß Gleichaltrigen der Umgang mit ihr verleidet war, außer sie trug zur Abwechslung die freundlich-unverbindliche „Maske": wenn jemand sie nicht interessierte.

Ihre Methode, klein und armselig zu erscheinen, sicherte ihr bestenfalls das flüchtige Mitgefühl anderer, die sich ansonsten schnell aus der Affäre zogen. Echter Liebe hielt sie sich selbst nicht für fähig, weil sie jahrelang den Protest und die Verneinung „trainiert" hatte, sich dazu kritischer Parolen bediente, sich intellektuell gab.

Für ihre Mutter, der sie durch ihre arrangierte Hilflosigkeit nun zu folgen schien, empfand sie tiefstes Mitleid, das zuweilen in Verachtung umschlug. Regine K. wollte nicht mehr mitansehen, wie diese vom Vater mißhandelt wurde. Sie selber habe oft für die Geschwister Prügel einstecken müssen. Zur älteren Schwester bestehe keinerlei Kontakt. („Ich habe mit ihr nie gesprochen.")

Was den jungen Mann betraf, so war mir aufgefallen, daß dieser zwar als „ganz anders", verglichen mit dem Vater, eingeschätzt wurde, auf ihn aber zugleich, trotz aller „Liebe", versteckte Rachegelüste abzielten, die eigentlich dem Vater galten. Der Auserwählte weigerte sich beharrlich, die Weiblichkeit des Mädchens sexuell zu bestätigen, also traf ihn das einstige („aufgestaute") Wutgefühl. Er erfuhr davon aber nichts; es gab nur die verbale „Entladung". Zugleich unternahm meine Klientin verzweifelte Anstrengungen, diese Affekte „zurückzuhalten". Sie mußte dazu gegen sich selber „kämpfen".

Den Aschenputtel-Traum findet man bei allen schizoiden Mädchen, schreibt A. Lowen. Er diene als Kompensation des Wertlosigkeitsgefühls, zugleich der brachliegenden emotionalen und geistigen Fähigkeiten. Im schizoiden Zustand wird die Trennungsmechanik am deutlichsten, vor allem, wenn dieser sich einem schizophrenen Realitätsverlust nähert, Versinken im Wahn und Zunahme kommunikativen Unvermögens drohen. Umgekehrt vermag Hingabe an den Mitmenschen nur geleistet zu werden, wenn man seines eigenen Körpers sicher sein kann. Für Lowen erweist sich das tiefe Atmen und die damit verbundene Muskelbeweglichkeit als integrativ, allerdings unter dem Einfluß des Fühlens (nicht mechanisch): „Wer wenig atmet, fühlt wenig." (235)

Herr C. (35 J.) bezeichnet sich als einen im höchsten Maß mißtrauischen Menschen. Anderen ist von ihm eigentlich nur die Funktion zuerkannt, ihm Anerkennung und Lob zu spenden. Jede Geringschätzung oder auch nur Gleichgültigkeit macht ihn „rasend". Bald darauf bricht Weinerlichkeit durch, schließlich Selbstverachtung.

Der wesentlich älter wirkende Mann wies zunächst den Gedanken von sich, in seinem Leben könne ein falsches, schädliches Prinzip wirksam sein, das seinen Kindheitserfahrungen entstammte. Zugleich beklagte er sich jedoch darüber, daß er sich wie ein Kind fühle und seinem Alter mit Verwirrung gegenüberstehe.

Ich möchte in beiden Fällen, bei Regine K. und Herrn C., von narzißtischer Kränkbarkeit mit deutlich suizidalen Fluchttendenzen sprechen, die aus einer Negation der körperlichen Bedingungen resultieren. Aber auch die Erfahrungen mit einem Elternteil weisen beide Male große Ähnlichkeit auf.

Im Anschluß an einen Traum erinnerte sich Herr C. einer Szene, welche die „seelische Grausamkeit" der Mutter deutlich zum Ausdruck brachte. Die überaus ehrgeizige Frau duldete es nicht, daß der Bub mit Kindern aus „unteren Schichten" spielte. Die Familie selber lebte in eher dürftigen Verhältnissen. Andauernd habe die Mutter am Verhalten des Sohnes „herumkritisiert". Er werde ihr dafür einmal dankbar sein, meinte sie. Sie berief sich dabei stets auf Gott, der dem Kind „überall zusieht". Die Versuche des Halbwüchsigen, „auch einmal etwas anzustellen", fielen so ungeschickt aus, daß stets die Mutter strafend auf den Plan trat.

Immerfort warnte sie vor "Selbstbefleckung", drohte, Unkeuschheit werde sie dem Buben am Gesicht ansehen. Dunkle Ringe unter den Augen waren Anlaß für peinliche Verhöre. Der Versuch eines Sexualkontaktes des nahezu Zwanzigjährigen scheiterte kläglich; ein "jahrelanger Schock" war die Folge. Das Erinnerungsbild nun bezog sich auf den Vater, der aus beruflichen Gründen meist abwesend war ("weil er es daheim nicht aushielt").

Es war die Nachricht gekommen, die sich später als irrig herausstellte, dieser sei von einer Lawine verschüttet worden. Die Mutter brachte dieses (vermeintliche) Ereignis "triumphierend" mit einer bestimmten Handlung des Sohnes in einen ursächlichen Zusammenhang. Gott habe nun für dessen Ungehorsam "die Strafe geschickt". Herr C. versicherte, seine Mutter habe ihn mit ihren "Konstruktionen" (Vermutungen, Deutungen, "Prophezeiungen") oft völlig in Verwirrung gebracht. "Vielleicht bin ich andauernd vor ihr auf der Flucht", vermutete der nach kurzer Ehe geschiedene Mann.

Durch Gewalt, ohne welche Macht nicht aufrechtzuerhalten ist, und zwar in Form ausgeübten bzw. erlittenen Zwanges (aktiver und passiver Hemmung), wird der Wille in sein Gegenteil verkehrt, büßt dieser sein Wesen ein, geht Freiheit verloren. Das angepaßte (reaktive) "Verhalten" kann über die Zerstörung nicht hinwegtäuschen. Den Regeln eines solchen grausamen Spiels beugt sich am leichtesten, wem keine Alternative zur Verfügung steht.

Ermutigende Kindheitserfahrungen bilden die wichtigste Bedingung späterer Krisen- und Konfliktfähigkeit (236). Umgekehrt prädestiniert eine Vergewaltigung des kindlichen Gewissens geradezu zur Selbstmordphantasie, deren monologische Struktur mit eingeschlossen.

Die frühe Unterdrückung von Wut, Haß, Verzweiflung, undifferenziert als Aggressivität bezeichnet (237), bereitet die "Wendung gegen sich selber" vor. Der emotionalen Einengung – dem Sieg der Angst über alle anderen Gefühle – schließlich

liegt das Absorbiert-worden-Sein des Kindes durch die Mutter (eine „inzestuöse Fixierung") zugrunde.
Beide Male, im Falle der Erziehungs-Pathologie wie auch der Entstehung und des Wirksamwerdens des präsuizidalen Syndroms, wirkt sich eine Bewußtseinsspaltung aus, und zwar in Form von Vereinzelung in individueller wie auch sozialer Hinsicht. Die Verbindung mit dem Leben geht verloren.
E. Ringel beschreibt nicht nur einen lebensgefährlichen Zustand (das „Syndrom"), sondern auch dessen lebensgeschichtlichen Hintergrund, die Entstehungsbedingungen („Neurotisierung"). Aber er kann beide in ihrer psychosozialen Dynamik mit dem von ihm herangezogenen Maschinenmodell nicht erklären (238).
Sowohl für therapeutische als auch psychohygienische Belange empfiehlt sich die Wiederherstellung von Beziehung: sofern diese für personales Sein und Werden schlechthin konstitutiv ist (239). Eine Beschreibung muß durch Begründung bzw. einen Wertstandpunkt ergänzt werden.

E. Fromm vermutet, daß die Summe zerstörerischer Tendenzen im direkten Verhältnis zu dem Ausmaß steht, in dem die Lebensentfaltung geschmälert wird, Beziehungslosigkeit infolge Partikularisierung sich durchsetzt. Er denkt dabei nicht an einzelne Frustrationen (z. B. Traumen), sondern an die Vereitelung des Lebens-Ganzen. „Es ist, als wenn Leben, dem der Lebenswille und die Lebenssäfte abgegraben werden, eine Zersetzung erfahre, durch die seine, auf Leben gerichteten Energien sich der Zerstörung zuwenden." An anderer Stelle wird gesagt: „Wenn alle Mittel versagen, bilden Selbstmordphantasien die letzte Hoffnung, eine Linderung von der Last des Alleinseins zu finden." (240) Ein Mensch kann von anderen dazu „verurteilt" sein, sich selber zu töten: wenn ihm Gemeinschaft (Gleichwertigkeit) streitig gemacht wird.

Adler trifft eine Feststellung von geradezu verblüffender Einfachheit, die aber nichtsdestoweniger dazu geeignet ist, ein ideologisches System buchstäblich zu entwaffnen, welches Gewalt ausübt und dadurch Zusammenleben unterbindet. Er schreibt, wir hätten zu unterscheiden, ob ein Mensch auf der nützlichen oder auf der unnützlichen Seite seine Kraft einsetzt. „Die nützliche Seite ist immer die allgemeinnützliche" (241). Ideologien haben stets die Funktion, Menschen voneinander abzusondern. Wer jedoch erfahren hat, daß sein Leben auch für andere „nützlich" (wertvoll) sein kann, gewinnt vielleicht dadurch den Lebenswillen zurück.

Aggressionstrieb oder destruktiver Charakter?

Wie das Denken erst im Gespräch die Eigenart der Problemlösungsmöglichkeit gewinnt und ohne dialogischen (sozialen) Bezug den Kontakt mit der Wirklichkeit immer mehr verliert, Regressions-Phantasien sich durchsetzen, so bedarf auch der Wille zu seiner Entfaltung des Erlebnisses der Mitmenschlichkeit.

Das Kind findet seinen Lebens-Mut (-Willen) dadurch, daß ihm das Hineinwachsen in die Welt zuerkannt ist, Übernahme der Kultur, z. B. der Sprache, und (aktives) Sich-in-Beziehung-Setzen greifen dabei ineinander. Beide werden zu einer spezifischen (personal-einmaligen) Orientierung, die Fromm „Kern des Charakters" nennt. Die produktive Orientierung äußert sich in Fürsorge, Verantwortung, Achtung (Wertschätzung), einfühlendem Verstehen, Liebe (242).

Reagieren Eltern und/oder Erzieher auf die ersten Willensregungen des Kindes „kämpferisch", vom Standpunkt einer asozialen Konkurrenz-Orientierung aus, weil sie sich in ihrer eingebildeten Überlegenheit narzißtisch gekränkt fühlen, so ist damit eine Fehlentwicklung von möglicher Liebe zu wirklichem Haß eingeleitet.

„Erst die vertrotzte Blindheit gegen die personalen (schöpferisch-aktiven) Regungen des Kindes erzeugen dessen eigentlichen Trotz", schreibt W. J. Revers. Er bezeichnet diesen als ebenso blinden Widerstand gegen die Urheber einer Lebensordnung, die personales Werden (und Wachsen) ersticken soll: die Lebensordnung machtlüsterner Willkür von Kasernenhofautoritäten (243). Jene Lebensphase, von der im Alltag behauptet wird, es sei das „Trotzalter", sieht E. H. Erikson als Krise zwischen Autonomie (ersten Versuchen der Selbstbestimmung und des Sich-Entscheidens) und durch Erziehung bewerkstelligter

Scham samt Zweifel am eigenen Wert (244). Auf die Funktion des Beschämens zwecks Ausschaltung von Konkurrenten ist hier abermals hinzuweisen. Nicht erst die Aggression, schon das Gehemmtsein bedeutet in letzter Konsequenz Nicht-leben-Können und als Mitmensch nicht anerkannt sein.

Der Hinweis von Ringel, der suizidalen Neurose würden Symptome und Abwehrmechanismen fehlen (245), müßte eigentlich dahin zu Ende gedacht werden, daß es sich um eine neurotische Charakterdeformation handelt, wobei jeweils die „Regressionstiefe", der Abstand von mitmenschlicher Umwelt, für die Gefährdung ausschlaggebend ist, zu deren Gradmesser wird. Umso mehr muß es verwundern, daß Ringel die „Lebensverunstaltung" nicht charakterologisch (ganzheitlich), sondern triebtheoretisch (partikularistisch) zu deuten und anzugehen versucht.

Als schwerste Krankheit in bezug auf Sadismus (samt Masochismus) und Destruktivität bezeichnet Fromm die anal-sadistische „Orientierung". Die orale steht dem Leben, wenn auch nicht der jeweiligen Altersstufe näher. Denn nicht „erogene Zonen" (wie Freud annahm) sind ausschlaggebend, sondern die „Formen der Bezogenheit" (246). Eine weitere Begründung dafür scheint mir zu sein: weil hier der Wille berührt ist, damit die Möglichkeit, Ohnmacht durch Liebe zu überwinden.

Das zweite Element des präsuizidalen Syndroms bezeichnet Ringel als „gehemmte und gegen die eigene Person gerichtete Aggression". Bezüglich einer solchen „Wendung" gegen sich selbst spricht er von Pervertierung (247). Er sieht offenbar nicht, daß bereits Aggression, die auf sadistische Einengung (Gewaltanwendung) und destruktive Vernichtung menschlichen Lebens gerichtet ist, ihrem Wesen nach pervers, nämlich soziopathisch ist. Gedacht ist dabei nicht an den sexuellen Bereich, sondern an eine charakterologisch-ganzheitliche Störung.

Zustimmend nimmt Ringel Bezug auf die Auffassung von S. Freud, daß jeder Selbstmord ein verhinderter Mord sei (248). Er unterläßt es wohlweislich, dessen Postulierung eines „Todestriebes" zu erwähnen, die dem Anliegen der Selbstmordverhütung abträglich wäre (der „Aggressionstrieb" ist es auch).

Ein wichtiger Schritt von der Libidotheorie zu einer ich-psychologischen Auffassung innerhalb der Psychoanalyse wurde von Anna Freud vollzogen. Unter den von ihr aufgezählten Abwehrmechanismen befindet sich allerdings auch die „Wendung gegen die eigene Person" (249). Von dieser Konzeption aus führt ein etwas geschlungener Weg zur Betrachtung des Suizids als narzißtischem Konfliktlösungsmodus (250). Die psychoanalytische Charakterologie bildet, etwas vereinfacht ausgedrückt, das Bindeglied (den Transformationsmodus): von klassischer Trieblehre hin zu heutiger psychoanalytischer Narzißmustheorie (251). Aus individualpsychologischer Sicht erkenne ich darin zwei Schwerpunkte wieder: das Streben nach positivem Selbstwertgefühl und die soziale Beziehungsdynamik.

Ausgesprochen mechanistisch (physikalisch, nicht einmal biologisch) stellt Ringel die Selbstzerstörung dar. Er schreibt: „Im wesentlichen gehorcht dieser Vorgang dem nüchternen physikalischen Gesetz von der Erhaltung der Energie. Die angestaute Kraft muß ein Ziel finden. Das einzige, welches dafür dann (im Falle des Gehemmtseins) letztlich zur Verfügung steht, ist das eigene Ich." (252)

Ringel betrachtet Aggression ausschließlich quantitativ. Er übersieht die Asozialität des „Abreagierens", wenn aus dem Opfer ein Sadist wird, denkt dabei möglicherweise an „Sublimierung".

Wesentlich vorsichtiger äußert sich E. Stengel. Dieser bezeichnet den Ursprung der Aggression als eines der „ungelösten Probleme der Psychologie" und räumt ein, daß auch (narzißtische) Allmachtsphantasien im Selbstmord am Werk sein können (253). Solche wären nicht auf den Tod ausgerichtet, hätten die Vermeidung des Zusammenlebens zum Ziel. Die Auffassung Adlers, Selbsttötung sei ein Racheakt den Hinterbliebenen gegenüber (254), hebt diesen Aspekt hervor.

Durchaus fruchtbar erscheint mir indessen Ringels Analyse der „Hemmung". Sie bietet wertvolle pädagogische Einblicke, kann und soll psychohygienisch „umgesetzt" werden; folgende Tendenzen werden kritisch erwähnt bzw. unterschieden (255):

- Gewissenszwang (die tendenziöse Erzeugung von Schuldgefühlen schon im Kind)
- Depression (aus Trennungs-Erlebnissen samt fortwirkender „Kränkung")
- fehlende Zwischenmenschlichkeit (nicht als Möglichkeit des „Abreagierens", sondern der Liebe),
- Bedingungen der Zivilisation (welche dem einzelnen Entfaltung vorenthält, ihm durch Rollenzwang personale Identität streitig macht).

Zu letzterem Gesichtspunkt können folgende Überlegungen hinsichtlich gesellschaftlicher Strukturen angestellt werden, die gegen eine Privatisierung destruktiven Handelns gerichtet sind. Ein vertikalistisch gedachter „Fortschritt" produziert notwendigerweise, nicht zufällig, Hungertote. Erst im Kontrast zum Elend ist pervertierter Genuß möglich. Man ist versucht, hier von Schadenfreude zu sprechen. Die Passivität ständigen Konsumierens raubt aber zugleich die Fähigkeit, sich wirklich zu freuen (256).

Das Bild vom „Ölteppich" sollte zeigen, wie die Gier einiger weniger zum Schaden aller werden kann und wie in unserem „fortschrittlichen" Jahrhundert wahrhaft kannibalistische Tendenzen am Werk sind, eine Orgie der Unbarmherzigkeit stattfindet. Unterschiede des Alters, des Geschlechts, der Leistungsfähigkeit, sozialer Zugehörigkeit (der „Schicht") rechtfertigen nicht von vornherein Herrschaft, Machtausübung, psychische und physische Folterung, so wenig wie erst Pannen auf technischem Gebiet die Destruktivität eines solchen „Gesellschaftscharakters" beweisen.

Nicht die technischen Mittel haben versagt, die Ziele erwiesen sich als inhuman und aggressiv, konkret: der Einsatz ungleich größerer Geldsummen für Bewaffnung als für Entwicklungshilfe.

Es wäre eine Frivolität sondergleichen, das Wort aus der Schöpfungsgeschichte: „Macht euch die Erde untertan" (Gen 1, 28), für Zerstörung der Umwelt und Ausbeutung von Naturschätzen verantwortlich zu machen, sich dabei auf es zu berufen. Insbesondere von einer Unterwerfung des Mitmenschen ist dort nichts gesagt. Ebensowenig dürfte die Gehorsamsforderung Jesu dem himmlischen Vater gegenüber auf Autoritätsverhältnisse unter Menschen Anwendung finden. Der Apostel Petrus scheut sich jedenfalls nicht, das den Machthabern ins Gesicht zu sagen (vgl. Apg 4, 19 f.; 5, 29 f.). Offenbar soll die Triebtheorie (im Sinne einer Rationalisierung) Unersättlichkeit rechtfertigen, Genuß- und Besitz-Wünsche als „natürlich" und dadurch unabweisbar erscheinen lassen. Der Behaviorismus im Sinne von B. F. Skinner schließlich tritt ganz offen für Zerstörung der Freiheit und eine „Technologie des Verhaltens" ein, macht aus seinen Machtansprüchen kein Hehl mehr (257).

Ein unglaublicher Zynismus wäre es, die Lebensohnmacht von Menschen auf biologische oder physikalische Zwangsläufigkeit zurückzuführen, wenn in Wirklichkeit die Fehlorientierung inszeniert und arrangiert ist. Zumindest die Verkrüppelung ist beabsichtigt.

Der Charakter als ein sozialer Begriff (258) bzw. eine bestimmte Form des In-Beziehung-Tretens (259) eignet sich anderseits dazu, nicht nur im Einzelfall verstehend Hilfe zu bieten, sondern eine Humanisierung im ganzen in Angriff zu nehmen, d. h. die Sozialisationsbedingungen lebensbejahend zu gestalten. Mutter und Vater gewinnen hier als „Mitmenschen" eine geradezu schicksalhafte Bedeutung, deren gesellschaftliche Bewegungsmöglichkeit nicht minder.

„Alle Anzeichen deuten darauf hin", schreibt Fromm, „daß heteronomes Eingreifen in die Wachstumsprozesse des Kindes und des Erwachsenen (Fremdsteuerung, entzogene Entscheidungsfähigkeit, Unfreiheit) die tiefste Ursache geistig-seelischer Störung, speziell der Destruktivität, ist." (260) Adler urteilt: „Wenn ein Kind vom Beginn seines Lebens an wirklich gehaßt wird, dann kann es schwerlich leben; ein solches Kind wird mit großer Sicherheit zugrunde gehen." (261) Über den Zeitpunkt ist nichts gesagt. Nichtbejahung käme dem Haß gleich. Es wäre unredlich, ein solches Geschehen als naturgesetzlich auszugeben, sich der Macht des Faktischen zu beugen, wo man sich gleichzeitig so viel darauf zugute tut, sich die Naturgesetze technisch nutzbar gemacht zu haben. Die Absicht, Menschen in Untertanen zu verwandeln, sie „klein" zu halten, ihnen Verselbständigung streitig zu machen, wirkt auf die gesellschaftlichen Strukturen zerstörerisch zurück. Zum Unterschied von einst präsentiert sich uns deren Autoritarismus heute eher anonym, aber nicht minder zwanghaft.

Einem gesellschaftspolitischen Arrangement widersetzt sich Adler, wenn er erklärt, daß die Seele „keine Naturgesetze kennt" und sich das vorschwebende (frei-gewählte) Ziel als „abänderbar, nicht als feststehend" darstellt. Ebenso zugunsten von Freiheit und Verantwortung will er die Auffassung, wonach Charakter-Züge „angeboren" sind, „völlig von der Hand weisen" (262).

Lebens-Mut gewinnen

Ähnlich wie die Liebe ist auch der Mut keine reine Gefühlssache. Auch wenn wir ihn andererseits nicht als gleichbedeutend mit bloßem Durchsetzungsvermögen ansehen, empfiehlt es sich, den Anteil des Willens hervorzuheben. Es ist von Handlungs- und Entscheidungsfähigkeit zu sprechen. Von Natur aus erlebt der Mensch sein Dasein in höchstem Maß als unsicher, sich selber als ergänzungsbedürftig.

Fromm setzt sich sogar mit einer „Furcht vor der Freiheit" (dem Nicht-festgelegt-Sein) auseinander, und zwar im Zusammenhang mit dem Individuationsprozeß und der damit verbundenen zunehmenden Einsamkeit infolge personalen Andersseins. Der Instinktmangel im Rahmen der „biologischen Schwäche" bildet im Gegensatz zu perfektem Funktionieren des tierischen Organismus die Vorbedingung menschlicher Kultur (263).

Auch Adler betrachtet den Mangel als Chance. Er meint, daß das Minderwertigkeitsgefühl unter günstigen sozialen Bedingungen sogar ein „Segen" sein kann (264). Ermutigt-Werden hieße, der Zusammenarbeit gewiß sein können und gerade dadurch Selbstvertrauen gewinnen.

Ein Naturprodukt ist der Mut ganz und gar nicht. Selbst körperliche Stärke oder eine zufriedenstellende Konstitution bietet keine Gewähr für das seelische Gleichgewicht oder eine positive Sozialbeziehung. Die familiären Entstehungsbedingungen von Mut und Selbstvertrauen bringt Adler in der Forderung an die Eltern zum Ausdruck, das Kind „als gleichberechtigten Mitarbeiter zum Mitmenschen und nicht zum Gegenmenschen anzuleiten" (265).

An einer anderen Stelle lesen wir, die Kampfsituation sei zu vermeiden, „wenn man das Kind nicht als Objekt, sondern als (aktives) Subjekt, als einen völlig gleichberechtigten Mitmenschen, als Kameraden betrachtet und behandelt" (266). So lange wir in der Praxis einem solchen Erziehungsideal fern sind, davon nichts wissen wollen, darf es uns nicht wundern, wenn Menschen ihr Selbstverständnis das eine Mal von einer Triebmechanik ableiten, das andere Mal blind zu reagieren gelernt haben, aber kein echtes Engagement zustande bringen.

Wenn das Gespräch und die damit verbundene Wechselseitigkeit der Beziehung ein „Lebenselement" ist, so müssen wir im Falle autoritärer Einseitigkeit mit Lebensverunstaltung, einer Charakterdeformation, rechnen.

Wie immer das Narzißmus-Problem sich darstellt, es handelt sich dabei primär um einen „Beziehungsnotstand" (267). Daraus ergibt sich ein quälendes (kein segensreiches) Minderwertigkeitsgefühl, das durch Größenphantasie, einen Überlegenheitswahn, illusionäre Selbstvorstellungen eine Fehlkompensation erfährt, nur verdrängt, nicht aber wirklich überwunden wird.

Das Enttäuschtwerden von der wirklichen Welt ist in diesem Fall unvermeidlich: Umso größer ist die „Kränkung". Die Einschätzung des Mitmenschen als bloßen Bedürfnisbefriediger, narzißtische „Objektbeziehung", endet früher oder später mit einer Katastrophe. Der Irrtum kann nicht unentdeckt bleiben. Niemand läßt sich die ihm zugedachte Rolle lange gefallen. Es droht Trennung und dadurch der Zusammenbruch.

Der Betreffende sucht dem Verlust seiner Illusionen gelegentlich durch Regression (Flucht) in einen „harmonischen Primärzustand" zuvorzukommen. Nach H. Henseler resultiert Selbstmord nicht aus „gehemmter Aggressivität", vorenthaltener Triebbefriedigung, sondern ist Folge einer Fehlorientierung, somit charakterologisch bedingt (268). Das Bedürfnis nach Zusammengehörigkeit hat eine Frustration erfahren, nachdem der betreffende Mensch allzulang geglaubt hatte, auf diese verzichten zu können.

In meinen Aufzeichnungen über die gemeinsame Arbeit mit Frau W. (40 J.) ist der bedeutungsvolle Wandel deutlich ersichtlich: nach Überwindung eines starren, narzißtischen Selbstkonzeptes, das die Forderung enthielt: ,,Ich darf mich nicht ändern" (und auch Mitmenschen dieser Forderung unterwarf), setzte sich plötzlich die Fähigkeit durch, den Vater, das ,,Objekt" bisheriger Verehrung, realistisch zu sehen. Er habe oft stundenlang in geradezu zwanghafter Weise Ungeschicklichkeiten der drei Kinder erörtert, sie damit tyrannisiert. Zugleich verbindet sich mit der Kritik aber Verständnis; der Vater selber sei als Einzelkind aufgewachsen.

Frau W. informierte mich, daß achtzehn Monate nach ihrer Geburt ihre Schwester zur Welt gekommen ist, wieder achtzehn Monate später wurde ihr Bruder geboren. Während es den Geschwistern angeblich gelungen ist, sich ,,früh zu verselbständigen", blieb das älteste Kind ,,in geradezu abgöttischer Verehrung am Vater hängen".

Die Katastrophe ist schließlich durch dessen Tod ausgelöst worden: Frau W. wollte diesen zunächst einfach nicht zur Kenntnis nehmen. Durch eine plötzliche Erkrankung sah sie sich daran gehindert, am Begräbnis teilzunehmen.

Für sie ,,durfte" der Vater nicht tot sein. Schon zuvor galt er als Leitbild, war eine moralische Entscheidungsinstanz, ,,eigentlich gar kein Lebewesen". Zumindest monologisch wurde an ihn (weiterhin) die Frage gerichtet, was zu tun sei. Nach dessen Ableben wurde der monologische ,,Charakter" erst recht zur Qual. Die Trauer, die nicht ausbleiben konnte, präsentierte sich als ,,Kränkung". Frau W. verübelte es dem Vater, daß er sie ,,im Stich gelassen" hat, durfte sich diesen anklagenden Affekt aber nicht eingestehen.

Die einzige „Lösung" schien zunächst die zu sein, sich „aus Liebe zum Vater umzubringen". Beim Erstinterview befand sich die sympathische Frau im wahrsten Sinn des Wortes in einem Zustand des Aufgelöstseins; sie weinte fast ununterbrochen. Die nicht-vollzogene Ablösung vom Vater erwies sich nun als doppelt wirklichkeitsfremd und dadurch lebensbedrohend.
Der Mutter gegenüber herrschte seit langem eine feindlich-gereizte Stimmung. Frau W. warf dieser vor, sie habe den Vater, der seine Frau „auf Händen trug", immer nur ausgenützt. Auch als „trauernde Witwe" habe sie sich „theatralisch" benommen, sei aber „nach wie vor" nur auf ihren Vorteil bedacht. Als Kind wollte Frau W. beobachtet haben, wie die Mutter ihren Gatten „laufend hinterging", dessen Abwesenheit aus beruflichen Gründen für sich vergnüglich zu nutzen wußte. Was aber Frau W. nun vor allem zu „sehen" begann, und zwar an sich: daß sie all die Jahre eigentlich „unbeweglich" geblieben ist und den Vater „gar nicht wirklich geliebt" hat.

Ohne die Erfahrung des Todes wüßten wir vielleicht nichts vom Leben, daß es eine Gabe ist und zugleich eine Aufgabe. Mangelnde Ehrfurcht vor dem Leben verrät, in welchem Maß man den Tod in unserer Zeit nicht wahrhaben will. Aber nicht der Tod macht das Leben kostbar, erst die Liebe. Bloße Lebensverlängerung mit Hilfe moderner Technik kann schlimmer sein als das Sterben. Sich des Lebens als einer Kostbarkeit freuen, das lernt niemand durch bloßes Wissen um die Befristetheit unseres Daseins.

Wenn wir erfahren wollen, in welchem Sinn das Gemeinschaftsgefühl Wahrheit und Logik auf seiner Seite hat, schreibt Adler, bräuchten wir lediglich den Menschen in seiner Geschichte betrachten. Besonders auf die Sprache verweist er. „Was wir als Sprachbegabung bezeichnen, kann ein Individuum nur erwerben und entfalten, wenn es zu anderen in Beziehung tritt." (269) Mehr als nur eine Analogie zum geschichtlichen Weg der Menschheit und deren kulturellem Wachsen durch Sprache und Gespräch wäre Individualentwicklung im Sinne zunehmender Gesprächs- und Handlungsfähigkeit. Alles, was sich nur „innerlich" abspielt, wird früher oder später vom Zweifel befallen, kann den Willen zur Gemeinschaft nicht ersetzen, dient oft nur dem feigen Ausweichen.

Der beziehungslose Narzißt verstummt logischerweise. Seinen Selbstgesprächen bleibt die Überwindung des Elends versagt. Ehe es anderseits Menschen gelingt, sich mit Gegebenem nicht abzufinden, auf es schöpferisch einzuwirken, mußten sie ihre Zusammengehörigkeit wirklich erfaßt und ihr Anderssein voll bejaht haben.
Mit der „Sprachverwirrung" endet das gemeinsame Werk. Kraft des Gottesgeistes konnten, wie uns berichtet wird, die Angehörigen verschiedenster Völker die Petrus-Predigt in ihrer Muttersprache vernehmen. Auch die Wirkung blieb nicht aus: Dreitausend empfingen am ersten Pfingstfest die Taufe (vgl. Apg 2, 5–11. 41).
Vor allem aber bekennt die Kirche sich zum Geist als dem „Herrn und Lebensspender". In der verbindenden Kraft von Wort, Sprache, Wahrheit kommt Angewiesen-Sein aufeinander am meisten zum Ausdruck, zugleich die Bewegung geistigen Lebens. Vor allem „Aussprache" in ihrer Eigenschaft, um aus subjektiver Verlorenheit befreit und gereinigt zu werden, nennt Bollnow eine „Kraft zu radikaler Umkehr und entschiedenem Neuanfang" (270).

Wie sehr Unwandelbarkeit des Wollens (von Treue scharf zu unterscheiden) zerstörerisch wirken kann, beweisen mir die drei gescheiterten Ehen von Frau W. Ihr waren in diesen Fällen keinerlei Gewissensbisse gekommen, Rat und Warnungen des Vaters in den Wind zu schlagen. Der Grund dafür zeigte sich in unserem Gespräch: weil sie „jedesmal" eigentlich den Vater (besser: einen Ersatz für diesen) geheiratet hatte. Die Scheidung erlebte sie stets als „Befreiung von einer Illusion", in der sie aber dennoch gefangen blieb.
Das jüngste Kind (der dritten Ehe entstammend) gab Frau W. durch sein Vertrauen Mut, ließ sie ihre Verantwortung spüren. Bei den älteren Mädchen, die Schwierigkeiten machten und mit Vorwürfen nicht sparten, hatte sie versagt. Während des Therapiekontaktes unternahm die älteste Tochter einen Suizidversuch. Diese entzog sich schließlich der Sorge für ein Kind, das einer

vorübergehenden Freundschaft entstammte, durch einen Studienaufenthalt im Ausland.
Während einer unserer Zusammenkünfte riet ich Frau W., den Vater endlich sterben zu lassen, die notwendige „Trauerarbeit" zu leisten (das Gebundensein an ihn zu beenden). Sie besuchte danach zum ersten Mal sein Grab und gewann daraufhin für vieles Interesse, das für sie bis dahin nicht existiert hatte. Die perfekte therapeutische „Lösung" gab es hier wie auch anderswo freilich nicht.

Den Mut in seiner lebenerhaltenden und -entfaltenden Funktion begreifen wir nur, wenn wir ihn als „soziale Funktion" auffassen. Ermutigung hieße dann, Mitmenschlichkeit verwirklichen. „Mutig kann nur sein, wer sich als einen Teil des Ganzen betrachtet." (271)

Wenn das Salz schal wird . . .

Es liegt mir fern, die Bedeutung des Denkens, von Verstand, Intelligenz und/oder Kreativität für die Herstellung menschenwürdiger Lebensbedingungen schmälern zu wollen. Zugleich aber müßte Liebe als eine Kraft zur Wirksamkeit gelangen, die das Gegebene am nachhaltigsten umzugestalten vermag, durch welche es erst als veränderbar erscheint: verbindend, anziehend, erfrischend. Gemeint ist Selbstmitteilung, die über den Tod hinausreicht, und zwar im Gegensatz zu einem Lebensüberdruß und Lebensekel, der Menschen überkommen kann, die niemals um ihrer selbst willen geliebt werden, sich nur bestimmten Strategien und Zwängen ausgesetzt fühlen.
In welchem Maß einer solchen Sehnsucht je Erfüllung zuteil wird, darüber vermag der Psychologe keine Aussage zu machen. Er kann lediglich deren Existenz feststellen, falls er den Menschen nicht von vornherein und auf Grund einer irrationalen Vorentscheidung in ein mechanistisches Schema hineinpreßt.

Adler sieht das Ideal menschlichen Zusammenlebens in den beiden Forderungen ausgedrückt: „Du sollst nicht töten" und: „Liebe Deinen Nächsten". Er spricht von obersten Instanzen für Wissen und Fühlen (272). Instanzen bleiben aber nebulos, wenn sie nicht in einer Person verkörpert sind. Für den Gläubigen behauptet Jesus von sich zu Recht: „Ich bin der Weg, die Wahrheit und das Leben." (Jo 14, 6) Fromm unterscheidet folgende Bestandteile religiöser Erfahrung: Schaudern vor dem Geheimnis, Ergriffenheit und Einswerden (273). Es könnte auch von einer Überwindung der Entzweiung, des Entfremdetseins, der Teilung durch Liebe gesprochen werden, wodurch das Machtprinzip seine Wirksamkeit einbüßt. Doch Liebe an sich gibt es nicht, bloß als Beziehungsphänomen.

Der Mensch, dessen Liebe über den Tod hinausreicht, dem es nicht in allem und jedem nur um sich selber geht, gibt sich mit einer „religiösen Idee" nicht zufrieden; er will mehr. Er ist auf der Suche nach dem persönlichen Gott. Viele waren und sind am meisten von dessen Solidarität mit den Mühseligen und Beladenen, nicht so sehr von seiner Allmacht „ergriffen". Sie erleben Einswerden mit ihm durch Kreuz und Auferstehung Jesu. „Denn keiner hat eine größere Liebe, als wer sein Leben hingibt für seine Freunde." (Jo 15, 13)
Ohne die Übereinstimmung mit solcher Hingabe durch Wollen und Fühlen, wogegen sich der Neurotiker durch sein regressives „aber" abzusichern sucht, blieben wir von Liebe unberührt, mit unserer Sehnsucht allein, ohne Mut. „Unsere Zeit ertragen wir nur durch den Trost der Hoffnung." (274) Zugleich können und dürfen wir nicht untätig bleiben, nicht passiv-hoffend, nicht ohne Engagement für Hoffnung unter den Menschen.
Eine Art, den Sieg des Lebens über den Tod zu bezeugen, ist verwirklichte Mitmenschlichkeit (275), anders ausgedrückt: die Übereinstimmung mit Gottes Heils-Willen, ohne alle knechtische Furcht, welche oft genug den „Willen Gottes" lediglich als eine unerbittliche, richtende Forderung hatte erscheinen lassen (276). Eine Projektion gesellschaftspolitischer Gegebenheiten auf Gott in ideologischer Berechnung, des Autoritarismus, von Unterwerfungsabsichten, hat dazu beigetragen, daß bei vielen die Sehnsucht in Abscheu und Verzweiflung

umschlug, sie dann am Leben keinen Geschmack mehr finden konnten, ihrer letzten Hoffnung beraubt waren (277).

Die Auferstehungs-Botschaft informiert nicht bloß über ein Faktum. Sie trägt den Lebenskeim in sich (zugegebenermaßen eine nicht-operationalisierbare Größe). Durch die Zustimmung zu dieser Botschaft, im Glauben als einem Akt der Hingabe, mittels In-Beziehung-Treten zu Jesus, dem „Erstling der Entschlafenen" (1 Kor 15, 20), gewinnt seine Liebe auf unser Leben Einfluß. Denn das Sterben Jesu galt der Überwindung des Entzweitseins; es steht vor allem in einem absoluten Gegensatz zum Machtprinzip.

Das Osterereignis bezeichnet den Beginn der Versöhnung, wodurch Gegensätze in eine neue, gottgeschenkte Wirklichkeit hinein „aufgehoben" würden. Jenes „Kreuz" hingegen, durch das man sich Menschen gefügig zu machen wußte, weil Leiden angeblich so „verdienstvoll" ist (ein religiös verbrämter Masochismus also), hat weder etwas mit Weisheit, noch weniger mit neuem Leben oder Gemeinschaft zu tun. Jene, die auf „gehorsame Untertanen" erpicht waren, zu diesem Zweck die Lebenslust vor allem von Kindern und Jugendlichen zu dämpfen wußten, durch Unterdrückung sexueller Regungen (Warnung vor der „Todsünde", Androhung von Höllenstrafen), beriefen sich dabei allzuoft auf Gott (278). Offenbar stand zu einer solchen bösartigen Verdrehung und Unterschlagung von Ostern eine christliche Praxis nicht ernstlich in Widerspruch, sonst hätte man die Bitternis nicht so fraglos-gehorsam geschluckt.

Aus der kultischen Tradition des Judentums, dem Pascha-Ritual, gelangt der Apostel Paulus zu der befreienden Forderung, den „alten Sauerteig" wegzuschaffen, mit der Begründung: „Denn unser Osterlamm, Christus, ist geschlachtet worden" (1 Kor 5, 7). Mahl stiftet Gemeinschaft, wenn es sich nicht bloß um einen Ritus ohne Beteiligtsein handelt.

Die geschmackliche Qualität, auf die angespielt ist, dürfte nicht unerheblich sein. Ich denke hier an einen „säuerlichen" lebensfeindlichen Moralismus, aber ebenso, im Gegensatz dazu, an das Salz, das man im alten Taufritus dem Täufling (als ein tiefsinniges Zeichen) in den Mund legte, und zwar in Anspielung an das Jesus-Wort: „Habet in euch selber Salz und pfleget untereinander den Frieden." (Mk 9, 50)

Wenn indessen der Autoritarismus aufrechtbleibt und sinnleere Traditionen fortdauern, an Bindungsverhältnissen, obwohl längst überholt, krampfhaft festgehalten wird, fehlt nicht nur die Würze, es droht Fäulnis. Im Blick auf heutige Verhältnisse wäre zu sagen, daß anonyme Machtstrukturen Zusammenleben ersticken. „Wir brauchen keine Ersten", behauptet Adler, „vor ihnen ist uns eigentlich schon übel." (279) Die orale Reaktion, das negative Körpergefühl (Übelkeit) dürfte in diesem Zusammenhang kaum ein Zufall sein.

Den Gegensatz dazu bildet das gemeinsame Bruder-Mahl, bei dem alle sich wohl fühlen können, weil in ihm das Zeugnis dienender Liebe durch den Herrn und Meister wirklich nachwirkt, kein leerer Ritus vorhanden ist (vgl. Jo 13, 15). Der Forderung Jesu an seine Gläubigen haben wir hier zu gedenken, „Salz der Erde" zu sein.

„Wenn aber das Salz schal wird, womit soll man es selber salzen?" lautet die provozierende Frage. „Es taugt zu nichts, man wirft es weg" (Mt 5, 13). Wenn z. B. Eltern ein lebendiges Zeugnis vom Glauben an das Reich Gottes geben wollten, müßte verbalen Beteuerungen allein der Erfolg versagt bleiben. Heranwachsenden die Freude am Leben „versalzen", ihnen den Appetit verderben, das hieße vollends, das Bibelwort in sein Gegenteil verkehren. Die Schalheit und Ungenießbarkeit pädagogischer Maßnahmen dürften nicht ganz ohne Einfluß sein, wenn Menschen immer häufiger in irgendeiner Form ihr Leben selber wegwerfen.

Die negativen Affekte des Ohnmächtigen sind unausbleiblich, der Verlust des Lebenswillens ist es ebenso (280). Er fühlt sich häufig zunächst gar nicht von Beziehung ausgeschlossen, die ihm unbekannt ist bzw. vorenthalten wurde, sondern vom Konsum. In Wirklichkeit hat aber Süchtigkeit in der Vielfalt der Formen als Fehlkompensation zu gelten: nicht so sehr oralen Mangels als vielmehr fehlenden Vertrauens.

Auf einem solchen Hintergrund würde das Wort vom Heil notwendigerweise zur Leerformel. Christliche Lebensbotschaft verliert ihre produktive Kraft, wenn Denken und Fühlen schon zuvor „verkrüppelt" wurden, weil man der Freiheit des Men-

schen so sehr mißtraut und sich außerdem Konkurrenten vom Halse schaffen wollte (281). Alternative Tendenzen müßten auf Einswerden – ohne Konformitätszwang – ausgerichtet sein, und zwar von:
- Mann und Frau (im Gegensatz zu jeglichem Machtkampf der Geschlechter bzw. unmenschlichen Entwertungsstrategien)
- Eltern und Kindern (gegen alle Formen der Gewaltanwendung, sowohl autoritärer als auch „antiautoritärer" Art, zugunsten echter Partnerschaft)
- Alten und Jungen, Gesunden und Kranken, Armen und Reichen (weil Unterschiede die Gleichwertigkeit nicht aufwiegen, letztlich unwesentlich sind).

Christliche Glaubenswahrheit ohne die Möglichkeit von Erfahrung, echter Realisierung, des Sich-miteinander-freuen-Könnens hängt buchstäblich in der Luft: vertikalistisch verfremdet (und ob ihrer Geheimnishaftigkeit dann nicht nur für den Rationalisten ein Ärgernis). Insbesondere kindliches Vertrauen würde durch ein zur Drohbotschaft umfunktioniertes Evangelium frustriert. Eine weitere bedauerliche Folge wäre der Infantilismus solcher Frommen, ihre Trostbedürftigkeit, ihre konsumptive statt einer kommunikativen Verfassung.

Glaube, zu einer Formel gemacht, nachsagbar (monologisch), entartet, verliert seine gemeinschaftstiftende Kraft, wird unverbindlich. Das Resultat ist ein religiöser Individualismus (und oft genug auch Pharisäismus). Jede mitmenschliche Beziehung rührt anderseits an das Geheimnis Jesu, wenn sie Hoffnung weckt, ein Denken an andere bewirkt, den Hierarchismus (als Lohn-Strafe-Instanz) überflüssig macht. Ihre psychohygienische Bedeutung ist vom Wesen eines lebendigen Glaubens nicht zu trennen.

Das Ideal der Brüderlichkeit sei nicht eine Sache subjektiver Vorliebe (einer altruistischen „Veranlagung"), schreibt Fromm, vielmehr die Bedingung für Menschsein überhaupt. Religiöse und auch „weltliche" Gruppen hätten es dort und da vermocht, „Bande der Solidarität zu entwickeln, ohne der Individualität und Unabhängigkeit Schranken zu setzen" (282). Institutionalisierung steht jedenfalls zu lebendiger Gemeinschaft in einem umgekehrten Verhältnis.

Die Verhältnisbestimmung zwischen Psychotherapie und Seelsorge hat sich stets als schwierig erwiesen (283). Ich möchte mich auf diese Frage hier nicht näher einlassen, mich aber gegen jegliche Verabsolutierung eines einzigen Standpunkts aussprechen. Ein anderer Unterschied erscheint mir viel schwerwiegender, der zwischen Maschinenmodell und Personorientierung. Würde aus Rücksicht auf eine Mode versucht, christliche Inhalte, insbesondere Moralvorstellungen, in Form eines „Verhaltenstrainings" anzubieten, so wäre das gelinde gesagt ein Mißverständnis. Vielleicht soll in einem solchen Fall nur ein als christlich ausgegebener Autoritarismus (das alte Lohn-Strafe-System) behavioristisch legitimiert werden, falls man sich zu einer solchen Geschmacklosigkeit hinreißen läßt.

Eine falsch verstandene Freiheit

Unsere gesellschaftlichen Verhältnisse in Gegenwart und Vergangenheit, insbesondere Familienstrukturen, begünstigen zumindest die Auffassung, Freiheit sei ein Verfügungsrecht über andere (kaum aber die Möglichkeit eines Füreinanderseins). Der eigene Wille würde hier dem Mitmenschen als Zwang auferlegt; Macht ist dann stets durch dessen Ohnmacht erkauft. Ein produktiver Vorgang erfolgt hier jedenfalls nicht, lediglich eine Umverteilung, in Wirklichkeit gegenseitige Schwächung. „Der Schein der Macht, das Prestige, ist das Brot des Neurotikers." (284)
Das Problem, welches einem Mangel an naturhafter Programmierung, dem Freisein des Menschen von sichernden Instinkten erwächst, findet für Fromm eine Lösung durch aktiv-vollzogene Vereinigung. Liebe würde darin sowohl Selbstpreisgabe als auch Besitzergreifung verhindern (285). Vorausgehen müßte die Erkenntnis, daß echte Lösungen nur miteinander, niemals gegeneinander gelingen, jeglicher Kampf Zerstörung, nicht aber Leben, Wachsen, Einssein zum Ziel hat.

Ein Trennungserlebnis im späteren Leben, alles, was der eigenen Konzeption widerspricht, läßt naturbedingte Isolation umso schmerzlicher fühlen und begünstigten einen „Rückfall", je weniger das Kind einst sich im Vertrauen gesichert wußte. Dessen Vernachlässigtsein wurde meist noch durch Härte bzw. Strafandrohung intensiviert. Daraus kann sich früher oder später „Aggressionsumkehr" ergeben. Diese werde, schreibt Ringel (ohne einen Rekurs auf die Triebtheorie), durch bewußte und unbewußte Selbstbestrafungswünsche besonders gefördert (286). Produktiver Freiheitsgebrauch („Allgemeinnützlichkeit") setzt eine biophile Charakter-Orientierung voraus.

Mein Klient, Herr J. (36 J.), war gewissermaßen auf Umwegen auf seinen erbitterten „Freiheitskampf" aufmerksam geworden. Vor allem fühlte er sich durch dessen aggressive („lieblose") Note mit einem Mal zutiefst erschreckt und schon zu Beginn der Therapie in die Entstehungszeit seiner „Ausbruchsversuche" zurückversetzt. Trotz äußeren Erfolges und gesellschaftlichen „Aufstiegs" sind diese, wie es nun den Anschein hatte, „eigentlich gescheitert".

Der stets nachdenklich-grüblerisch wirkende Mann, der zugleich einen starken Widerspruchsgeist bekundete und auf meine Fragen vorerst kaum einging, war darauf aufmerksam geworden, daß sein einstiger Konflikt sich im Verhältnis seiner beiden Kinder zueinander neuerlich manifestierte: die Tochter (14) neigte dazu, ihren Bruder (10) verbal auf das gröblichste zu „mißhandeln"; sie stiftete in einem fort Unfrieden und gebärdete sich zugleich „zerstörerisch".

Entgangen war Herrn J., dem soziale Einfühlung schwerfiel, daß er sich immerfort mit dem Buben identifizierte. Gleichzeitig neigte er zu einer ausgesprochenen Projektion seines Mutter-Konflikts auf Gattin, insbesondere die Tochter, die es sich „gefallen lassen" mußte. Das Mädchen hatte allerlei Quälereien zu erdulden. Äußerungen und Verhaltensweisen des Vaters, die spaßhaft sein sollten, wurden von ihr als demütigend empfunden. Stellvertretend schlug sie eigentlich auf ihn zurück: indem sie den Bruder „angriff".

Die Anamnese machte Herrn J. sehr gesprächig. Mit starker affektiver Beteiligung, geradezu masochistisch berichtete er über Kindheitserfahrungen. Er sei mit seiner Mutter „nie fertig ge-

worden", vermutete er. Seinen ganzen bisherigen Lebensweg könnte man als eine Flucht vor dem bezeichnen, was sie verkörperte. Zugleich aber kreisten die Gedanken des Mannes immer wieder um sie, ratlos, zwanghaft.
Lebensverneinung begegnete Herrn J. in seiner Kindheit in zweifacher Gestalt: zunächst in Verbindung mit seiner unehelichen Geburt. Darüber konnte sich das redliche Landvolk nicht genug entrüsten. Die „immer schweigsame Bauernmagd" trug ihr Schicksal „als Sühne". Die Religiosität der Mutter kannte nur das Kreuz, war ohne Hoffnung und Leben. Herr J. behauptete einmal, es koste „immer einen Kampf", wenn er seinen Kindern gegenüber auf die Einhaltung christlichen Brauchs (z. B. des Tischgebetes) bestehe. Ich fragte ihn: „Zahlt sich das aus?"
Für alle Zeit blieb der „Fehltritt" der Mutter im Sohn verkörpert. Ihm blieb sie bis zur Stunde sozusagen die Bestätigung seiner Existenz schuldig. Alle seine verzweifelten Anstrengungen vermochten an diesem „Nein" nicht zu rütteln. Sie habe ihm eigentlich gar nicht das Leben geschenkt, es ihm vielmehr genommen, lautete die Klage. Ich gab Herrn J. zu verstehen, daß er sich von der alten Frau keine Lösung seiner Lebensproblematik erwarten dürfe, am wenigsten, wenn er sie einladet, um sie „auch zu demütigen".
Selbstquälerisch und auch umständehalber trostlos gestaltete sich das Leben der Mutter. Dem Buben blieb nichts anderes übrig, als ihr auf diesem Weg, immerfort rastlos, unberechenbar, verschlossen, durch zahllose Stationen der Erniedrigung zu folgen. Ihm war damit unreflektiert, aber umso zielsicherer eine Bestrafung zugedacht, die seinem Vater galt, dessen Name „nie genannt worden ist".

Worauf beziehen narzißtische Kränkungen sich wirklich? Sie gelten jedenfalls nicht dem Mitmenschen und seiner Not. „Man lacht über die anderen und weint über sich selber", verrät ein im Grunde sehr grausames Sprichwort. Sofern das Selbstmitleid ohne Liebe ist, kann durch es die Not nicht enden. Ein Vorwurf ist darin enthalten: daß die Berechnung nicht stimmt, andere sich dagegen zur Wehr setzen, parasitär ausgebeutet zu werden (287).

Fromm schreibt, Narzißmus sei für die Erhaltung des Lebens notwendig, und zwar als positives Selbstwertgefühl. Zugleich könne aber auch dessen Bedrohung daraus werden (288). Denn das narzißtische Urteil ist ein Vorurteil. Als korrigierbares Vorverständnis könnte es – ihm Rahmen eines hermeneutischen Prozesses – als Ausgangspunkt fungieren. Dem starren Standpunkt indessen droht Verformung, ein zunehmender Widerspruch zur Lebensdynamik, zuletzt neurotischer Wiederholungszwang. Der Wunsch, den Zwang los zu sein, schafft noch nicht echte Freiheit. Diese ist das Ergebnis der Versöhnung und nicht des Kampfes.

Von Hof zu Hof sind Mutter und Sohn gezogen. Nirgendwo konnte das Kind sich zu Hause fühlen. Überall war es bloß ,,am Rande geduldet", bekam die Härte des Hochmuts und der Dummheit zu spüren. Später wollte Herr J. ,,unbedingt ein eigenes Haus haben". Als sich ihm durch seinen beruflichen Erfolg dazu die Möglichkeit bot und er das Ziel endlich erreicht hatte, kehrte das ,,alte Leiden" wieder. Nur im Unterwegssein konnte er hoffen. Jedes erreichte Ziel empfand er als Enttäuschung (als habe die Anstrengung sich nicht gelohnt oder aber er diesen Lohn nicht verdient . . .).

Entsetzen packte Herrn J., als er mir über den längerdauernden Aufenthalt auf dem Hof eines Onkels berichtete. Dort sei es am schlimmsten gewesen. Ein Stück Zeitgeschichte spielte da herein, was ich aus eigenem Erleben besonders gut mitfühlen konnte. Der Wahlspruch des unglaublich dickschädeligen und hartherzigen Menschen habe ,,Ich zwing's" gelautet (in gestickten Buchstaben auf einem Deckchen im Herrgottswinkel, wo nun das Bild des ,,Führers" stand).

Das Schicksal ,,zwingen", die Untertanenrolle endlich los sein, Hungern und Notleiden, ,,ewig an die Mutter gekettet", das war der Herzenswunsch des begabten Buben. Doch gerade diesen ,,Charakterzug" haßte Herr J. an sich am meisten. Er glaubte,

dadurch den Nazigeist aus dem Haus des Onkels übernommen zu haben. Was ihm als Ausweg erschienen war – endlich „mehr" sein –, das deutete er nun verzweifelt als Fortdauer des Unrechts und der Erniedrigung.
Diese Trauer war echt und, wie ich glaube, auch wirklich heilsam. So zumindest geht es mir durch den Sinn, wenn ich Herrn J., lange nach unserer gemeinsamen Arbeit, zuweilen zu Gesicht bekomme, damit beschäftigt, eine Behinderte im Rollwagen zu schieben. Ich empfinde für diesen aufrechten Mann die größte Wertschätzung.
Zunächst aber sah sich mein Klient in einem Teufelskreis gefangen. Er mußte sich in beiden Rollen, der des Siegers und der des Verlierers, selber hassen. Unbereinigt durfte dieser Zustand nicht bleiben. Das bewiesen schon das Leiden der Kinder und die ganze Familienatmosphäre. „Gegen" andere hat Herr J. seine Freiheit nicht errungen. Daran hat ihn nicht nur die Therapie, sondern auch sein sehr persönliches Christsein gehindert.

In dem Buch über „Die Unfähigkeit zu trauern" (von A. und M. Mitscherlich) wird im Hinblick auf die Verhältnisse in Deutschland nach Hitler gesagt, die Trauerreaktion nach einer Katastrophe größten Ausmaßes sei unterblieben. Man hätte nach dem Krieg alle Energie auf den materiellen Wiederaufbau konzentriert. Die monomane Ausschließlichkeit dieser auf Objekte gerichteten Anstrengungen könne nicht übersehen werden (289). Lebensverneinung und Freiheitsberaubung dauerten damit latent fort. Man entzog sich dem Bereuen durch Rückzug in die Privatsphäre.

Ein gesellschaftlicher Narzißmus ist hier angesprochen, der sich nach Fromm ebenfalls durch den Mangel an vernünftiger Urteilsfähigkeit auszeichnet. Wunschdenken greift darin vom einzelnen auf die Masse über. Die traurige Tatsache, einen Menschen umbringen zu können, wird auf einem solchen Hintergrund als „Beweis" empfunden, daß der Mörder „überlegen" ist. „Für einen narzißtischen Menschen ist der Partner nie eine selbständige Persönlichkeit; er existiert nur als Schatten des aufgeblähten narzißtischen Ich." (290) Die gegenseitige Ausnützung erscheint dann als selbstverständlich bzw. „natürlich".

Die gesellschaftliche Hierarchie einerseits und die Positions-Zuweisung in ihr anderseits (Sozialisiert-Werden zum Überlegenen oder Unterlegenen) begünstigen sadomasochistische Charakterverkrüppelung. Das bedeutet aber, einander Freiheit und echte Handlungfähigkeit streitig machen, den anderen zu mechanischem Reagieren zwingen.
Jeder gebraucht dann jeden ausschließlich als Mittel (Objekt) zu einem infantil-ichhaften Zweck. Der Masochist verschafft sich durch Unterwerfung Sicherheit. Von echter Begeisterung oder Anhänglichkeit ist hier keine Spur. Der Sadist kann sich ohne Untertanen nicht überlegen fühlen. Er ist auf sie angewiesen (291). Sowohl die Gesellschaftsstruktur (zumindest die „Familienkonstellation") als auch die persönliche Zielsetzung müßte sich ändern, flexibler werden, sonst dauert das Leiden am sinnlosen Leben fort oder aber es steigert sich schließlich bis zur Unerträglichkeit.

Von der Synthese zur Versöhnung

Wenn weder Triebe noch Reize ausschließlicher Beweggrund für menschliches Erleben und Verhalten sind, neben Willensakten auch mit Einflüssen aus dem Unbewußten zu rechnen ist, worauf nicht nur die Neurose hindeutet, stellt sich uns mit besonderer Dringlichkeit die Frage nach dem Orientierungs-Rahmen. Gemeint sind Umstände, welche eine bestimmte Selbsteinschätzung des Kindes im Verhältnis zur Umwelt nahelegen. Fromm spricht diesbezüglich vom „Sozialcharakter" als einer einheitlichen Prägeform (292).
Das stets individuell modifizierte Ergebnis ist der Lebensstil bzw. der Individualcharakter, das ganz persönliche Bezugssystem: als Grundlage sämtlicher psychosozialer Funktionen. Autoritäre Gesellschaftsstrukturen wie auch die Verinnerlichung des Machtprinzips in ihnen werden nun oft mit der Vor-

herrschaft des Mannes in Verbindung gebracht. Von der Frau als Mutter erwartet man sich anderseits Nachsicht, Verständnis, ein größeres Einfühlungsvermögen.

Dem strengen Vater stünde dann die gütige Mutter gegenüber, dem aktiv-kämpferischen Mann die passiv-nachgiebige Frau (ohne daß auf soziokulturelles Bedingtsein solcher zwanghafter Klischees geachtet würde). Die Verhaltenserwartung („Rolle") setzt meiner Meinung nach bereits die Teilung bzw. eine auf die Geschlechter bezogene Wertungleichheit als Folge des Machtdenkens voraus (293).

Möglicherweise vermochte Freud deshalb einen Zusammenhang zwischen Neurosenentstehung und unterdrückter Geschlechtlichkeit festzustellen, weil hier soziale Ergänzungsbedürftigkeit, nicht aber ein Triebwunsch verletzt wird.

Unter der Voraussetzung der angedeuteten Unterschiede steht dem Patriarchat das Matriarchat gegenüber. Mit einer solchen Polarität befaßt sich nun E. Fromm, wenn er Gerechtigkeit im Vater, Barmherzigkeit (Gnade) in der Mutter verkörpert sieht. Er fordert allerdings, die beiden Pole müßten ihren Antagonismus verlieren, und zwar durch eine „Synthese von Denken und Fühlen" (294). Wir müssen uns hier vor Augen halten, daß Fromms Gedanken über die Funktion der Mutter von der Mutterrechtstheorie J. J. Bachofens stark beeinflußt sind (295).

Obwohl Fromm zunächst an den geläufigen Geschlechtsstereotypen festzuhalten scheint, hat er keine Glorifizierung der Frau (als Mutter) im Sinn. Er urteilt über die Mutter, sie könne Wunder der Liebe tun, aber „niemand kann tiefer verletzen als sie" (296). Wer auf Kosten eines anderen (z. B. des Kindes) sein Selbstwertgefühl narzißtisch sichern will, der zerstört dadurch das Zusammenleben.

Ich schlage die für Mann und Frau gleicherweise geltende Unterscheidung zwischen dem von vornherein und für alle Beteiligten zerstörerischen Machtwillen und einem („allgemeinnützlichen") Lebenswillen vor. Unterschiede dürften der Gleichwertigkeit keinen Abbruch tun, sonst ist die Grundlage des Dialogs und damit des Zusammenlebens gefährdet (297).

Mit folgender Begründung wehrt sich Fromm gegen eine Rückkehr zum matriarchalischen Prinzip: Eine solche Gesellschaft stehe der vollen Entfaltung des Individuums im Wege; es würde (durch Mutterfixierung) eine Regression zu einer infantil-narzißtischen, genußsüchtigen Haltung erfolgen, während anderseits die patriarchalische Gesellschaft Gleichberechtigung negiert. „Wenn aber partiarchalisches und matriarchalisches Prinzip eine Synthese bilden, dann erhält das eine vom anderen seine Tönung: mütterliche Liebe durch Gerechtigkeit, väterliche Autorität durch Barmherzigkeit." (298)
Vereinigung von Personen (nicht von Prinzipien), so glaube ich, ist aber nicht von einem dialektischen Prozeß zu erwarten, sondern einzig und allein vom Dialog, und zwar mit folgenden Schwerpunkten:

- Versöhnung (durch Absage an Haß, Neid und zerstörerische Gelüste)
- Wertschätzung (Anerkennung der Gleichwertigkeit, des Aufeinander-angewiesen-Seins)
- gemeinsames Unterwegssein (und zwar im Glauben an den persönlichen Anruf Gottes)
- Hilfsbereitschaft und Fürsorge (ohne daraus Rechtsansprüche abzuleiten)
- Verantwortung (wodurch Wechselseitigkeit aktualisiert wird; nicht bloß einseitig als „Pflicht").

Das durch die Synthese hervorgebrachte Neue fordert zugleich den Verzicht auf Bedingungen (den Verzicht auf Ja-aber-Sagen). Ein „unbedingtes Anliegen" zeichnet sich hier ab, kommt damit in Sicht (299).
Adler nennt als Bedingung dafür die Korrektur der Lebensirrtümer und eine „endgültige Rückkehr in die menschliche Gemeinschaft ohne Phrasen" (300). Die Änderung von Prinzipien kann nur durch konkrete Menschen vorgenommen werden: durch Abwendung von Distanz und Zuwendung zueinander.

Wodurch kommt es zu einer „Neurotisierung (schon) in früher Kindheit"? Die Antwort lautet: indem die Mutter dem Kind, falls sie sich seiner nicht mit Hilfe staatlich legitimierter, vorgeburtlicher Tötung zu entledigen wußte, einen Objektstatus einräumt, ihm sein Selbstsein streitig macht und lediglich eine Rolle zuweist, nachdem sie selber zuvor Opfer männlichen Größenwahns geworden ist. Das Kind lebt dann unter einem Psychoterror (trotz aller Sanftmütigkeit), dem unmenschlichen Zwang, Teil der Mutter bleiben zu müssen, diese für anderweitige Entbehrungen zu entschädigen, ihr vielleicht sogar den Ehepartner zu „ersetzen".

Aus dem narzißtischen Unvermögen stammt der „Verfall", vorerst von Mitmenschlichkeit, am Ende u. U. in Form einer suizidalen Struktur. Es läßt sich oft nicht vorhersehen, wer zum Opfer der Verneinung, des Getrenntseins, des permanenten Mißtrauens wird. Dem Kind, das nur unter der „Bedingung" des Wunscherfüllers (und Bedürfnisbefriedigers) Zustimmung und Anerkennung findet, fehlt die „Grundlage zum sozialen Menschen". Die Mutter nimmt dessen Gemeinschaftsgefühl voll und ganz für sich in Anspruch (301).

Narzißtische Objekt-Wahl charakterisiert Henseler so: „Man schätzt den anderen nicht als das (besser: den), was (wer) er ist, vielmehr schätzt man ihn, weil er etwas von einem selber hat oder ist. Letztlich schätzt man sich selber in ihm." (302) Alles, was Beziehung überflüssig zu machen verspricht, z. B. bürokratische Regelung, wirkt hemmend, erzeugt Angst, verstärkt die Regression. Nach Fromm sind die „inzestuösen Regungen" nicht Resultat sexuellen Begehrens; sie entstammen dem Wunsch, „an das gebunden zu bleiben, von wo man herkommt" (303).

Anders ausgedrückt: Das Ohnmachtserlebnis infolge von Beziehungsunfähigkeit gibt Anlaß dazu, Sicherheit mit Hilfe von Objekten – die indessen ihrem Wesen nach äußerlich bleiben, sozusagen immer „fremde Federn" sind – der Bewegung des Wachsens und Lebendigseins vorzuziehen. Ein Mensch, der durch ein „mehr" an Genuß, Besitz, Macht andere zu übertreffen sucht, wird früher oder später bemerken, daß er in einer Sackgasse gelandet ist. Ob er den Mut zum Einbekennen seines Irrens (zur „Bekehrung") aufbringt oder aber sich „geschlagen" gibt, wird wesentlich vom mitmenschlichen Angebot einer umfassenden Versöhnungsbereitschaft abhängen.

„Es ist ein Fehler, nicht zu sehen, daß unsere Bedeutsamkeit (der Selbst-Wert) in unseren Leistungen für andere besteht", schreibt Adler, außerdem: „Leben heißt, Anteil zu nehmen an den Mitmenschen, Teil des Ganzen zu sein, nach Kräften zum Wohl der Menschen beizutragen." (304) Das Ergebnis der Überlegungen zum Thema „Destruktivität" im Anschluß an Fromm möchte ich so zusammenfassen: Wer sich gegen seinen Mitmenschen entscheidet, entscheidet sich immer auch gegen sich selber, was nicht nur vom Neurotiker oder vom Selbstmörder Geltung hat. Zugleich: wer entschlußunfähig ist, entscheidet sich dadurch für Stillstand und Verfall.

„Ich will mich aufmachen und zu meinem Vater zurückkehren." (Lk 15, 18) Diesem Entschluß ist Fehlereinsicht und ein echtes Wissen um Verantwortlichkeit vorausgegangen; er ist getragen von Dialog-Bereitschaft. Es liegt ihm jedenfalls kein bloßer „Trieb" (Sättigungs-Bedürfnis) oder der Wunsch, aus der Not eine Tugend zu machen, zugrunde. Es ist vielleicht auch anzunehmen, daß die nichtregressive „Rückkehr" auf anderer Ebene stattfindet, die falsche Alternative (Eltern-Ich oder Kindheits-Ich) überwunden ist.

Der Geschwister-Konflikt, der im Gleichnis vom „verlorenen Sohn" so deutlich zum Ausdruck kommt (Lk 15, 25 ff.), dürfte seinerzeit die destruktive Orientierung begünstigt haben, den Wunsch aggressiven Andersseins (als der ältere Bruder). Das Gegengewicht dazu bildet nun die Gestalt des Vaters, dessen Erwartung (Hoffnung) die Rückkehr des Sohnes ins „Leben" ermöglicht.

Der Entschluß, ein „Freudenfest" zu veranstalten (statt einer Strafpredigt), läßt sich aus keinem „Prinzip" ableiten; er entzieht sich jeder Typisierung (z. B. des Vaterseins).

So sehr wir darin oft enttäuscht werden: jedes Gespräch ist von der Hoffnung auf solchen Neuanfang getragen, den kein Mensch sich selber zu geben vermag. In jedem aktiven, liebenden Einswerden ist umgekehrt Gottes Heilswillen am Werk. „Wir sind vom Tod zum Leben übergegangen, weil wir die Brüder lieben; wer nicht liebt, bleibt im Tode." (1 Jo 3, 14)

Adlers Meinung zufolge hinterläßt die „Stellung in der Geschwisterreihe untilgbare Spuren im Lebensstil" (305). Bezüglich einer untergeordneten Position oder des Prädestiniertseins zum Überlegenen ist dazu ein gesellschaftlicher

Rahmen erforderlich: Rangstreit und Wettbewerb als scheinbare Selbstverständlichkeiten. In einer solchen Gesellschaft stehen nicht nur Genuß, Besitz, Macht auf dem Spiel, sondern in Wirklichkeit Leben miteinander, samt den Voraussetzungen dazu.

III. *Einengung überwinden lernen*

> „Erst durch das Zusammenfassen des Denkens, Fühlens und Empfindens einer erst zu erlebenden Situation kann ein Standpunkt (für Handeln) gewonnen werden, etwa der, einen bestimmten Punkt entweder mit besonderer Kraft anzustreben, oder ihm mit besonderer Vorsicht auszuweichen. Einfühlung kommt schon zustande, wenn man mit jemandem spricht. Es ist unmöglich, mit einem Menschen Fühlung zu bekommen, wenn keine Einfühlung in die Situation des anderen vorhanden ist." A. Adler (306)

Man versichert uns, daß Leben heute wie niemals zuvor gefährdet sei, und kann zum Beweis dafür auf Atomwaffen, Umweltzerstörung und zunehmende politische Radikalisierung hinweisen (307). Wenn allerdings derartigen Warnungen jeglicher Hinweis ermangelt, daß Genuß-, Besitz- und Machtgier als eigentliche „Motive" solcher Gefährdung in uns allen wurzeln, könnte es sein, daß gerade die Befürchtung das Befürchtete herbeiführen hilft.

Zumindest würde eine emotionale Blockierung (mangelnde Einführung, „Gefühllosigkeit") jedes Bemühen um die Herstellung des erforderlichen Gleichgewichts unmöglich machen. Dessen „Schwankungen" – z. B. infolge sozialer Ungerechtigkeit – lassen sich nicht technisch beheben. Die Sprache zwingt uns hier fälschlich eine physikalische Vorstellung auf und spiegelt verbreitete Irreführung wider.

Zu realitätsfeindlichem, illusionärem Denken und machtfixiertem, zerstörerischem Wollen, der Bestrebung, nur für sich, ohne die anderen bzw. sogar gegen sie, Sicherheit zu gewinnen, gesellt sich dann das Gefühl des Beengtseins. Gerade die Angst (mit diesem identisch) wirkt am Untergang mit: indem sie Alternativen gar nicht erst in Sicht kommen läßt und durch sie eine Verhärtung („Verkrampfung"), schließlich der Zerfall eintritt.

In seiner Beschreibung eines von innen her lebensbedrohlichen Zustandes in Form des präsuizidalen Syndroms hat E. Ringel den Faktor „Einengung" an erste Stelle gesetzt. Er schreibt dazu, normalerweise sei menschliches Dasein durch eine Fülle von Gestaltungs- und Erhaltungsmöglichkeiten gekennzeichnet. Alles, was der Erweiterung des Lebensraumes dient, werde als ein „unendlich lustbetonter, Glücksgefühl verursachender Vorgang" erlebt. „Im präsuizidalen Zustand ist dieses Gefühl völlig verlorengegangen." Es herrscht die Empfindung vor, in einen „immer engeren Rahmen gepreßt" zu werden. Weite Gebiete des Lebens liegen damit außerhalb des Verwirklichbaren (308).

Die Vorsilbe, sowohl bei Ein-engung als auch bei Ein-fühlung, dürfte auf eine besondere Intensität hinweisen, und zwar in genauem Gegensatz zueinander: je weiter Emotionalität über den einzelnen hinausreicht, Solidarität gegeben ist, desto mehr nimmt Freiheit zu, desto kreativer gestalten sich Gedankengänge. Wachsendem Mut muß die Angst notwendigerweise weichen. Wenn dagegen das soziale Training fehlt, vermag das Minderwertigkeits-Gefühl keine produktive Wirkung mehr zu entfalten (309). Eine zentripedale Kraft ist hier am Werk, die sowohl zur Physiologie als auch zur Symbolik des Herzens im Gegensatz steht. Trennendes (Schizoides) dominiert, zerstört dies den Einklang.

Wenn wir mit Ringel das Wirksamwerden der Gefühle als „Geburtsstunde des eigentlichen Lebens" ansehen (310), stellt sich hier im Verhältnis zum Kind eine immer noch unterschätzte Aufgabe. Möglicherweise bleibt dem Erwachsenen nur die Wahl zwischen Einfühlung (und Wechselseitigkeit), was Verzicht auf ein autoritäres Schema mit einschließt, oder dem Einsatz grausam-unmenschlicher (behavioristischer) Dressurtechnik, welche Ausschaltung des Eigenlebens mittels Einengung zum Ziel hat.

Ohne Folgen wird diese Wahl gerade in bezug auf die Fähigkeit des Kindes zu schöpferisch-aktiver, liebender Stellungnahme zu den Tatsachen des Lebens nicht bleiben, ebensowenig für den Erwachsenen und dessen „Welt". Weshalb ich im Hinblick auf Vorbeugung die Elemente des „Syndroms" in umgekehrter Reihenfolge meiner Abhandlung zugrunde gelegt habe, klärt sich möglicherweise erst von der Betrachtung und Erkundung der Eigenart des Fühlens aus.

Die Umkehrung an sich könnte noch immer vertikalistisch aufgefaßt werden, und zwar im Sinne einer Überordnung von Denken und Wollen – als Domäne der Erwachsenen –, wobei das Gefühl andererseits mit Schwäche, „Launen", Unkontrollierbarem gleichgesetzt und als infantil abqualifiziert würde. Die Gefühlsbetontheit des Kindes bedeutete dann nichts anderes als das Vorhandensein eines Primitivzustandes, den ein jeder Mensch möglichst schnell hinter sich zu bringen hätte. Damit wäre das Machtprinzip als Wurzel des Bösen, von Unmenschlichkeit und Lebensbedrohung nicht überwunden. Im Kontrast dazu fasse ich Gefühle als eine ihrem Wesen nach auf Ergänzung abzielende, verbindende, integrative Kraft auf. Miteinander-Nachdenken im Gespräch und Lebens-Wille in Form von Liebe besitzen immer schon eine emotionelle Tönung und Färbung. Sie sind ohne „Einfühlung" schlechthin unvorstellbar, vor allem wirkungslos.

Adler schreibt, unser gesamtes Erleben (Verhalten miteingeschlossen) würde mit Einfühlung innig zusammenhängen. „Suchen wir danach, wo diese Funktion ihren Ursprung hat, die Möglichkeit, so zu empfinden, als ob man ein anderer wäre, so finden wir die Erklärung nur in der Tatsache eines angeborenen Gemeinschafts-Gefühls. Dieses ist eigentlich ein kosmisches Gefühl, ein Abglanz des Zusammenhangs alles Kosmischen (Allgemeinmenschlichen), das in uns lebt." (311)

Wenn ein Mensch mit seiner Umwelt keinen Kontakt bekommt, sich ausgeschlossen fühlt, dann verkehrt sich jene Seelenkraft, die dem Einswerden hätte dienen können, in ihr Gegenteil. Es ist eine Perversität gegeben, die sich als „Vereitelung des Lebens" darstellt (312).
Isolierung als Folge der Positionszuweisung, des Schichtendenkens, eines entwertenden Dualismus und Partikularismus bedeutet Passivität, Reizabhängigkeit. Insbesondere das Kind fühlt Mut als inneren Antrieb, oder sein Fühlen entartet zur Hilflosigkeit, die wie ein böser Zauber weiterwirkt. Sie würde sowohl in Form des Kindheits-Ich als auch des (manipulatorischen) Eltern-Ich im späteren Leben fortdauern und dann „einengend" wirken.

Ringel befaßt sich mit diesem Phänomen besonders ausführlich (313). Er unterscheidet vier Stufen: eine situative, dynamische, zwischenmenschliche und schließlich die Wert-Welt betreffende Einengung. Seine Betrachtung geht von außen nach innen.
Auch hier sehe ich mich zu einer Umstellung veranlaßt, wobei Zwischenmenschlichkeit und Wertstreben als untrennbare Einheit betrachtet werden, wir auf das Gemeinschaftsgefühl als „Lösung" des Minderwertigkeitsgefühls stoßen. Nur durch Übereinstimmung unserer Ziele mit Leben – als Ganzheitsphänomen – sind Bewegungsfähigkeit und Situationsbewältigung wirklich gewährleistet.

Bereits der zehn Monate alte Säugling hat entdeckt, daß er etwas tun kann, was aus seinem eigenen Bewußtsein kommt, schreibt Th. A. Harris. Das Gefühl erweist sich hier und anderswo als etwas Aktives, ist niemals nur reflexhafter Art, bildet den Ausgangspunkt für Denken und Wollen. Mit dieser (frühkindlichen) „Selbstverwirklichung" beginnt nach Harris die Bildung des Erwachsenen-Ich (314). Ich betrachte dieses als Voraussetzung für die Gemeinsamkeit von Denken, Wollen, Fühlen, und zwar auf gleicher Ebene, ohne jeden Regressionszwang.

Wie müßte eine Alternative zur Selbstschädigung (oder Selbstzerstörung) des Menschen in der Gegenwart beschaffen sein? Einer Beantwortung versuchen wir uns von folgenden Überlegungen aus zu nähern, die zugleich den Abschnitten dieses letzten Kapitels zugrunde gelegt sind:

– Wertvoll kann für den Menschen immer nur sein, was Leben vermehrt, zu seiner Ausbreitung auch in zeitlicher Hinsicht beiträgt.
– Je spontaner ein Mensch seine Empfindungen zum Ausdruck zu bringen vermag und zu keiner Verstellung gezwungen ist, desto bereitwilliger wird er auch seine Ansprüche auf andere Menschen abstimmen.
– Niemand muß an einem Schicksal „zerbrechen", wenn seine Charakterstruktur nicht schon vorher Züge von Zwang und Verkrüppelung aufweist.

1. Lebensgefühl – geteilte Freude, geteiltes Leid

Die „reine" Wissenschaft empfindet Gefühle geradezu als verunreinigend. Wurde durch sie der Wille auf „Motivation" bzw. ein Energieproblem reduziert, so verwischen sich von hier zur „Emotionalität" hin die Grenzen, wobei man diese allenfalls als „neurophysiologischen Erregungszustand" (ohne echte Zielgerichtetheit) zu umschreiben pflegt. Infolge mangelnder Überzeugungskraft solcher Quantifizierungsbestrebungen wurde schließlich versucht, „emotionale Kategorien" zu gewinnen, indem man „Emotionswerte" auflistete, wobei Ganzheit völlig ins Hintertreffen geriet, nur noch zusammenhanglose „Faktoren" übrigblieben. Man war bei bloßer Verhaltensbeschreibung gelandet (315).

Nicht so sehr an der Tatsache des Beobachtens, Zählens, Messens nimmt W. J. Revers Anstoß, als vielmehr an dem glühenden, toleranzlosen Dogma der wissenschaftlichen Allgültigkeit quantitativer Analysen: „Die Zerreißung der Erfahrung zerreißt den Menschen selber in die leblosen Gegensätze eines Roboter- oder Computermechanismus und eines demiurgischen Programmierers" (316). Ein völlig verkürzter Wirklichkeitsbegriff ist damit entstanden.

Im Gefühl spiegelt sich anderseits eine wachsende Ganzheit: in Form des Zieles, sofern Fühlen menschliche Zeitlichkeit umgreift und als Hoffnung zur Wirksamkeit gelangt, die Leib-Seele-Einheit herstellt, vor allem aber Selbstmitteilung unterstützt, Menschen dazu antreibt, Freude und Leid miteinander zu teilen, um in diesen beiden Erlebnisweisen nicht für sich allein zu bleiben.

Wie sehr das Gefühl als Beziehungsphänomen durch Messung gerade nicht in den Griff bekommen, verrät das Sprichwort, durch welches zum Ausdruck kommt, daß geteiltes Leid halbes Leid sei, geteilte Freude aber doppelte Freude. Ein Triebautomat müßte völlig anders reagieren.

„Was gibt eigentlich ein Mensch dem anderen?" fragt Fromm. Die Antwort lautet: etwas von seinem Leben, von seiner Freude, seinem Verständnis, Interesse, Humor. „Dadurch, daß er von seinem Leben gibt, bereichert er den anderen, steigert er das Lebensgefühl des anderen in der Steigerung des eigenen Lebensgefühls." (317)

„Würde ein Jugendlicher nüchtern (zensurlos) seine wahren Gefühle äußern, müßte er riskieren, als gefährlicher Terrorist im Gefängnis oder als Verrückter in einer Irrenanstalt eingesperrt zu werden", vermutet A. Miller (318). Gemeint sind damit bereits emotionale Reaktionen auf Gewalt, somit dissoziierende Ohnmachtsgefühle und -impulse.

Aber auch den großen Liebenden, einem Franz von Assisi oder einer Elisabeth von Thüringen, ist es nicht besser ergangen. Auch ihnen gegenüber befürchtete man, sie könnten „Ordnung" stören, welche insbesondere durch Gefühle in ihrer Götzenhaftigkeit und Nichtigkeit entlarvt wird.

Das Gefühl an sich gibt es nicht. Es besitzt stets einen konkreten Inhalt und bringt Bejahung oder Verneinung der Welt durch einen bestimmten Menschen zum Ausdruck: als dessen Lebensfunktion. So wenig es ohne Rücksicht auf den konkreten Weltbezug existieren kann, so wenig läßt es sich vom Denken, Wollen und der Persönlichkeit im ganzen lostrennen. Es steht außerdem der körperlichen Befindlichkeit am nächsten und straft damit jegliche dualistische Trennung Lügen.

Fühlen wirkt auf Denken und Wollen ein: hemmend oder antreibend. Beide Funktionsweisen können lebensdienlich sein. Nekrophilie dagegen stellt Fromm als pervers heraus. „Wenn der nekrophile Mensch es wagt, sich über seine Gefühle Rechenschaft zu geben, dann drückt er das Motto seines Lebens mit den Worten aus: Es lebe der Tod!" (319)

Die Frage ist berechtigt, wie eine Welt beschaffen sein muß, damit sich in ihr eine wenn schon nicht nekrophile, so doch narzißtisch-symbiotische Orientierung bildet. Die „Enge" des Bewußtseins wie auch des Unbewußten, einen spezifischen Reduktionismus, bringt offenbar heutige Wertvorstellungen zum Ausdruck: perfekte Regelung, Planung, welche nichts dem Zufall überläßt, den unstillbaren Wunsch, Sicherheit durch Inbesitznahme zu erringen, in alledem die Abwesenheit des Mitmenschen, mehr noch dessen Entwertung.

Das Gefühl des Kontaktverlustes ist imstande, auch psychosomatische Reaktionen in Gang zu bringen. Ein Mensch fühlt sich dann u. U. „wie gelähmt", in Erstickungsgefahr, als ob sein Herz stillsteht. Zumindest begünstigt die Leibnähe von Fühlen, Gestimmtsein, der Affektivität deren Sichtbarwerden, und zwar oft als einen Hilferuf. Dessen Vernehmbarkeit ist in Frage gestellt, wenn Umwelt für Gebremstsein eine besondere Vorliebe hegt und Erzieher ihre Gunst dem „stillen Kind" schenken, Lebendigkeit als unerwünscht empfunden werden muß. Das hätte zur Folge, daß die Hemmung fortwirkt und in Ermangelung einer Hilfe von außen weiterwuchert. „Es ist der Mangel an Mut in Verbindung mit einem Minderwertigkeitskomplex, der einen Menschen zugrunde richtet", schreibt Adler (320).

Das Selbstwertproblem

Auf gemeinsamer Ebene und nicht sozusagen zwischen den beiden Extremen einer infantil-materialistischen, konsumorientierten Wertauffassung und eines philosophischen Wertidealismus, der oft nur dazu dient, hemmende Schuldgefühle zu erzeugen, ist ein lebensbejahendes Wertgefühl zu suchen.
Es formt sich mit Hilfe des Bejahtseins und Akzeptiertwerdens zur persönlichen Zielsetzung bzw. einer produktiven Richtung. Adler spricht von einem „Vollkommenheitsstreben" unter dem Einfluß des Minderwertigkeitsgefühls. Die „Höherentwicklung der ganzen Menschheit" sei hier mit eingeschlossen (321), sonst wären bloß Besitzwünsche gegeben.
Für Ringel kennzeichnet ein diesbezüglicher Horizontverlust – infolge von Einengung – die „Wertblindheit" bzw. eine pathologische Entwicklung, wobei er folgende Stufen unterscheidet: Entwertung immer zahlreicherer Lebensgebiete – den Rückzug aus ihnen, „sich ausgeschlossen fühlen" –, Unfähigkeit praktischer (handelnder) Wertverwirklichung, schließlich die Nichtkommunizierbarkeit eines subjektivistisch-illusionären Wertschemas (322). Er charakterisiert damit ein „Sterben der Ge-

fühle". Wenn diese sich dem Kontakt entziehen, entarten sie zu wachsender Beengung.

Gefühle üben eine Signalwirkung aus, ehe Aktivitäten des Denkens und Wollens zum Einsatz kommen. Aber schon im Fühlen nimmt das Subjekt aktiv zur Umwelt Stellung, bringt seine Bedürfnisse zur Geltung, erfährt um seine Verantwortung, erlebt auf diese Weise mitmenschliches Bezogen-Sein. Deshalb gehören Selbstwertgefühl und soziale Einfühlung zusammen, sind keine Gegensätze, vielmehr voneinander abhängig. Eine Verminderung des Gemeinschaftsgefühls beschwört die Gefahr herauf, daß die Kompensation des Minderwertigkeitsgefühls mißlingt.

Zwischenmenschlichkeit würde durch quantitative Vermehrung einen Qualitätsverlust erleiden, wovon „Allgemeinmenschlichkeit", die Mitwirkung am „Wohl aller", nicht tangiert ist. Ihre Intensität (Wertsteigerung) bemißt sich nicht an der Zahl, sondern an der Nähe, dem Solidarisch-Sein. Folgende Phasen bzw. Interaktionsmodi sind diesbezüglich unterscheidbar (323):

– Miteinander (oder aber deren Negation in Form von Nebeneinander)
– Zueinander (und als Gegensatz dazu Auseinander)
– Füreinander (dem das Gegeneinander als zerstörerische Negationsform entspricht).

Unter günstigen Sozialisationsbedingungen, konkret im Verhältnis zur Mutter, die das Interesse des Kindes auf die Umwelt hinlenkt und nicht selbstsüchtig an sich bindet, antizipiert dieses mitmenschliche Nähe. Schließlich erfolgt „aktive Anpassung", durch die nicht nur eine Umformung und Verlebendigung personalen Lebens, ebenso ein Aufbruch und eine Veränderung gesellschaftlicher Formen gegeben ist (324). Im Falle des „Gegeneinander" droht individuelle wie auch soziale Vereinzelung, d. h. der Zerfall.

Durch einen Bericht über das Flüchtlingselend im Fernen Osten in der letzten Unterrichtsstunde vor dem Fest sei ihr „die ganze Weihnachtsstimmung verpatzt worden", beklagte sich eine fünfzehnjährige Schülerin. Andere stimmten vorwurfsvoll zu. Ich hät-

te mir diese Geschichte „ersparen" können, hieß es. Ein Jahr darauf beging ich in derselben Klasse die Unvorsichtigkeit, über Fälle von Kindes- und Frauenmißhandlungen zu sprechen. Man warf mir vor, ich würde „schon wieder durchdrehen", im übrigen sei nicht einsehbar, wozu derlei Berichte gut sein sollten. Ich will nun weder meine didaktische Ungeschicklichkeit rechtfertigen noch auch für die psychische Verfassung dieser Mädchen verständnislos bleiben; ich glaube nur, daß Entwertung anderer, wenn auch nur in Form von Gleichgültigkeit („Nebeneinander"), eigene Wertverwirklichung in Frage stellt.
Obige Erlebnisse sind eher eine Ausnahme. Meist stelle ich fest, daß gerade Jugendliche nicht nur Einfühlung und sehr viel Taktgefühl, sondern auch echte Hilfsbereitschaft Notleidenden, z. B. Behinderten, gegenüber aufbringen. Diesbezüglich ist oft der Unterschied zu familiären Wertvorstellungen sehr groß, wohl kaum nur „aus Trotz". Man zeigt sogar Verständnis dafür, daß für die Eltern-Generation nach dem Krieg der materielle Wiederaufbau „so wichtig" gewesen sei.

Deutlich hat Fromm die Gegensätze beim Namen genannt, wenn er von „Haben oder Sein" spricht. Nur dürfte „Sein" nicht ontologisch aufgefaßt werden, eher ethisch, als das zu Verwirklichende. Gemeint ist eine spezifische Charakterorientierung, deren „wesentliches Merkmal Aktivität" ist, die den produktiven Gebrauch der menschlichen Fähigkeiten beinhaltet (325). Sein in dieser Bedeutung wächst durch Selbstmitteilung, schwindet als Besitztum.
Wer sich der Selbstmitteilung, dem Geben und Opfern, widersetzt, wird sich gerade deshalb entwertet und so vom Selbstverlust bedroht fühlen. Mit der Gier bzw. deren immer nur kurzfristiger „Befriedigung" wächst die Leere. Mitfühlen würde bedeuten: Verzicht auf Überlegen-sein-Wollen. In diesem Sinn heißt es zu Beginn der Pastoralkonstitution des II. Vatikanums, daß Freude und Hoffnung, Bedrängnis und Trauer der Menschen von heute zugleich auch Freude und Hoffnung, Trauer und Bedrängnis der Jünger Christi sind (326).

Die Kirche stellte sich damit den Verzicht auf einen unchristlichen Wert-Hierarchismus zur Aufgabe, und zwar im Gegensatz zu einer zählebigen Praxis. Solange indessen in den Familien der „Habenmodus" vorherrscht, fehlt Heranwachsenden offenbar der Mut, zu teilen, ohne daß ihnen gleichzeitig das Risiko der Konsumorientierung bewußt würde.

„Tausende Kinder in Tirol feiern kein Weihnachtsfest mehr, weil am 20. Dezember die (zahlenden) Gäste kommen", meldet eine Tageszeitung. „Die Urlauber stehlen den Kindern die Eltern." (327) Hiebei dürfte es sich um mehr und etwas anderes als eine bloße „verpatzte Weihnachtsstimmung" handeln. Zufällig fand ich in derselben Nummer eine andere Nachricht, die mich bezüglich möglicher Folgen obigen Trends nachdenklich stimmt: In den ersten fünf Monaten des Jahres 1980 seien in Österreich neunundzwanzig Suchtgifttote zu verzeichnen gewesen. Es ist beigefügt, das Alter der Konsumenten und somit auch der Opfer sinke alarmierend ab.

Nicht im Sinne einer statistisch-errechenbaren Korrelation soll hier von einem „Zusammenhang" (besser: Zerfall) die Rede sein. Die gefühlsleere Umwelt produziert Gefühlsleere und dadurch Lebensohnmacht. Das Rauschgift mag dann für manch einen der völlig untauglichen Ersatz für gemeinschaftliche Lebensfreude sein.

Seelenloser touristischer Kitsch, Folklore entsprechend der Nachfrage, die auf Umsatz ausgerichtete „Erholungsindustrie", eine durch Appartementhäuser verschandelte Landschaft, zu guter Letzt noch der verkrampfte Wunsch, alles einmal „in anderen Farben" zu sehen, weil man dem kommerziellen Grau entfliehen will, das alles bezeugt Herzenshärte. Engherzigkeit (sozusagen ein Gegenstück dazu) mag sich „besser" dünken, weil sie es nicht auf Geld, nur auf „Seelen" abgesehen hat, ist es aber kaum.

Wo immer Entwurzelung um sich greift, man Kinder, die noch nicht „erwerbsfähig" sind, und alte Leute, die es nicht mehr sind, ignoriert, kein Gefühl für sie aufbringt, bleiben nur noch Gefühle, denen man allenfalls durch Selbstmord (in irgendeiner Form) zu entkommen sucht (328). Fromm schreibt dazu: „Diese Gesellschaft produziert viele nutzlose Dinge und in gleichem Maß viele nutzlose Menschen. Als Rädchen in der Produktionsmaschine wird der Mensch zu einem Ding und hört auf, menschlich zu sein." (329) Menschwerdung Gottes und das Weihnachtsfest berühren ihn dann nicht mehr, es sei denn, er vermöchte daraus ein Geschäft zu machen.

Fühlen garantiert in seiner unverfälschten Form das Erlebnis der Verbundenheit. Irrig, vor allem aber schädlich wäre es, anzunehmen, das Selbstverständnis der Frau, die ein Kind geboren hat, werde in erster Linie durch gesellschaftliche Verhaltenserwartungen (die Mutter-Rolle) definiert. Der innovative Impuls geht auf den konkreten Bezug zu eben diesem Kind zurück, oder aber Hoffnung schwindet immer mehr.

Durch die objektive „Minderwertigkeit" (Hilflosigkeit) des Neugeborenen, zugleich sein Angewiesen-Sein, ist für alle die Wert-Frage neu gestellt bzw. die Chance geboten, sich zugunsten von Gleichwertigkeit von einem geschlechts-, alters- und leistungsspezifischen Hierarchismus abzuwenden.

Zutiefst fühlen nach Darstellung des Evangeliums die Hirten sich von der ganz unspektakulären Auskunft bewegt: „Ihr werdet ein Kind finden, das in Windeln gewickelt ist und in einer Krippe liegt" (Lk 2, 12). Gottes Ankunft zu Weihnachten erfolgt ohne jede Machtdemonstration, in Solidarität mit den Kleinen und Ohnmächtigen.

Eine Staatsführung dagegen, die Abtreibung „legalisiert" und nicht zufällig, sondern logischerweise gegen Waffengeschäfte mit Militärdiktaturen nichts einzuwenden hat, sollte sich über Korruptionsfälle nicht entrüsten, noch auch darüber, daß man ihrer Despotie müde ist. Im Horizont ihrer moralischen Minderwertigkeit wird sich keine Sanierungsformel finden lassen: weder für das Budget noch für sonstige Übelstände.

Präsuizidale „Auszehrung", die entweder schon das Kleinkind treffen kann – infolge fehlenden oder gestörten Mutter-Bezuges – oder den Menschen in späterem Leben, der sich von leeren Versprechungen hatte irreführen lassen, der „Versuchung" erlegen ist, geht auf einen blutleeren Wertbegriff zurück.

Als dessen gemeinsamer Nenner zeigt sich Beziehungslosigkeit. Das trifft unmittelbar für den Ökonomismus zu („Was kostet die Sache, wieviel ist sie wert?"), aber nicht minder für einen Spiritualismus, der einzig dazu dient, Menschen die Schamröte ins Gesicht zu treiben, weil sie noch so wenig „vergeistigt" und damit von der Spitze der Werthierarchie glücklicherweise allzu weit entfernt sind. Wehe dem Jugendlichen, der den Schwindel, die gespielte Entrüstung nicht bemerkt und sich schließlich seines Körpers zu „schämen" beginnt.

Kindliche Hilflosigkeit im späteren Leben

Falls das Kind seinen altersbedingten Mangel als Ohnmacht deuten muß, weil es vergeblich auf Wertschätzung und Liebe gewartet hat, ihm die Erfahrung wechselseitigen Gebens und Nehmens vorenthalten wurde (330), gerät sein Fühlen unter den Einfluß des Machtprinzips. Jegliche „Lebensverunstaltung" geht auf dieses zurück.

Das Resultat ist chronisches Verstimmtsein, Kränkbarkeit, Wehleidigkeit, Zögern, Zweifeln, die Neigung, andere zu beschuldigen, zu beneiden, Sentimentalität, Selbstmitleid, weil Gefühle die bösartige, ichsüchtige „Teilung" nicht überstehen. Schließlich beginnt ein solcher Mensch zu hassen: sich selbst wegen seiner Ohnmacht, die anderen wegen ihrer götzenhaften Überlegenheit.

„Depression und Aggression halten sich bei mir die Waage", bekannte Frau D. (41 J.) und erinnerte sich diesbezüglich an ihre Kindheit. Zu echtem Sich-Vorwärts-Bewegen bedarf es kommunikativer Offenheit, zugleich des Selbstvertrauens. Doch hier liegt der wunde Punkt: Frau D. kritisiert sich unentwegt („Ich mag mich selber am wenigsten"). Es fällt ihr auf, daß sie zuweilen Formulierungen verwendet, die sie selber einst zu hören bekam.

Der etwas krampfhafte Versuch, sich etwas aus dem Therapiegespräch „aufzuschreiben" – die Erkenntnis etwa, bei Regressions-

Gefahr den Kontakt mit den Mitmenschen nicht „abreißen" zu lassen –, schlug vorerst fehl. Es bedurfte nicht des Gehorsams, sondern eines neuen Selbstbewußtseins. Schließlich erklärte Frau D.: „Es nützt alles nichts"; sie erhoffte meinen Widerspruch. Zwei Stunden kämpften wir mit dieser Verzweiflung, d. h. wir ließen uns gemeinsam auf „dieses Gefühl" ein, das sich am Ende als Ausgeburt kindlichen Trotzes erwies, so daß Frau D. unter Tränen lachen mußte.
Sie habe diesen Grundsatz (nichts „wert" zu sein) über Jahre hinweg „wie in einem Einsiedeglas aufbewahrt", meinte sie. Doch das ist eigentlich gar nicht zum Lachen. Ein wenig „Leichengift" schluckt man da mit hinunter, wenn man so leben will, als sei man drei oder vier Jahre alt, paradoxerweise, weil man damals nicht glücklich war, sich aber durch Schwach-Sein wenigstens eine gewisse Zuwendung (Ernährt-Werden) zu sichern wußte.
Frau D. „will" zugleich genau das Gegenteil, aber eben beides zugleich: anerkannt werden als eine attraktive Frau, Mutter von vier Kindern, Gattin eines sympathischen Mannes, der ihr allerdings ein wenig aus dem Wege geht, „nicht hineingezogen" werden will. Aber wie gesagt: von einst war das Ohnmachtsgefühl geblieben und durch dieses ein falsches Macht-Ziel (durch Schwäche herrschen).
Damals war Krieg, und die Mutter von Frau D. versuchte, ihre beiden Kinder einmal hier und einmal dort „gut unterzubringen". Dabei blieb es auch als der Vater heimkehrte, „um sich sofort scheiden zu lassen" (ein ehemaliger Nazi). Sein Einfluß auf meine Patientin blieb bis zur Stunde erhalten. „Spielend" gelang es ihm, sie immer wieder zu verunsichern, mit seiner Ironie, einer ausgesprochenen Zerrform von Humor.
Schließlich träumte sie, ihr Vater sei ein Zwerg, jedoch einer, dem Zauberkräfte zur Verfügung stehen. Dem sehr ichbezogenen Mann war es schon früh gelungen, auch das geschlechtliche Identitätsgefühl seiner Tochter schwer zu erschüttern. Er hatte sich einen Buben „gewünscht". Das bekam Frau D. oft zu hören und zu spüren. Der bereits verheirateten Frau gegenüber hieß es

mehrmals: „Ich will von dir ein Kind haben", was furchtbare Ängste auslöste.
Keinen Sündenbock mehr notwendig haben (z. B. das jüngste Kind, „das genauso schwach ist wie ich"), weil man sich selber mit allem Guten und Bösen annimmt, ohne Ausflüchte in hemmende Gefühlszustände, das ist nicht nur die Voraussetzung positiven Sozialbezuges, es gelingt zugleich nur durch diesen. Der Versuch, Abwechslung (nicht Ablenkung) zu schaffen, die Dinge „mit Humor" zu nehmen, Geduld zu haben, lockerte vorerst die Starre und (moralistische) Enge beträchtlich.

Im Gegensatz zu einem Wertbegriff „über den Köpfen", was auf Entzweiung, Entwertung, Mehr-haben-Wollen gerichtet ist, schafft einfühlendes Mit-einander-Sprechen echte Selbstverwirklichungschancen. Anders ausgedrückt: Leben verliert ohne Gemeinschaftserfahrung seine Anziehungskraft, die wir auch als Sympathie bezeichnen können. Alles Leiden an neurotischer Minderwertigkeit ist die Kehrseite des Sich-miteinander-Freuens. In der Frage nach Wert und Sinn des Lebens drückt sich unser Wesen aus (331).

Wer sich in seinem Fühlen und Gestimmtsein durch Freude oder Leid anderer jedoch gestört fühlt, sich seine infantile „heile (enge) Welt" nicht nehmen lassen will oder sogar eigensinnig, „trotzig" an negativem Erleben festhält, unterliegt dem Einfluß eines zerstörerischen Minderwertigkeitsgefühls nach dem Maß seiner Selbstsicherheit bzw. der Entwertung anderer. Andernfalls würde er fragen, „wozu es gut sein soll", davon Kenntnis zu haben, nämlich um zu einer emotionalen Flexibilisierung veranlaßt zu werden. Fromm nennt als Wurzel neurotischer Bindungsunfähigkeit: „Der Mensch ist in diesem Fall in seinem affektiven Leben wie ein Kind von zwei, fünf oder zwölf Jahren geblieben." (332)

Mehr als nur ein psychologisches Hausmittel wäre es, bisherige Trends, Gewohnheiten, Mechanismen, Perspektiven durch Abwechslung (echte Alternativen) außer Kraft zu setzen, Anderssein einzuüben. Der bloße äußere „Tapetenwechsel" tut es nicht. Vonnöten ist ein Wechsel im Sinne von Erneuerung durch Teilnahme am Wertsystem anderer. Dann kann auf bis-

herige routinierte Unechtheit der Umgangsformen verzichtet werden, und zwar mit Hilfe von Humor. Dieser hilft uns dazu, von eigener und fremder, übertriebener Wichtigkeit Abstand zu gewinnen, durch eine offene, spielerische Haltung vielleicht auch zum Erleben und zum Weltbezug von Kindern Zugang zu finden. Zumindest dürften wir keine „Spielverderber" sein, wie Adler fordert (333).
Zwang oder „gutes Zureden" eignet sich für den „Wechsel" nicht. Der Hemmung ist mit Geduld zu begegnen; gemeint ist damit: sich Zeit lassen für die „kleinen Schritte", samt der getrosten Einstellung, daß es den Rückfall geben kann, ohne daß wir deshalb „wieder von vorn anfangen" müßten.

Nochmals komme ich auf Frau D. zurück, die in einer guten Stunde die Meinung aussprach, mittels Abwechslung, Humor und Geduld (vor allem mit sich selber) könne es „besser" werden. Sie wollte sagen, das Leben würde dadurch „wirklich wertvoll". Dagegen hatte lange Zeit ihr Gefühl gesprochen. Immer wieder hatte sie geäußert: „Ich verstehe es ja, aber ich kann es nicht." Hier zu sagen, es fehle am Willen, wäre plumper Moralismus. Sie war und blieb lange Zeit ein „gebranntes Kind", das, wenn es „nicht hören" (gehorchen, sich fügen) wollte, „fühlen" mußte, und zwar Schmerz. Deshalb ging sie Gefühlen geflissentlich aus dem Weg. Wenn sie durchbrachen, dann in Form von Trauer oder Wut.

Wann immer jemand sich „abgelehnt" fühlt, muß sein soziales Interesse geweckt werden, dessen Ermangelung, auch ohne die Existenz einer „treibenden Kraft", schließlich schädigend oder gar selbstzerstörend wirkt. Bloße Tröstung eines Verzagten hätte u. U. zur Folge, daß dieser über sein narzißtisches Ich nicht hinausgelangt, tröstungsbedürftig wird.
Fromm schreibt: „Was du anderen antust, das tust du auch dir selber an." (334) Eigene Hilflosigkeit würde durch Rache nicht beseitigt. Eine autoritäre Ethik, die sozusagen unter Strafandrohung „Nächstenliebe" erzwingt, verhindert „Rückkehr in die Gemeinschaft".

Nicht nur Religion, auch Menschlichkeit würde dadurch verkannt. Eine Wertorientierung, die auch für andere nützlich ist und in dieser Eigenschaft erfolgt, läßt anderseits unentdeckte Kräfte und Fähigkeiten zutage treten.
Wie sehr Adler den Menschen in einen unlösbaren sozialen Zusammenhang gestellt sieht, zugleich vom Ineinandergreifen aller psychischen Funktionen überzeugt ist, bringt die Feststellung zum Ausdruck: „Die Gefühle sind Begleiterscheinungen unserer Handlungen." Es ist allerdings hinzugefügt: „Wir verspüren stets eine starke Neigung, uns selber gefühlsmäßig zu täuschen." (335) Nur in lebensgeschichtlicher Hinsicht ist das Gefühl ursprünglich. Im späteren Leben gibt stets das Ziel bzw. der im Handeln angestrebte Wert den Ausschlag.

Der erniedrigte Körper

Zu den größten Grausamkeiten und Unmenschlichkeiten zählt körperliche Züchtigung, „aus pädagogischen Gründen", wie oft beschönigend hinzugefügt ist. Womöglich soll das Kind dafür noch „dankbar" sein. Fromm würde hier von sadistischer Genugtuung und Befriedigung sprechen bzw. einer Ausbeutung des Kindes durch den infantil-aggressiven Erwachsenen (336).
Unmißverständlich und kompromißlos stellt Adler fest: „Wer da glaubt, nicht ohne Schläge in der Erziehung auskommen zu können, gesteht seine Unfähigkeit ein und sollte lieber die Hand von Kindern lassen." (337)
Die zwischenmenschliche Feindseligkeit erfährt durch solche unseligen „Disziplinierungsmaßnahmen" eine Verpflanzung in den einzelnen. Sie trägt hier zu einer Leib-Seele-Spaltung und -Entfremdung bei. Außerdem ist sie häufig der Kritik durch den „guten Zweck" entzogen, dem jene Maßnahmen angeblich dienen. Es handelt sich dabei lediglich um rationalisierte De-

struktivität, wobei aber nur eine Zerstörung personaler Eigenständigkeit, nicht des „Objekts" angestrebt ist. Oft sprechen Erzieher unverhohlen davon, daß man den „Eigenwillen des Kindes brechen" müsse.

Doch bereits die Frustration eines frühkindlichen „Zärtlichkeitsbedürfnisses" ist zumindest auf die Spaltung im Menschen ausgerichtet. Sie macht anfällig für Entwertung von Welt und eigenem Dasein (Rückzug und Selbstverlust).

Prüderie, „schlechte Erfahrungen" mit Sexualität, eine zwanghafte Vorstellung bezüglich Selbstbeherrschung zumindest bei einem Elternteil bildet den Hintergrund solchen Entzugs. Adler urteilt über das „Zärtlichkeitsbedürfnis" in seiner integrativen Eigenschaft, es wurzle im Gemeinschaftsgefühl und ziele ab auf Selbstbehauptung (338).

Wer die Meinung ausspricht, die „paar Ohrfeigen" hätten auch ihm einst „nicht geschadet", dem fehlt offenbar die erforderliche Selbstkritik; er hält seinen Autoritarismus fraglos für „natürlich". Die Rachsucht Schwächeren gegenüber verrät in Wirklichkeit, welche Verheerung die Prügelpädagogik in psychosozialer Hinsicht angerichtet hat.

Aber nicht nur fortwirkende Gewalttätigkeit bezeugt deren Dämonie, auch und vor allem die Isolierung von Körper und Geist, sei es in Form enthemmten Genießens (ohne echte Genußfähigkeit), sei es in Form der Erniedigung und Verteufelung des „Fleisches". Fanatischer Haß und Neid hat lange Zeit jede „sinnliche" Regung vor allem in Kindern und Jugendlichen auszutilgen versucht (339). Einstige „Abtötung" ließ das andere, nicht minder verderbliche (ebenfalls lebensfeindliche) Extrem auf den Plan treten: Hemmungslosigkeit, Unersättlichkeit, Konsumgier.

Dem funktionalisierten Körper (samt umfunktioniertem Gefühl) fehlt der Umweltbezug, wodurch zumindest jenes „Gefälle" vorbereitet ist, das E. Ringel als Einengung im Bereich der Zwischenmenschlichkeit beschreibt (340); es umfaßt:

– Entwertung vorhandener Beziehungen („Wertverdünnung")
– zahlenmäßige Reduktion (Rückzug)

– völlige Isolation („Bezogenheitsverlust wird hier zum Existenzverlust").

Die Werdenot des Ungeliebtseins beweise deutlich, daß das physische Überleben nicht das eigentliche Daseinsthema des Menschen ist, schreibt Revers. Mit biologischer Erhaltung ohne ganzheitliche – leib-seelische und soziale – Entfaltung würden wir nie und nimmer das Auslangen finden. „Wo die Liebe schrumpft, da wuchert (als Ersatz) das Geltungsbedürfnis und der aggressive Drang nach Selbstdurchsetzung; die Steigerung des Geltenwollens (aber) zerstört das Liebenkönnen." (341)

Herr Sch. (42 J.) hatte sehr oft während des Therapiegesprächs plötzlich Tränen in den Augen. Er ärgerte sich gleichzeitig über diese „Schwäche", die er durch Härte, seinen Kindern, vor allem seiner Frau gegenüber zu verbergen suchte. Nicht so sehr Verletzungen in der Kindheit dürften die Ursache für „unkontrollierbare Gefühlsausbrüche" dieses Mannes sein, vielmehr das einstige Unvermögen seiner Eltern, ihre Gefühle zu zeigen, mangelnde Herzlichkeit, eine „Zurückhaltung", die Kinder zur Verzweiflung treiben kann.

Ein kurzer Händedruck seines Vaters während eines Spazierganges kurz vor dessen Tod verriet Herrn Sch. die große Zuneigung, welche falscher Scham zuliebe „immer" verborgen geblieben war. Auch dem Tod beider Eltern gegenüber war mein Klient gefühlsmäßig vorerst „stumm" geblieben. Erst viel später brach verdrängte Zärtlichkeit durch.

Die Mutter von Frau U. (23 J.) wußte seinerzeit deren erste Regelblutung lediglich mit den bedauernden Worten zu kommentieren, die „schöne Zeit" sei nun für immer vorüber. Als Frau U., längst berufstätig, bei ihrer Mutter mit einem Freund erschien, wurde sie wie eine Aussätzige behandelt. Die Mutter erklärte schließlich, sie wolle für die „verlorene Unschuld" der Tochter Sühne leisten, ließ aber zugleich nichts unversucht, diese „moralisch fertigzumachen". Bald stellte sich bei Frau U., die mit dem Freund ,,Schluß gemacht" hatte, eine psychosomatische Erkrankung ein.

Scheinbar zufällig erlitt Frau V. (39 J.) einen schweren Unfall. Unbewußte, auf ,,Bestrafung" ausgerichtete Tendenzen traten indessen in ihren Träumen zutage. Nach der Scheidung ,,erkannte" sie plötzlich in ihrem einstigen Gatten den Vater samt dessen Grausamkeit wieder. Dieser hatte Frau V. und deren Schwester, beide im Kindesalter, entführt, um an seiner geschiedenen Frau, der Mutter meiner Klientin, ,,Rache" zu nehmen. Schwere Mißhandlungen waren vorausgegangen. Einmal mußte die Mutter mit Schädelzertrümmerung ins Krankenhaus und erhielt eine Silberplatte eingesetzt.

Durch Zuschlagen der Autotür trennte der rabiate Mann schließlich der Großmutter, die die Entführung der Mädchen verhindern wollte, vier Finger einer Hand ab. Körperliche Schmerzen infolge von Gewaltanwendung waren für Frau V. von frühester Kindheit an immer wieder fühlbar geworden.

Durch den Autounfall ,,bestätigte" sie gleichsam ein unsagbar grausames Konzept. Andere selbstschädigende Tendenzen traten ebenfalls zutage, doch kaum eine echte Selbstmordgefahr, einer masochistischen Selbstdeutung wegen. Gleichzeitig bangte nun Frau V. ständig vor den heimlichen sadistischen Attacken ihres geschiedenen Mannes, der sie ,,kleinkriegen" wollte: durch anonyme Anrufe, das Beschädigen des Autos, Einschlagen von Fensterscheiben während der Nacht.

Was die angebliche Selbstverständlichkeit des Schlagens und Mißhandelns kleiner Kinder angeht, sprach ich einmal Jugendlichen gegenüber, die größtenteils schon berufstätig waren, die für sie provozierende Frage aus, ob sie auch Stärkeren, etwa ihrem Chef gegenüber, in der nämlichen Weise auf Verärgerung zu reagieren bereit wären. Große Entrüstung war die Antwort. Kinder müßten sich so etwas eben ,,gefallen lassen"; ich solle mir auf meine ,,antiautoritären Ansichten" im übrigen nichts einbilden. Ich dachte damals, es würden sich auch in unserer Zeit KZ-Schergen in ausreichender Zahl finden lassen.

Personalität kann nur verwirklicht werden, gleichviel, ob sie schon im Menschen angelegt ist oder erst aus der Liebe „geboren" wird, in Form von aktiver Teilhabe, durch Partnerschaft, weder durch Selbstpreisgabe noch durch Herrschaft über andere. Hier verläuft für den Menschen die Grenze zwischen Leben und Tod.

Das Verlangen nach „zwischenmenschlicher Vereinigung", Aufhebung der Isolation, des Allein-Seins, nennt Fromm das stärkste Streben im Menschen. Er unterscheidet gleichzeitig Liebe als „reife Antwort auf die Probleme menschlicher Existenz" von „unreifen Formen", welche er als symbiotische Vereinigung bezeichnet, und zwar in Form von Unterwerfung bzw. Beherrschung (342). Durch einen solchen Vorgang würde Gleichwertigkeit ebenso zerstört wie Andersartigkeit (personale Besonderheit).

Sowohl Erhöhung als auch Erniedrigung beruht auf dem Machtprinzip. Was immer dafür sprechen mag, menschliche Probleme auf autoritäre Art zu „lösen" – bis hin zur „Endlösung der Judenfrage" bzw. der sog. „Fristenlösung" –, die psychosozialen Bedürfnisse sprechen dagegen: Die Beengtheit von Denken, Handeln, Sein findet ihren Ausdruck im Gefühl der Angst, welche in vielfältigen Formen auftreten kann, bis hin zu psychotischen und suizidalen Manifestationen.

Ein äußerst schwerwiegendes, oft allerdings ausgesprochen tendenziöses Mißverständnis wäre es, Angst bloß als Ausdruck von Unsicherheit zu deuten. Daraus folgt nämlich die trügerische Erwartung, der Besitz von Macht könne diesem Zustand ein Ende bereiten (343). Der Abstand vom Mitmenschen, die eigentliche Wurzel der Angst, vergrößert sich dadurch immer mehr.

Das Gefühl ist hier bereits pervertiert. Es gehorcht dann einer asozialen Zielsetzung. Voneinander trennende Oben-Unten-Verhältnisse, lückenlos durchorganisiert und obendrein längst durch Etikettenschwindel als optimale soziale Lebensform legitimiert (344), erwecken den Eindruck von Selbstverständlichkeit, entziehen sich dadurch dem Hinterfragtwerden.

In die Enge getrieben werden

Als Alternative zur Angst fungiert nicht Überlegenheit, sondern Liebe. „Sie läßt den Menschen das Gefühl von Isolation und Getrenntsein überwinden, erlaubt ihm aber, sein (personales) Sosein zu bewahren." (345) Wo eine solche „Erlaubnis" fehlt, Bedingungen gestellt sind, somit der Liebesentzug („zur Strafe") droht, haben wir nichts zu hoffen. Die beim Menschen fehlenden Instinkte wären hier durch irregeleitete „Leidenschaften" ersetzt.

Als ein in höchstem Maß unglückseliges Leitbild erweist sich elterliche Macht gegenüber Kindern, ganz abgesehen von deren möglichem Mißhandelt-Werden; das eigentliche Unglück sehe ich darin, daß „Liebe" mit im Spiel ist, man auf das Bedürfnis nach Geliebt-Werden schamlos spekuliert.

Das gilt für die gluckenhafte, ewig eifersüchtige, nach Dankbarkeit Ausschau haltende Mutter, aber noch viel mehr für Spielarten, deren Verkehrtheit (oft auch in sexualpathologischem Sinn) mehr oder weniger deutlich zutage tritt. Die Persönlichkeits-Deformation (Orientierung der Beziehungslosigkeit) erzeugt schließlich Angst vor dem Leben schlechthin.

Stets aufs neue wurde versucht, Liebe in ihrem Wesen zu ermitteln, wobei weder dichterischer Überschwang noch auch philosophische Akribie darauf verzichten konnte, sich mit einer Polarität besonderer Art auseinanderzusetzen. Diese umfaßt sowohl die menschliche Leib-Seele-Einheit als auch das Ergänzungsverhältnis der Geschlechter. Jeder Versuch, die gerade durch Vereinigung als „neuformend" zu betrachtenden Kräfte des Ganzen, einer überindividuellen Ganzheit (ohne Persönlichkeitsverlust), im Verhältnis zu den Teilen, zu unterschlagen, muß entweder als naive Kurzsichtigkeit gewertet werden oder aber heillose Verwirrung stiften.

Meine Schülerin Erna E. (17 J.) funktionierte das ihr gestellte Aufsatzthema in einen erschütternden Hilferuf um. Sie schrieb (mir), daß ihr Vater sie sexuell mißbraucht, aber andererseits sehr oft auch geschlagen habe. Hier erscheint die Verkehrung von Liebe in Destruktivität in einer besonders abstoßenden Gestalt. Erna E. beschreibt ihr Elend im „Elternhaus" mit folgen-

den Worten: „Ich hatte im Alter zwischen elf und dreizehn Jahren Erlebnisse, die meinen Charakter bestimmen. Mein Vater ist Trinker. Er kommt oft spät nach Hause. Mehrmals legte er sich zu mir ins Bett und zwang mich zum Geschlechtsverkehr."
„Ich tat es aus Angst. Mit meiner Mutter, die der Ansicht war, Kinder hätten keine Sorgen, nur sie habe welche, konnte ich darüber nicht sprechen. Drei Jahre lang stand ich Ängste aus vor meinem Vater und seinen Wünschen. Folgendes führe ich darauf zurück: Ich fürchte mich vor der Dunkelheit und vor dem Alleinsein. Ich hasse die meisten Männer. Mich ekelt vor dem Gedanken, mit ihnen „schlafen' zu müssen. Aber ich empfinde auch meinen Körper als minderwertig und abstoßend."
Einen ähnlichen Fall hatte ich einmal therapeutisch zu betreuen. Das betreffende Mädchen reagierte auf die sexuellen Annäherungsversuche des Vaters mit pubertärer Magersucht (Anorexie). Durch die Tatsache, daß schließlich sogar künstliche Ernährung notwendig geworden war, riß es die Macht an sich, jagte den Eltern, vor allem dem Vater, großen Schrecken ein. Zuvor hatte man ihr stets den Klosettschlüssel weggenommen, um sie am Erbrechen zu hindern.
Den „Aggressionsdruck" der immer Schweigsamen bekam ich in der Therapie ausgiebig zu spüren. Lange Zeit erfolgte Kommunikation ausschließlich dadurch, daß das Mädchen Aufzeichnungen mitbrachte und ich dazu Stellung nahm. In beiden Fällen, bei Erna E. und der Anorexie-Patientin, Anna S. (17 J.), war die Gatten-Beziehung der Eltern „zerbrochen". Es gab ebenso verhängnisvolle lebensgeschichtliche Hintergründe bei jedem einzelnen Elternteil (soweit ich das in Erfahrung bringen konnte): Frühkonflikte, die eine „asoziale Lösung" geradezu nahelegten.

Zum Unterschied vom lückenlosen System – bis hin zum Polizeistaat – wendet Gott sich mit seinem Gesetz an menschlichen Erfindungsreichtum, will uns Schutz bieten vor ichhafter Enge, sichert uns zugleich seine Gegenwart und Nähe zu: im Versammeltsein miteinander, als Volk (an das die Sinai-Gebote gerichtet sind), aber auch in der neutestamentlichen Brudergemeinde. Einswerden ist durch den Heils-Willen Gottes nicht erzwungen, sondern ermöglicht.

In diesem Sinne ist gesagt: „Was Gott verbunden hat, das soll der Mensch nicht trennen." (Mt 19, 6) Wichtig ist, zu wissen, aus welchem Grund und in welcher Form Trennung (Dissoziierung) erfolgt. Auch wenn gesetzliche Regelung im Bereich der Zwischenmenschlichkeit unabdingbar ist und deren Zerstörung durch In-Besitz-Nahme abgewehrt werden soll, würde obige Aussage um ihren tieferen Sinn gebracht, wollte man sie ausschließlich juristisch deuten.

Immer noch wirkt sich, gerade zwischen den Geschlechtern, deren Verhältnis als Machtkampf aufgefaßt, „Herzenshärte", die Voraussetzung für den einstigen „Scheidebrief" (vgl. Mt 5, 31), verhängnisvoll aus, bewirkt, daß Sich-Mitteilen als Verlust und nicht vielmehr als Grundbedingung für Wachstumsdynamik verstanden wird. Dann müßten wir aber auch verständnislos bleiben für die Aussage: „So sehr hat Gott die Welt geliebt, daß er seinen einzigen Sohn dahingab." (Jo 3, 16)

Diese Hingabe ist die Voraussetzung für den Sieg über den Tod; sie beinhaltet Neuschöpfung: indem Liebe fruchtbar wird, Alleinsein endet. „Wenn das Samenkorn nicht in die Erde fällt und stirbt, bleibt es für sich, stirbt es aber, so bringt es viele Frucht." (Jo 12, 25) Trotzdem betont Adler: „Liebe an sich (sozusagen als Zauberformel) löst keine Probleme." Zum Erfolg führe nur die „Gleichberechtigung der Partner" (346). Andernfalls hätten wir es mit purer Heuchelei zu tun. Adler verdanken wir auch die Erkenntnis, daß selbst in der Liebe Macht über den Nächsten und dessen Unterwerfung gesucht werden kann (347).

Nicht auf Grund „niederer Triebhaftigkeit", sondern des Hochmuts, weil ihr Lebensstil so beschaffen ist, gelingt es Menschen zuweilen, ihre Sexualität mit dem Ziel zu entwickeln, andere zu übertreffen (348). Die Sterilität solcher Verhältnisse darf uns ebenso wenig wundern wie deren destruktiv-aggressive Note.

In der Auseinandersetzung mit Freud bestreitet Adler nicht etwa die Bedeutung von Sexualität an sich, sondern deren Allursächlichkeit. Er spricht von „bearbeitetem Material" und

einem „Mittel persönlichen Strebens" (349). Die Stellungnahme zum Mitmenschen geht voraus: als Liebe oder Haß.
Wenn wir die gemeinschaftsstiftende Kraft von Geschlechtlichkeit überdenken, anderseits Zusammenhanglosigkeit und Anonymität in unserer Massengesellschaft, ist nicht verwunderlich, daß Angst immer wieder in dissoziierende Akte Schwächeren gegenüber umschlägt und damit wieder nur Angst hervorbringt. Auf zerstörtes Leben braucht niemand mehr neidisch zu sein.

Ichschwache, unreife, infantil gebliebene Eltern fühlen sich durch die Lebensfreude und das Luststreben des Kindes in eigentümlicher Weise irritiert und bedroht: als narzißtische Bedürfnisbefriediger (Tröster) überflüssig gemacht und zugleich ihrer Befriedigungs-Objekte beraubt, ohne Untertanen. Sie glauben, sich wenigstens hier ein „hartes Durchgreifen" leisten zu können, das eine Mal mittels irrationalen Schlagens, Beschämens, Quälens, durch Verschärfung der Trennungs-Angst, das andere Mal mit Unterstützung subtilerer Methoden, z. B. indem man „Sinnlichkeit" als verachtungswürdig hinstellt.

Oft sind die moralischen Forderungen Heranwachsenden gegenüber nichts anderes als Abwehrtechniken in bezug auf eigene Triebhaftigkeit, verdrängte und dadurch deformierte Sexualität, nicht eingestandene Perversität. Sich mit Berufung auf Gott zu rechtfertigen, ergibt die perfekte Lästerung des Schöpfers, dessen Vaterschaft dann nur noch Angst hervorrufen kann.

Pervers ist nicht nur der Triebanspruch des Vaters von Erna E., auch schon die zugrunde liegende Tendenz, das Mädchen in Angst zu versetzen, ihr moralisches Empfinden zu verletzen, sie zu erniedrigen und um ihre Identität zu bringen. Die Mittel dazu mögen verschieden sein, das Ziel ist immer gleich.
Eine Frau, die durch ihren Vater und später von seiten des (inzwischen geschiedenen) Gatten Demütigungen hatte hinnehmen müssen und außerdem auf die ständige Bevorzugung ihres Bruders zurückblicken konnte, zwang mit Hilfe religiöser Motive (ständigen Beichtzwangs) ihren Jungen dazu, „rein und keusch" zu bleiben. Eine perfektere Rache an den drei frustrierenden

Männern, im Verhältnis zu einem vierten (schwachen), hätte sie sich kaum ausdenken können.
Die Kastrationsangst bezieht sich auf die „fromme" Mutter, wie anderswo auf einen Vater, der seine Vorrangstellung zu behaupten weiß. Eine andere Frau betrieb die Infantilisierung des heranwachsenden Sohnes, indem sie die Fotografie des verstorbenen Gatten zum Gegenstand quasireligiöser Verehrung machte. Selbst über unreine Gedanken sei der Vater traurig, wird dem Jungen eingeschärft.

„Wie kann man Menschen helfen, die einen falschen Weg zur Überlegenheit eingeschlagen haben", fragt Adler. Fehlt ein solches Streben, so sind Dummheit, Hochmut oder Verlogenheit am Werk. „Der einzige Fehler, den ein solcher Mensch begeht, ist, daß seine Anstrengungen sich auf die unnützliche Seite des Lebens richten." Lebensfragen würden nur gemeistert, wenn wir wirklich danach streben, „alle anderen zu bereichern" (350).

Mit diesem Texthinweis, der den Kern der Adlerschen Sozialpsychologie zeigt, soll deutlich gemacht werden, daß keineswegs immer der Symptomträger als Patient zu betrachten ist. Er leidet an verengten und erstarrten Formen.

Krankhaft ist jegliche Ausschlußdrohung. Andere bereichern bedeutet umgekehrt, sich selber zu sozialer Ergänzungsbedürftigkeit bekennen. Formen, Regeln, Positionen, vor allem Machtansprüche können und dürfen Sensibilität (Einfühlung, aber auch „Sinnlichkeit") nicht ersetzen.

Man könnte den Einfluß des verbrecherischen Vaters auf Erna E. einen Sonderfall nennen. Wenn wir die Folgen, wie sie das gehemmte Mädchen schildert, mit dem vergleichen, was durch Entfremdung in irgendeiner Form auch anderswo erzielt wird, gerät diese Annahme ins Wanken. „Ich empfinde meinen Körper als etwas Unangenehmes", schreibt Erna E. „Ich lehne alles ab, was mit Bewegung zu tun hat, und zwar aus Angst, meinen Körper in einer anderen Stellung zu zeigen. Im Turnunterricht spüre ich das sehr deutlich. Ich will keine Übungen mitmachen, weil ich mir

einbilde, daß alle mich ansehen und meinen Körper kritisieren."
Erna E. fährt fort: ,,Ich versuche, mein Minderwertigkeitsgefühl vor anderen zu verstecken, indem ich bestrebt bin, auf anderen Gebieten meinen Mitschülerinnen überlegen zu sein, durch außerordentlich gute schulische Leistungen." Tatsächlich wird aber das Mädchen, das mit niemandem spricht und immer die Augen zu Boden senkt, ,,links liegen gelassen".
Erna E. nennt sich ein ,,gutes Beispiel" für behinderte Spontaneität. ,,Ich habe oft das Bedürfnis, etwas zu tun oder zu sagen, unterdrücke es aber mit dem Gedanken: Was werden die anderen sagen? Auch sage ich oft ‚nein', wenn ich eigentlich ‚ja' meine. Ich durfte als Kind nie das tun, wozu ich Lust hatte. Nie durfte ich meine Meinung sagen und vor allem nie meine Gefühle zeigen. Wenn ich einmal weinte, wurde ich weggeschickt."

Der Machtkampf zwischen den Menschen, die quälende Frage, wer überlegen und wer unterlegen sei, die Ideologie von Sieg und Niederlage, wirkt fort im Menschen selber, als Trennung von Körper und Geist, sozusagen vorweggenommenes Totsein. Am Ende gibt es nur noch Organe, Reflexe, zählbare Orgasmen, bestimmte Leistungen und Verwirrtheit, einen Geist, der sich mit Selbstgesprächen zufrieden gibt, ängstlich darauf bedacht, der Wirklichkeit auszuweichen. Die Trennung von Liebe und Sexualität ist sein Meisterstück.

2. Ausdrucksfähigkeit und Eindrucksoffenheit

Der produktive Einfluß menschlichen Fühlens besteht u. a. darin, daß uns bestimmte Verhältnisse in einem anderen, neuen Licht erscheinen können, sozusagen farbig, aber auch plastisch, greifbar, vielleicht sogar einladend. Mitmenschen und Dinge gewinnen dadurch zugleich ihren Eigenwert, nicht zu verwechseln mit neutraler Feststellung des objektiv Gegebenen. Gerade das Betroffensein als Subjekt weckt Zuversicht, läßt uns Gegebenes als veränderbar – in seiner Möglichkeit – wahrnehmen.

Zuvor sind oftmals innere Unlebendigkeit, einförmiges, hoffnungsloses Grau und Langeweile auf Grund eines Entwicklungsstillstands, des Nicht-werden-Könnens (351), auf unser Gegenüber projiziert worden. Vor allem Haß- und Abneigungs-Projektionen vermögen die uneingestandene Selbstnegation nicht zu beseitigen, im Gegenteil. Mit dem Abbruch des Gesprächs schließlich beginnt die „Kriegsgefahr".

Der Wandel bzw. die Flexibilisierung des Umweltbezuges hat eine bestimmte Dynamik zur Voraussetzung: den dialogischen Zirkel, Sich-Öffnen für Anderssein, zugleich Selbstmitteilung (352). Nur aus dem Ganzen ist das Einzelne zu begreifen, nur vom Einzelnen her das Ganze. Erkennen besitzt eine Korrekturstruktur, ist ein zirkelhaftes Verfahren (353). Den Gegensatz bildet das lineare Vorgehen, welches sich aber meist als Sackgasse herausstellt.

Als bloße Zuschauer, emotional unbeteiligt, noch dazu von einem bestimmten Standpunkt aus – ohne Perspektivewechsel –, gewinnen wir stets denselben Eindruck, würden dadurch in pessimistischen Vorurteilen bestärkt und in neurotischer Unfreiheit gefangen bleiben. Eine weitere Realitätsverengung rührt von der Vertikale her: als Maßstab und ebenso Bewegungsrichtung.

Eine Reflexion unserer Kontakt-Bedingungen wäre hier vonnöten, des Physiognomischen, und zwar als Medium. Indem die Psychoanalyse sich ausschließlich mit Sexual-Dynamik und hier wieder nur mit dem ichhaften Bedürfnis nach Spannungsausgleich befaßt, wird sie menschlicher Leiblichkeit nicht gerecht.

„Im Gesicht des Menschen ist die Interaktion zwischen Sehen und Gesehenwerden (einem zirkelhaften Geschehen) in einer Weise lokalisiert und differenziert, wie kaum ein anderes Merkmal die Sonderstellung des Menschen und seiner Sinnlichkeit gegenüber den Tieren verdeutlicht." H. Burkhardt fügt in Bezugnahme auf ethologische Befunde bei, der schutzlose Hals des Menschen müsse verstanden werden im Zusammenhang mit jener „Abrüstung", in deren Zeichen Mensch-Sein begonnen hat (354).

Ausdrücklich betont Ringel, die „dynamische Einengung" sei nicht zu verwechseln mit einem Stillstand. Er spricht von der Einförmigkeit des persönlichen Verhaltens und eingefrorener Perspektive im Falle drohender Suizidalität. Die Dynamik habe sich „in eine einzige Richtung entwickelt, während andere Richtungen (Alternativen) verkümmern" (355).
Wir können auch sagen, sie ist kontaktlos und unsensibel geworden. In bezug auf Wahrnehmung wäre von einer „Brille" zu sprechen, die alles verzerrt und tendenziös „grau" färbt. Ringel differenziert die einseitige (lineare) „Bewegung" folgendermaßen (356):

– mechanisierte Apperzeptionen und Assoziationen (Schemata statt Kontakt)
– fixiertes Verhalten (Routine statt Antwort)
– affektive Enge (depressive oder ängstliche Muster statt Einfühlung).

Als vierten Punkt erwähnt Ringel die Reduzierung der Abwehrmechanismen, bis schließlich nur noch einer, die „Wendung gegen die eigene Person", übrig bleibt. Diesbezüglich haben wir einen anderen Weg eingeschlagen, sind ihm nicht gefolgt, konnten mit Fromm und Adler eine asoziale Charakter-Orientierung als Grundlage der Destruktivität feststellen. Daß Ringel triebtheoretisch und (übergangslos) ichpsychologisch argumentiert, sei nur am Rande kritisch vermerkt. Mit besonderer Schärfe, aber zugleich mit einer verhängnisvollen Pointe hat N. Leser Ringels Pragmatismus kritisiert (357).

An der Kommunikation mit der Umwelt sind zunächst und vor allem unsere Sinne beteiligt. Körper-Organe gelangen nun aber niemals nur ihrer biologisch-naturhaften Zielsetzung gemäß zum Einsatz. Eine soziokulturelle Formung bzw. Deformierung ist vorangegangen.

Diesbezüglich kann uns ein Wort aus der Bergpredigt als Warnung dienen: „Wenn dein Auge hell ist, so wird dein ganzer Körper hell sein; ist dein Auge aber böse, so verfinstert sich dein ganzer Körper. Wenn nun das Licht in dir finster ist, wie tief wird dann die Finsternis sein." (Mt 6, 22 f.)

Die Identifizierung mit dem Machtprinzip (auf Grund von Erziehungs-Einflüssen) bzw. mit dessen partikularistischen Tendenzen führt zu einem katastrophalen Ergebnis. Nur Teile werden wahrgenommen (und zwar mit der Absicht zu teilen, zu rauben, zu töten); eine dynamische Ganzheit bleibt unzugänglich: auf Grund von Seelenblindheit, des zum Mechanismus degradierten Körpers, einer exklusiv-ichhaften Selbstinterpretation.

Adler bezeichnet die Zielsetzung als Auswahlprinzip für Wahrnehmung („Nicht alles, was man sieht, nimmt man auch wahr"): „Der Mensch verwertet (deutet) nur, was und wie es von seinem Ziel verlangt wird." (358) Im Falle einer feindseligen (destruktiven) Einstellung sei mit einem „unsozialen Apperzeptionsschema" zu rechnen. Vor allem aber entspringe jede „Bewegung" der Gesamtpersönlichkeit, verrate die ganz persönliche Sinngebung (359). Passivität (Sadomasochismus) ist gleichbedeutend mit mangelndem Mut, gleichbedeutend mit Sich-zurückgesetzt-Fühlen und Verzweiflung.

Ermutigung kann nach Ringel nun eine „Eigendynamik" auslösen, so daß ein Erlebnis (jenseits von Schema, Routine, affektivem Muster) zur Grundlage und Voraussetzung des nächsten, bereits einen Schritt weiter vorwärts führenden wird. Ringel empfiehlt, das Wort „neu" müsse zum Leitstern der Therapie werden: indem „die frühere Einförmigkeit der Erlebnisse und das daraus resultierende Gefühl des In-eine-negative-Richtung-gedrängt-Seins überwunden werden" (360).

Dynamisierung durch Abbau von Schuld-Gefühlen

Nicht nur therapeutische, auch und vor allem vorbeugende Aufgaben stellen sich uns hier. Im Hinblick auf Erziehung, aber auch schulische Interaktionsprozesse ist der Verzicht auf Einschüchterung verlangt. Denn seelische Mechanisierung, Fixiertsein, Einseitigkeit sind immer auch die Folge monologisch-autoritärer Strukturen, zu deren Aufrechterhaltung Schuldgefühle eingepflanzt werden. Individuelle Erneuerungs-

Versuche – therapeutischer und psychohygienischer Art – müßten zumindest ergänzt werden durch die Gewährung größerer gesellschaftlicher Bewegungsfreiheit, sonst ist alle Mühe vergebens.
Während rationale Schuldgefühle, solche, die vom Bewußtsein als berechtigt ausgewiesen werden und eine Verletzung der Liebe zum Ausdruck bringen, aktiv vollzogene Trennung, Destruktives anzeigen, gehen irrationale Schuldgefühle auf das Mißfallen der Autorität zurück. Sie signalisieren die Gefährdung einer symbiotischen Existenz. Letztlich werden nur üble Folgen für das eigene Ich befürchtet und mitnichten „Gehorsamsverletzung" bedauert. Bedingungsloser Gehorsam erscheint hier als ein defizitäres Phänomen (361).
Produktives Fühlen erfolgt dagegen primär als Einfühlung, zielt niemals nur auf eigenen Vorteil oder Nachteil ab. So paradox es vorerst klingt: Schuldgefühle reflexhafter Art stehen echter Moralität im Wege, machen Verantwortlichkeit im dialogischen Sinne unmöglich.

„Bleibt niemandem etwas schuldig, außer die gegenseitige Liebe" (Röm 13, 8), fordert Paulus. Der Satz zwingt zum Nachdenken. Man könnte annehmen, nur mit materiellem Schaden (bzw. Verlust) könne Schuld verbunden sein, diesbezüglich müsse man genau sein, bezüglich Liebe aber nicht (diese könne man ruhig schuldig bleiben). Doch Liebe sucht niemals das Ihre (1 Kor 13, 5); sie entzieht sich der Messung. Mit dem Habenmodus hat sie nichts zu schaffen. Ihre Dynamik ist auf ganzheitliches Wachstum, nicht auf einseitige Vermehrung ausgerichtet. Sie kommt damit jedoch nie an ein Ende. Stets bleiben wir hinter der Notwendigkeit, Trennung aus der Welt zu schaffen, zurück. Heute ist der diesbezügliche „Schuldenberg" ins Unermeßliche gewachsen.

Der Liebe abträglich wäre es, wenn die Gegenseitigkeit des Geschuldetseins ignoriert würde. Denn in Wirklichkeit vermag keiner auf sie zu verzichten; ein jeder ist umgekehrt in der Lage, sie mitzuteilen. Geschuldetsein hängt mit unseren gottgeschenkten Möglichkeiten zusammen. Einen Vorrang verschafft Liebe nicht, sehr zum Verdruß jener, die mit ihren „guten Werken" den Nächsten zum Dankbarsein erpressen wollen.

Eine Mutter erschien einst bei mir mit dem Ansinnen, ich solle so tun, als befinde sie sich bei mir wegen psychosomatischer Beschwerden in Behandlung. In Wirklichkeit, wurde mir gesagt, ist das Verhalten des Sohnes problematisch; er ziehe sich immer mehr zurück. Unter dem Vorwand, die Mutter sei durch Sorge um ihn krank geworden, hätte ich ihm nun ins Gewissen zu reden. Zum Beweis für die Schwere des Falles brachte die Dame, die wie das blühende Leben aussah, einen Zettel mit, auf dem sie Tagebuchaufzeichnungen des unglücklichen Siebzehnjährigen „heimlich" abgetippt hatte.

Sie durchsuche seine Taschen, verfolge alle seine Schritte, wisse in seinem Gesicht zu lesen, wurde mir versichert. Und nun fahndete die Mutter mit einem geradezu aufreizenden Eifer nach Aussagen, die auf eine Suizidgefahr hindeuteten. Die Frau war von ihrer Erziehungstechnik nicht abzubringen; ich war ja nur als Handlanger vorgesehen, worauf ich begreiflicherweise nicht einging. Ich hoffe allerdings, daß ein Gespräch mit dem Vater der Herstellung größerer Bewegungsfreiheit für den Jungen, der allzusehr an seiner Mutter „hängt", zugute kommt.

Von echter Verantwortung kann nur dort gesprochen werden, wo Einsicht und freie Entscheidung existieren. Bewußtsein wäre hier gleichbedeutend mit moralisch relevanter Stellungnahme der Person.

Daß mangelnde Reife, unabhängig vom Alter, Selbsttäuschung begünstigt oder zur Verdrängung Anlaß gibt, ist nicht zu bestreiten. Echte Gefühle reichen weiter als das Bewußtsein. Ihre erneuernde Bedeutung ist damit ausgedrückt, aber ebenso ihre Anfälligkeit für irrationale (hemmende) Einflüsse.

Gefühle erscheinen oft symbolisiert im körperlichen Ausdruck und wurzeln zugleich im Unbewußten. Sie stehen in Übereinstimmung mit dem Lebensstil als einer Art Sinngebung, die alles „wie eine seltsame Melodie durchzieht" (362). Hilflosigkeitsgefühle sind der Liebe als einem Akt des Gebens und Nehmens abträglich.

Die „einseitige Gefühlsdynamik" betrachtet Ringel als ein besonderes Element der Einengung. Er bestreitet in diesem Zusammenhang energisch die Freitod-These, wie sie z. B. von J. Amery vorgetragen wurde. Ringel bedient sich allerdings eines irreführenden Vergleichs, wenn er von der „Antriebskraft eines Raumschiffes" spricht. Viel treffender erscheint mir das Urteil über die hemmende Dynamik: Selbstmord, das ist nicht die letzte Freiheit, sondern die letzte Unfreiheit des Menschen (363). Hinzufügen möchte ich: und absolut gewordene Isolation.

Kürzlich erhielt ich von einer ehemaligen Schülerin folgende Zeilen zugesandt (formlos, ohne Anrede, Schluß, Adressenangabe, nur mit Unterschrift): „Mein letzter Freund hat sich umgebracht. Ich habe durch Sie viel über Selbstmord gehört, darüber nachgedacht und geredet. Das letzte halbe Jahr war ich damit unmittelbar konfrontiert. Ich versuchte, alles zu geben. Wir haben uns geliebt. Es war für uns beide so richtig, daß es uns gab. Ich habe keine Schuldgefühle. Ich fühle mich nur allein. Jean Amery war stärker."
Ich will diese Aussage auf sich beruhen lassen, keine Überlegungen anstellen, die auf eine Begründung abzielen (zuviel müßte zwischen den Zeilen gelesen werden). Verstehend läßt sich vielleicht vermuten, hier sei eine stille, schweigsame Angst am Werk gewesen. Was die Mitteilung betrifft, so ist eine gewisse Gefallsucht nicht ganz auszuschließen. Amerys „Stärke" bestand übrigens darin, daß auch er sich, ausgerechnet in Salzburg (am 17. 10. 1978), das Leben genommen hat.

Dynamische Einengung besagt, wenn deren emotionale Komponente betrachtet wird: Kreisen um ein ungeliebtes, zugleich liebesunfähiges Ich, keinen Ausweg finden. Ob „Liebe" vorhanden ist und welche, auch wenn das behauptet wird, und es keine Schuldgefühle gibt, das wäre dialogisch zu klären. Eine Benachrichtigung ohne Kontaktmöglichkeit durchbricht die Enge jedenfalls nicht.

„Die kindliche Liebe folgt dem Grundsatz: Ich liebe, weil ich geliebt werde; die reife Liebe folgt dem Grundsatz: Ich werde geliebt, weil ich liebe." (364) Eine monologisch-narzißtische Struktur ist demnach als gleichbedeutend mit einem Auflösungsprozeß zu betrachten. Eine sich nach außen abschirmende Zweisamkeit besitzt vielleicht noch nicht wirklich die „Stärke", Alleinsein zu überwinden, vor allem dann nicht, wenn eine protesthaft-infantile Note darin enthalten ist. Ich sage das ganz und gar nicht moralistisch, ohne den berühmten Seitenblick auf ein „voreheliches Verhältnis".

Was Fühlen im allgemeinen anlangt, so ist eine Unterscheidung angebracht: zwischen einer verbindenden, „neuformenden", auf Versöhnung abzielenden Wirkung und Manipulationstechniken, die sich des Fühlens bemächtigen. Wer die Kontrolle behalten will, der wird es sich nicht entgehen lassen, durch Erzeugung eines Zwangsgewissens Verhalten vorhersehbar zu machen. Aus der Perspektive der „Sicherungstendenzen" erscheint Vertrauen in höchstem Maß unsicher.

H. E. Richter schreibt dazu: „Die Bedrohung mit Isolation und dadurch mit vermeintlicher Vernichtung ist das wirksamste Instrument, jederzeit Gefügigkeit zu erzwingen." (365) Es bedarf keiner für-sich-seienden Instanz (in Form eines Über-Ichs), denn das Gemeinschaftsgefühl ist pervertierbar.

Eine geradezu unfehlbare Wirkung wird erzielt, wenn Leibliches und zugleich das Unbewußte einem asozialen (einseitigen) Anpassungs-Zwang zum Opfer fallen. Das ist der Fall, wenn Sexualbetätigung entweder verboten (diffamiert, moralisch entwertet) oder aber erzwungen, zu einer „Leistung" gemacht, in beiden Fällen um ihre integrierende Kraft gebracht wird.

Das verführte Gewissen

Wie verhält es sich nun aber mit dem Unbewußten? Gemeint sind Kindheits-Erfahrungen mit vorwiegend emotionaler Note, durch die es zu einer bestimmten, oftmals „fixierenden" Welt- und Selbsteinschätzung gekommen ist. Die genetische Betrachtung vermag Hoffnung auf Veränderbarkeit zu wekken. Zumindest im therapeutischen Kontakt provoziert der Rückblick den Ausblick, zerbricht das Wiederholungsmoment. Einem „angeborenen" Charakter bzw. Gewissen wären wir rettungslos ausgeliefert.

Wo Freud vom Ödipuskomplex und dessen Bedeutung für die Bildung eines zwanghaften Über-ich-Gewissens spricht, sieht Erikson eine Entwicklungs-Krise gegeben, die er „Initiative gegen Schuldgefühle" nennt (366). Von einer Zwangsläufigkeit der Schuldgefühle kann somit nicht die Rede sein. Kein isoliertes Sexualproblem, vielmehr ein Machtproblem zeichnet sich ab, wenn Eltern es so einzurichten wußten, daß Kindern (ab dem vierten Lebensjahr, insbesondere im Pubertätsalter) die Möglichkeit zur Initiative – gemeint ist Selbstgestaltung – entzogen bleibt. Sowohl Belohnen als auch Bestrafen erweist sich als irreführende Methode bzw. eine Entwicklungsbehinderung. Denn die Frage lautet beide Male: „Wie breche ich den Willen eines Menschen, ohne daß er es merkt?" (367)

Kontrolle und Bremswirkung funktionieren umso perfekter, je früher eigene Ohnmacht verspürt wurde, und zwar infolge von Trennung, diese bezogen auf den Mitmenschen (durch Mißtrauen, „Liebesentzug"), auf Leib und Seele (durch Sexualtabuierung oder sexuellen Leistungszwang), schließlich auf Denken, Wollen, Fühlen.

Wirklichkeit erscheint dann monologisch verzerrt und damit auch eigenes Dasein. Der in einen solchen Zustand der Identitätsdiffusion versetzte Mensch „beweist" den Machthabern geradezu ihre Führungsqualitäten. Er überträgt früher oder später sein symbiotisches Abhängigkeitsbedürfnis auf das System.

Keine Angst (Enge) wirkt verhängnisvoller als jene, die auf Grausamkeiten zurückgeht, die das Kind von den Eltern erdulden mußte. Wir sehen uns hier geradezu in ein „suizidales Klima" versetzt. Den Anfang dazu bildet der Eigentumsanspruch anstelle der Anerkennung der Eigenständigkeit des Subjekts – ohne Rücksicht auf Leistung.

Fromm schreibt: „Ein Schuldgefühl zu wecken (sozusagen zur Ablenkung von eigener, elterlicher Schuld), ist das wirkungsvollste Mittel, um den Willen zu schwächen. Das geschieht schon in den ersten Lebensjahren, indem man dem Kind zu verstehen gibt, daß seine sexuellen Impulse schlecht sind." Die Unvermeidbarkeit der Sexualimpulse garantiert dann die Unvermeidbarkeit des Sich-schuldig-, d. h. -untertänig-Fühlens. Aber auch noch andere psychische Funktionen werden nach Fromm „durch sittliche Erwägungen verdorben" (368).

Die Wendung zu mehr Mitmenschlichkeit in der Erziehung ist bisher ausgeblieben. Von einer Eltern-Kind-Partnerschaft fehlt vorläufig jede Spur. Im Gegenteil, in Verbindung mit den berüchtigten „Bonner Thesen" ist das Schlagwort vom „Mut zur Erziehung" aufgetaucht (369). Mir scheint, was uns heute fehlt, das sind nicht spezifische Formen der Angriffs- oder Verteidigungsbereitschaft von Eltern ihren Kindern gegenüber. In unserer bedrängten Zeit ist die Hoffnung viel eher auf einen Mut „durch" Erziehung gerichtet.

Die konkrete Autorität ist heutzutage ersetzt durch Anonymes, womit eine Auseinandersetzung nicht stattfinden kann. So resigniert man, wird sich seines Autoritarismus nicht bewußt. Von größter Aktualität dürfte gegenwärtig bereits wieder ein Gedankengang sein, den Fromm einst (1947) vorgetragen hat. Er spricht von gefühlsmäßiger Unterwerfung unter einen Redner (Führer). Die Menschen hätten die Illusion, daß sie verstandesmäßig mit seinen Ideen übereinstimmen. „In Wirklichkeit ist die Reihenfolge umgekehrt: sie pflichten seinen Ideen bei, weil sie sich auf halbhypnotische Weise seiner Autorität unterworfen haben." (370) Als anonyme Autorität bezeichne ich z. B. auch Mode bzw. Bedarfsweckung durch Werbung, die Kreierung eines bestimmten Typs, wofür Jugendliche umso anfälliger sind, je weniger ihnen echte, personale Beziehungsverhältnisse – zu Eltern, Geschwistern, Gleichaltrigen – zur Verfügung stehen.

Abermals ein Zeitungsbericht, auf den ich seinerzeit gestoßen bin (371). Es geht dabei um „demonstrierte Lebensohnmacht" eines Halbwüchsigen. Die Großmutter „sah es so kommen". Sie blieb

jedoch tatenlos-ohnmächtig. Gerald, das „Enkerl", war zu guter Letzt bei Heroin gelandet, hatte damit eigentlich schon die „Fahrkarte ins Jenseits gelöst". Die Zeitungsberichterstattung über Derartiges spart nicht mit Trivialitäten. Der junge Mann ist am Leben geblieben, physisch; Mediziner müssen beweisen, wozu sie imstande sind.
Doch wenig Hoffnung birgt das Gewesene: Oft hat der Vater im Rausch das Kind aus dem Bett gezerrt, es sinnlos verprügelt. Vor seiner Frau duckte sich der Trinker stets. Deren Stärke lag u. a. im Wohnung-sauber-Machen. Über Geralds Sexualität heißt es: die wurde „einfach weggeschrubbt". „Er weiß bis heute nicht, ob er männlich oder weiblich ist." Härte des schwachen Vaters und verwöhnende Pseudoliberalität der Mutter, die den Jungen wegbleiben läßt, so lange er will („Um den Hund hat sie sich mehr gekümmert"), zeitigten die gleiche Wirkung.

Der autoritäre Zwang von einst hat sich zur Hauptsache in Gleichgültigkeit und Beziehungslosigkeit verwandelt. Die Stereotypie des Erfolgreichen, aber ebenso des Ausgeflippten, ist an die Stelle bürgerlicher Normen und Anstandsregeln getreten. Beide Male läßt das System nur ein Scheitern zu: das eine Mal laut, dramatisch, furchtbar, sozusagen unter Protest, das andere Mal als Erlösche, von niemandem beachtet.

Besitzdenken verhindert allemal, daß man für den anderen Zeit „opfert". Interessiertsein daran, was man selber davon hat, läßt darauf vergessen, Gemeinsames über Trennendes zu stellen (372). Nur scheinbar im Gegensatz dazu, in Wirklichkeit: um die humanitäre Illusion aufrechtzuerhalten, will man den Lebensmüden nicht ziehen lassen. Amery stellt in diesem Zusammenhang allerdings eine höchst irreführende Frage: „Wem gehört der Mensch?"

Er meint, der Christ könne (für sich selber) darauf die Antwort geben, daß er Gott gehört. Amery will sich seinerseits dafür entscheiden, „daß der Mensch wesentlich sich selber gehört" (373). Ihm blieb die Glaubensbotschaft völlig fremd, wenn er sie im Habenmodus unterzubringen sucht.

Besitzdenken impliziert immer schon Macht-Haben. Die Selbsthingabe Jesu, seine Solidarität mit allen Menschen ist jedoch mit den Worten ausgedrückt: „Ich bin gekommen, damit sie das Leben haben und es in Fülle haben." (Jo 10, 10) Gemeint ist hier (im Hirten-Gleichnis) primär und ausschließlich Zusammenleben.

Der Selbstmitteilung Jesu im Abendmahlsgeschehen folgt die Ölbergszene. In ihr zeichnet sich die Flucht der Jünger ab: Ohne Retuschen erfahren wir, daß auch die Maßgeblichen, Petrus, Johannes, sich zuerst in den Schlaf geflüchtet und Jesus alleingelassen hatten. Die Leibnähe solchen Fühlens und Beengtseins wird sichtbar: „Sein Schweiß wurde wie Blutstropfen, die auf die Erde niederrannen. (Lk 22, 44) Die Tragik dieser Stunde bleibt aber nicht schicksalshaft als Schuld auf uns lasten. Im Alleingelassensein bewirkt der Sohn Gottes „Vergebung der Sünden" (Kol 1, 14).

Für das Leben lernen?

Bietet die Schule irgendwelche psychohygienische Möglichkeiten? Ich bin mir der Problematik dieser Frage bewußt (374), noch dazu, wo die Medien häufig Selbstmordfälle von Schülern auf „schlechte Noten", Mißgunst der Lehrer, den Leistungsdruck zurückführen. Hier dürfte allerdings häufig nur ein Sündenbock gesucht und das Bedürfnis des Publikums nach einer ursächlichen Erklärung vorschnell befriedigt werden.

Meine Kritik an der Schule ist eher auf Unterlassungs- als auf ausgesprochene Begehungs-Sünden ausgerichtet. Ein besonderes Gewicht kommt der Feststellung von K. Singer zu, es entstünde im Unterricht durch Unterdrückung eigenen „Machens" (kreativer Impulse) eine Lernbehinderung. Singer faßt seinen Vorwurf in die Worte „behinderte Spontaneität" zusammen (375). Sehr weit dürfte diese von dynamischer Einengung – wenigstens gelegentlich – nicht entfernt sein.

Warum hier überhaupt von mir die Schule erwähnt wird: Weil in ihr junge Menschen eine ausgesprochene Krisenzeit ihres Lebens zubringen und man darüber mit so unglaublicher Ignoranz hinwegzugehen pflegt. Schon A. Adler hat mit Nachdruck die kompensatorische Notwendigkeit während der Schulzeit erkannt, wenn die Mutter bzw. das sog. Elternhaus kläglich versagt hat (376). Aber bereits seine Hoffnung endet beim Lehrer als Staats-Beamten, der „nicht ohne nachteilige Folgen für die seelische Entwicklung" dem Kind eine Autorität aufzwingt (377). Ich möchte im Blick auf heutige Verhältnisse mit besonderem Bedauern von quälender Anonymität sprechen.

Oft schon ging es mir durch den Sinn: Kinder werden träge, gleichgültig, vor allem unsensibel, weil ihnen in der Schule die Freude am Leben abhanden gekommen ist, besser noch: weil ihre diesbezüglichen Hoffnungen sich nicht erfüllt haben. Der Bürokratismus läßt auch die Hoffnungen von Lehrern zuschanden werden. Ich wage niemanden anzuklagen, dessen einstiger Idealismus für diesen Beruf in Verlust geraten ist.

Zum Zweck einer möglichen „Gewissenserforschung" im Bereich der Lehrer-Schüler-Interaktion komme ich auf Ringels „Punkte" zurück, nehme darauf Bezug:

– Die „verzerrte Wahrnehmung" könnte überwunden werden, wenn es auch in der Schule eine Meinungsvielfalt geben darf.
– Das unpersönliche Ritual (der Rollen-Zwang) verdeckt die Gleichgültigkeit, erschwert aber zugleich das Engagement.
– Gefühlskälte (Neid, Schadenfreude) geht nicht zuletzt auf ein Konkurrenzverhältnis der Schüler untereinander zurück, das sich oft von elterlichem Ehrgeiz herleitet.

K. Singer schreibt: „Wenn von seelischer Gesundheit des Schülers gesprochen wird, geschieht dies leicht unter dem einseitigen Gesichtspunkt: Paßt sich der Schüler an, so ist er gesund, paßt er sich nicht an, ist er krank (‚verhaltensgestört'). Aber wir müssen seelische Gesundheit auch unter der Fragestellung erkunden: Paßt die Schule sich den Bedürfnissen des jungen Menschen an, welche dieser hinsichtlich seiner seelischen Entwicklung hat." (378) Die „Reformen" der letzten Jahre gehen in eine ganz andere Richtung.

Das körperlich kranke Schulkind „stört" niemanden. Es fehlt ja, sein Platz im Klassenzimmer ist leer. Es kann vielleicht sogar mit einer gewissen Rücksichtnahme rechnen, wenn es nach überstandener Krankheit in die Schule zurückkehrt. Das „Leistungsprinzip" ist nicht verletzt worden. Anders im Falle störenden Verhaltens, selbst wenn dieses ein Hilferuf ist.
Nicht länger soll eine Konzentration schulischen Lernens auf überwiegend kognitive-curriculare Inhalte hin erfolgen, fordert Ch. Wulf. Es müßte vielmehr die Möglichkeit gegeben sein, mit der Erarbeitung kognitiver Inhalte auch die Auseinandersetzung mit persönlichen Werten und Einstellungen zu verbinden (379). In diesem Fall würde der Fortbestand unbewältigter Konflikte nicht mehr abgewiesen. Es bedürfte keines neuerlichen Verdrängungsdrucks.

Verkümmerte Möglichkeiten, seine Augen, seine Ohren, seine Gefühls- und Urteilskraft zu benützen, würden durch echte Wir-Erfahrung geweckt. Dann könnte sogar gelten: „Störungen haben Vorrang." (380) Niemand müßte davor Angst haben, neuerlich in einen mühsam überdeckten Abgrund zu stürzen.

Meist aber wirken Frühkonflikte im Verhältnis zum Lehrer und zu den Mitschülern nach. Das Kind wird sich eines solchen Gestörtseins nicht bewußt. Es fühlt sich lediglich in eine Minussituation versetzt. Es fürchtet zugleich, im Sachlichen zurückzubleiben. „Die unterdrückten Emotionen schleichen sich dann meist auf Nebenwegen als Fehlerquellen in Entscheidungen und Gedankengänge ein." (381)
Der ehemals körperlich Kranke vermag Lernversäumnisse nachzuholen. Dem psychisch Beeinträchtigten fehlt diese Möglichkeit, insbesondere ein Beziehungs-Angebot. Man findet ihn unsympathisch, hält ihn vielleicht für boshaft, weiß nichts von der Not wachsenden Alleinseins. „Musterschüler" und „Störenfriede" dienen der Rechtfertigung bestimmter gesellschaftlicher Vorurteile. Der Mensch als solcher geht leer aus. Die unselige Wirkung trostloser Kinderjahre besteht darin, daß der Glaube an produktive menschliche Beziehungen verlorengegangen ist.

3. Situation als Entscheidung

Wir sprechen von Situation und meinen oft nur eine bestimmte Lage. Diese ist aber niemals völlig eindeutig festgelegt; die Umstände sind immer wieder anders. Das Reiz-Reaktions-Schema verleitet zu der Annahme, daß jede Reiz-Konstellation nur eine bestimmte Stellungnahme zuläßt. Hier offenbart sich deutlich erzieherisch intendierte Unfreiheit von „Verhalten".

Die Wirkung ist die gleiche: ob ich glaube, die Türe sei versperrt, und deshalb gar keinen Versuch mache, sie zu öffnen, oder ob sie wirklich versperrt ist.

Das Objektive wirkt auf uns, aber nur durch die Bedeutung, die wir ihm zumessen, und durch die Meinung, die wir uns gebildet haben. Bloße Fakten bleiben auf unser Leben ohne Einfluß. Es wäre, um von einer Situation sprechen zu können, freie Entscheidung notwendig. Jede Situation ist demnach eine Entscheidungs-Situation oder aber das Subjekt hat das bedrückende Gefühl, einem unabänderlichen Schicksal ausgeliefert zu sein.

Ohne aktiven Einsatz fänden wir uns (passiv-reagierend) das eine Mal in diese, das andere Mal in jene Lage versetzt. Es fehlte dann eigentlich Erfahrung: auf Grund persönlichen Fragens, Sich-Entscheidens, Suchens nach Alternativen. Leben gewinnt so den Charakter des Zwangsläufigen. In der Abwehr solcher geglaubter Zwangsläufigkeit nennt Adler biologische Vererbung und Milieueinflüsse „Bausteine für die schöpferische Kraft des Kindes" (382).

Dem Versuch, Wirklichkeit dieser Art aus Scheu vor dem Risiko zu entfliehen, dem Geordneten und Vorhandenen den Vorzug zu geben, droht erst recht das Chaos, Überhandnehmen von Unmenschlichkeit, eine Welt, an der wir alle leiden, weil wir in ihr allzu sehr passiv geblieben sind. Die dreifache Ganzheit – geschichtlicher, psychophysischer, sozialer Art – ist darin in Verlust geraten.

Machtanspruch dringt in den dialogischen Leerraum vor. Wer auf Entscheidung verzichtet, darf sich nicht wundern, wenn andere an seiner Stelle und häufig zu seinen Ungunsten entscheiden. Dem Unbeteiligten bleibt Einheit (Versöhnung) als heilender Vollzug von Ganzheit versagt. Er gerät unweigerlich und immer tiefer in Abhängigkeit.

Flucht aus dem „Anspruch der Situation in die Situationslosigkeit", schreibt M. Buber, sei keine rechtmäßige Sache des Menschen. Keine Antwort (Stellungnahme) ist auch eine Antwort, freilich eine negative, zutiefst entmutigende. Die „künstlichen Paradiese", der Drogenrausch wird von Buber als Beispiel genannt, erschaffen Situationslosigkeit: „Weil sie ihrem Wesen nach ungemeinschaftlich sind." (383)

Damit ist der Grund für „situative Einengung" genannt, welche von Ringel an erster Stelle aller den Selbstmord (die Lebensverunstaltung) heraufbeschwörenden Faktoren angeführt wird.

Weite Gebiete menschlichen Lebens sind infolge solcher seelischer Verfassung gleichsam unbetretbar geworden. Ausschlaggebend ist freilich nicht die Lage, sondern die Stellungnahme des Subjekts, u. U. der „Zusammenbruch des Charakters" (384).

Einzelne Aspekte erlebter Entscheidungslosigkeit und damit von „Situationslosigkeit" sind (385):

- Schicksalsschläge (bzw. deren Katastrophenwirkung im Falle narzißtischer Verfassung, illusionärer Erwartungen)
- eigenes unreflektiertes Verhalten (etwa im Sinne der sich selbst erfüllenden Prophezeiung)
- Einbildung (Imaginationen, suggestive Vorstellungen und damit verbundene Reaktionsweisen).

Entscheidung, durch die eine Situation jeweils gekennzeichnet ist, erfolgt gemeinschaftlich: miteinander oder gegeneinander, niemals sozusagen im luftleeren Raum: „Es ist charakteristisch, daß wir sie mit anderen teilen." Sie wird gleichzeitig bestimmt durch unsere gegenseitigen Beziehungen. Sie konkretisiert sich als Gesprächs-, Arbeits,- Begegnungs- oder Kampfsituation (386). In letzterem Fall steht Abbruch bevor und damit Herausfallen aus einer gemeinschaftlichen Welt.

Situations-Bewältigung

Muß sich immer erst jemand umbringen oder zumindest ernstliche Anstrengungen solcher Art unternehmen, damit wir dem Problem seelischer Gesundheit wirklich Aufmerksamkeit schenken? Die Frage ist eher rhetorisch gemeint. Denn tatsächlich bewirken weder zunehmende Selbstmordfälle noch auch eine Verschärfung der „Drogenszene" oder sonstige Vorkommnisse selbstschädigender Art von sich aus einen Gesinnungswandel, Vermenschlichung, den Durchbruch zu echter Freiheit.

Wir müssen das, worauf wir aufmerksam werden, gewissermaßen schon kennen, dafür zumindest ansprechbar sein. Sehr zu recht hat Adler seinem ersten Hauptwerk das Seneca-Zitat vorangestellt: „Es hängt alles von der Meinung ab." (387) Nicht Tatsachen, sondern Meinungen und Zielvorstellungen sind entscheidend. Wir werden hier auf die schöpferischen Möglichkeiten des Subjekts aufmerksam, ebenso auf einen Bereich, von dem aus einzig Wandel möglich ist.

Die hohe oder niedrige „Meinung" über sich oder andere schränkt allerdings den Entscheidungsspielraum erheblich ein. Gemeint ist das hierarchische Schema, das als Bewegungsrichtung nur Aufstieg oder Absturz zuläßt. Wer fraglos (monologisch) entscheidet, wirkt mit an kollektiver Einengung und allgemeiner Hoffnungslosigkeit.

Vor allem eine „öffentliche Meinung" (womöglich als „gesundes Volksempfinden" gepriesen), die stets vor Zwangsläufigkeit kapituliert, „anpassungsfähig" ist, damit Trägheit zum Schicksal ummünzt, asoziales Machtstreben zur Voraussetzung hat, ist einer Erneuerung (nach Art des Seinsmodus) nicht förderlich. Hier wird nichts bewältigt, das meiste bloß verdrängt.

Fromm unterscheidet im Rahmen seiner charakterologischen Konzepte zwei verschiedene Orientierungsarten: das eine Mal das Streben nach „Übereinstimmung mit der Herde" (Angepaßtheit), das andere Mal „gemäß der Vernunft" (388). Es dürfte sich in letzterem Fall freilich nicht um bloße Rationalität handeln; die affektive Komponente ist ausschlaggebend. Für Adler weist das Gemeinschafts-Gefühl immer schon über bestehende religiöse oder politische Formen (Institutionen) hinaus (389). Es wirkt somit nicht stabilisierend, sondern dynamisierend, zielt auf Horizonterweiterung ab.

Was privates oder öffentliches Meinen und Dafürhalten betrifft, so betont Bollnow, der Aufbau begründeten Wissens sei nur im Kampf gegen vorhandene (verfestigte) Anschauungen möglich. Er hebt gleichzeitig deren Bedeutung für das Erkenntnisbemühen hervor: „Nur auf dem Hintergrund des als falsch Erkannten leuchtet das Richtige auf." (390) Könnte es dann nicht auch sein, daß bisheriger Diskriminierung seelisch bedrängter und belasteter Menschen, der Abwendung von ihnen ein Umschwung folgt, die Bereitschaft zur Solidarität?

Vor allem zwei grundsätzliche Überlegungen sollten in diesem Buch angestellt und auf die psychosoziale Situation in der Gegenwart bezogen werden: daß wir gerade aus Fehlern und Irrtümern am meisten zu lernen imstande sind, ferner, daß wir unsere Probleme nicht gegeneinander, nur miteinander lösen und bewältigen können. Daß es unmöglich ist, die „Lösung" gewissermaßen fertig zu präsentieren, weil allemal erst Liebe als höchste Aktivitätsform zum Einsatz gelangen muß, versteht sich nach dem Bisherigen eigentlich von selbst. Eine Sensibilisierung konnte vielleicht vermittelt werden, nicht mehr.

Jede Situation enthält zugleich objektive Elemente (Tatsachen) und zugleich subjektive. Eine Situation entsteht jedenfalls nie ohne unser Zutun. In ihr spiegeln sich demnach immer auch die charakterlichen Eigenarten aller Beteiligten. In unserer Stellungnahme drücken wir uns selber aus (391). Gerade Not kann eine solche erzwingen.

Stets erfolgt Entscheidung zugunsten gemeinschaftlichen Lebens oder in Verneinung eines solchen. Wir erweisen uns in der jeweiligen Situation als Mitmenschen oder als Gegenmenschen, respektieren Subjektsein des anderen oder haben es darauf abgesehen, ihn zu überreden und dadurch als Objekt zu vereinnahmen, über ihn zu herrschen.

Die Meinung von sich und der Umwelt bereitet dem Entscheidungsprozeß den Weg: in Form eines definitiven Vorurteils oder eines korrigierbaren Vorverständnisses. Fragloses Meinen ist grundsätzlich gefährlich.

Zusammen mit Ringel habe ich seinerzeit einen Sammelband unter dem Titel „Situationsbewältigung durch Fragen" veröffentlicht. Der Vorgang des Fragens wird darin als Teil eines dialogischen Prozesses aufgefaßt. Fragen würde in besonderer Weise Offensein für den Mitmenschen als Gesprächspartner und gleichzeitig eigene Ergänzungsbedürftigkeit zum Ausdruck bringen. Ein sehr lebhaftes Echo war der genannten Gemeinschaftsproduktion nicht beschieden. Zu sehr ließ man sich damals (1977) noch, vor allem im Schulbereich, von Operationalismus und Objektivismus leiten. Vielleicht werden Erziehung und Unterricht, auch wenn die Abwesenheit der Tiefenpsychologie in der Lehrerbildung dagegen spricht, die Unabdingbarkeit des Dialogs von der Psychotherapie lernen, sich deren Erfahrung zunutze machen müssen.

Das Gefühl für persönliche Gestaltungs- und Entfaltungsmöglichkeit, und damit auch Bewußtsein und Unbewußtes, ist nach Ringel durch „situative Einengung" in Verlust geraten. Eigentlich müßte es heißen, die Situation verwandelt sich in zunehmendem Maß in eine ausweglose Lage. Gäbe es das Gespräch, dann kämen vielleicht auch Alternativen in Sicht. Hier aber erhalten Gegebenheiten das Übergewicht. „Es ist, als wäre man in einem Raum, dessen Wände immer enger zusammenrücken." (392)

Diese Schilderung, in der eigentlich die ganze präsuizidale Problematik enthalten ist, läßt sich sehr gut auf die Situation des Kindes, die entsprechend unserer terminologischen Festsetzung oftmals gar keine ist, übertragen. Gemeint ist ein Kind, dessen Wachstumsdynamik pädagogisch hintertrieben wurde, dem man einen subjektiven Bewegungsraum streitig macht.

Die durchaus begründete Meinung, das eine Mal einer besitzergreifenden „Liebe", das andere Mal erbarmungsloser „Gerechtigkeit" ausgeliefert zu sein, läßt das „Elternhaus" zum Gefängnis werden. Alles über sich ergehen und mit sich geschehen lassen, nicht aus Heroismus, einfach weil die Alternative fehlt, darin käme alles Streben nach Überwindung der „Minussituation" (393) zum Stillstand, ehe es noch recht begonnen hat.

Jeder Mensch vereinige männliche und weibliche Elemente in sich, schreibt Fromm (also wäre sowohl ein Patriarchat als auch ein Matriarchat schlechthin unmenschlich). „Sie entsprechen dem Bedürfnis nach Gnade (Liebe) und Gerechtigkeit." Mütterlichkeit und Väterlichkeit, Fühlen und Denken müßten daher zu einer Synthese gebracht werden. Bis zu einem gewissen Grad sei diese in der römisch-katholischen Kirche verwirklicht, wo dem väterlichen Element des Papsttums die Mutterschaft Mariens gegenübersteht (394). Fromm scheint nicht zu bemerken, wie sehr er hier Rollenbilder präsentiert. Auch seine Deutung von Kirche erscheint mir mehr als fragwürdig, eher als eine Verzerrung. Nicht die Familie, die Brudergemeinde wird im Neuen Testament hervorgehoben.

Sehnsucht nach Überwindung des Getrenntseins bliebe jedenfalls ungestillt, wenn es zu einer Verabsolutierung kommt, Fühlen dominiert oder Denken, Gnade oder Gerechtigkeit, Väterlichkeit oder Mütterlichkeit, nachdem das andere Element zuvor brutal unterdrückt worden ist.

Das Marienbild der Volksfrömmigkeit weist vielleicht regressive Züge auf, dient als „Trost", um die Härte zu mildern, ohne sie zu beseitigen. Die biblischen Aussagen über die Mutter Jesu sind von einem ganz anderen, freieren Geist durchdrungen. (395).

Eindeutig gegen das Machtprinzip und damit gegen jeglichen Autoritarismus sind die Worte des Magnifikat gerichtet, wenn dort über Gott gesagt wird: „Die Herrschenden hat er vom Thron gestürzt, die Niedrigen erhoben, die Reichen läßt er leer ausgehen, die Hungernden erfüllt er mit Gütern." (Lk 1, 52 f.) Leer gehen alle aus, die sich mitmenschlicher Zuwendung nicht für bedürftig oder diese für eine selbstverständliche Verpflichtung halten, vor allem deshalb, weil sie Genuß und Besitz höher schätzen als Liebe, Macht dem gemeinsamen Streben nach Lebensbewältigung vorziehen, Greifbarem den Vorzug geben.

Fromm hält einen solchen Trend übrigens für ein Kennzeichen des heutigen Industriemenschen schlechthin. Statt lebendiger Strukturen würde heute das Mechanische eine so große Anziehungskraft ausüben (396). Inzwischen ist diese Faszination verschiedentlich im Schwinden begriffen, was uns zuversichtlich stimmen kann.

Eine ziemlich ausweglose Lage

Wer im Gespräch nur unterhalten sein will, langweilt sich, wer den Therapeuten mit einem Fahrzeugmechaniker verwechselt, bleibt mit Sicherheit „unrepariert", wer nicht daran denkt, für andere nützlich zu sein, schädigt sich selber. Im Vorangegangenen war unsere Aufmerksamkeit vor allem auf die Entstehung der „Situationslosigkeit" gerichtet. Dazu stellt Adler fest: „Wenn ein Kind, dessen Mutter es an sich gebunden hat, in eine Lage versetzt wird, in der die Beziehung zu ihr aufgehoben ist, beginnen die Schwierigkeiten" (397).

Emerich Z. (14 J.) war zu mir gebracht worden, weil seine Eltern sich durch ihn in höchstem Maß gestört fühlten. Eine andere Art von Freiwilligkeit, als andere stören, stand ihm damals noch nicht zur Verfügung. Umso bereitwilliger fand er sich nun mit der Patientenrolle ab, die manche Vorteile bot. Für seine Mutter lag ausschließlich eine biologische Beeinträchtigung vor, die mit dem Ziel der Fügsamkeit zum Verschwinden gebracht werden sollte. Frau Z. (51 J.) ließ mich kaum zu Wort kommen. Ich erhielt von ihr den Auftrag, „streng" zu sein. Trotz anderslautender Beteuerungen wurden von den Eltern weiterhin Emerichs kostspielige Wünsche stets prompt erfüllt.
Erst allmählich näherte sich die überstarke Mutterbindung einer Zerreißprobe. Der Junge war inzwischen sechzehn geworden (seinem Aussehen nach hätte er vierzehn sein können). Seine Ausbruchsversuche erfolgten aber nicht gezielt, sondern infantil, unvernünftig, als Zeichen fehlender Selbstliebe und aufkeimender Rachsucht gegenüber bisheriger mütterlicher Überbehütung.

Frau Z. verstand sehr wohl, was eine „inzestuöse Fixierung" ist, die eine normale Sexualentwicklung des Jungen blockierte. Sie hielt diesen Umstand aber eher für vorteilhaft („Wenigstens hat er keine Scherereien mit Mädchen") und fühlte sich dadurch fast geschmeichelt. Der Vater, Herr Z. (65 J.), weigerte sich beharrlich, dazu beizutragen, daß sein Sohn psycho-sexuell reifen konnte. Ihn interessierte lediglich, ob und wann eine „Anstaltsunterbringung" notwendig sei. Der teilinvalide, trotzdem beruflich sehr aktive Mann wollte daheim seine Ruhe haben.
Nach langer Zeit, in der wir therapeutisch eher auf der Stelle traten, weil für Emerich die Gunst der Mutter gewinnbringender erschien als die von mir in Aussicht gestellte Selbständigkeit, kam es zur schon erwähnten Krise. Voller Verzweiflung rief Frau Z. mich an; Emerich habe begonnen, die Wohnung zu demolieren. Als ich dort ankam, fand ich lediglich einiges Zeitungspapier zerknüllt am Boden, erstarrte Eltern und einen etwas erschöpften, aber zufriedenen Emerich. Er hatte sich in seinem Zimmer „verschanzt" (d. h. von innen zugesperrt).

Fromm schreibt: „Aus meiner klinischen Erfahrung habe ich den Eindruck gewonnen, daß die Angst vor der destruktiven Mutter weit intensiver ist als die Angst vor dem strafenden, kastrierenden Vater." (398) Man kann weder der Liebe noch dem Haß der Mutter entgehen.
Beim Vater, der Bedingungen stellt, weiß man, woran man ist. Sich selber nicht lieben können, weil sowohl der Vater als auch die Mutter die Eigenexistenz verneinen, diese „Bedingung" ist schließlich für die Entstehung einer Selbstschädigungsneigung durchaus hinreichend. Der immer virtuoser gehandhabte Einsatz von Sicherungsmechanismen stellt die konsequente Fortsetzung deprimierender Primärerfahrungen dar, die gerade dadurch unkorrigiert bleiben.

Emerich merkte selber, daß Sich-Einsperren die falsche Methode sei (die der Mutter). „Ich will so nicht weiterleben", gestand er mir, fügte aber hinzu: „Hinaus will ich auch nicht." Wenig später fand ich, abermals telefonisch zu Hilfe gerufen, eine ähnliche ausweglose Lage vor. Den Schlüssel hatte die Mutter inzwischen konfisziert. Eine Änderung war allerdings eingetreten: Plötzlich hatte Frau Z. alles Interesse an Emerichs „Anhänglichkeit" verloren. Die „Liebe" schlug mit einem Mal in offenen Haß um. Ihr Sohn müsse in die Nervenklinik gebracht werden, verlangte sie. Dem stimmte auch der Vater eifrig zu.

Zur größten Überraschung der Eltern erklärte ich mich bereit, ihn sofort dorthin zu bringen. Neben mir im Auto sprach Emerich die Hoffnung aus: „Jetzt kann es nur noch besser werden." Mit Hilfe eines mir befreundeten Arztes gelang die Unterbringung in der Sozialpsychiatrie. Das Schülerheim, in das der Junge wenig später übersiedelte, sei das „kleinere Übel", meinte dieser (verglichen mit zu Hause). Gleichaltrigenkontakte erwiesen sich für das Einzelkind nun endlich als erstrebenswert.

Als die Ablösungsproblematik bereits in voller Schärfe zutage getreten war, fand der junge Mann den Mut, mich auf seine eigenartig hohe, gepreßte Stimme hin anzusprechen. Er nannte diese ohne Selbstmitleid ein Zeichen des Beengtseins. Die fachärztliche Untersuchung hatte keinerlei Abnormität des Kehlkopfs erkennen lassen. Der Mediziner sprach von sich aus von einem psychosomatischen Phänomen.

Gesellschaftskritischen Aussagen sollte in diesem Buch keinesfalls aus dem Wege gegangen werden. Ich glaube allerdings, daß eine „Strukturveränderung", wie sie bisher oft aggressiv praktiziert oder gefordert wurde, nichts fruchtet. Die schöpferische Kraft der Person müßte die Oberhand gewinnen. Sonst bleibt die falsche, trügerische Alternative – „Individuum oder Masse" – weiterbestehen.

Ob Machtansprüche und Gewalttätigkeiten in roter, brauner oder sonstiger Kostümierung auftreten, ist völlig unerheblich. Bis heute hat aber die Warnung vor den „falschen Propheten" ihre Aktualität behalten, ebenso das Jesus-Wort: „An ihren Früchten werdet ihr sie erkennen." (Mt 7, 16) Es besitzt selbst dort Gültigkeit, wo nicht böser Wille, lediglich eine Fehlorientierung den Widerspruch zur unteilbaren, alle Trennung überwindenden Liebe, Gott, dem Nächsten, sich selbst gegenüber, hatte entstehen lassen.

In einem unserer letzten Gespräche pries Frau Z. gerade jene Erziehungsmethoden, die ihre eigene Kindheit ,,vergiftet" hatten (wie sie selbst zugab). ,,Das Gutsein hat nichts genützt." Dieses Argument erklärt aber kaum die nunmehrigen sadistischen Anwandlungen. In großer Erregung, die mir Angst machte, erzählte die Frau, wie sehr sie ihren Schwager Aldo, einen Richter in Mailand, bewundere, der angeblich seine Söhne regelmäßig im Keller mit einem Lederriemen züchtigt. Angst war in Aggression umgeschlagen.

Als sie im Hinblick auf ihren Buben, den auch der Vater mir gegenüber einen Kretin genannt hatte, die Vernichtung ,,unwerten Lebens" während der Nazizeit guthieß, war meine Geduld erschöpft. Emerich ,,durfte" nun nicht mehr zu mir kommen. Er versicherte mir aber glaubhaft, daß er nun nicht mehr zu bremsen sei; ich wünsche ihm, daß er dabei nicht nur an sich selber denkt.

Selbstmordverhütung bloß aus Angst und schlechtem Gewissen mißlingt notwendigerweise. Die statistische Auskunft, daß sich infolge von Maßnahmen, die solchen, als humanitär getarnten Wurzeln entstammen, weniger Menschen umbringen, täuscht u. U. über eine Vermehrung des Elends hinweg.

Das Ausmaß des Entsetzens vor einem Dasein ohne Sinn, Wert, Liebe verrät die Tiefe der Regression, das Zurückkehren in einen Zustand der Bewußtlosigkeit, welcher schmerzlindernd wirken soll, den Widerspruch zur Realität aber nur noch vergrößert, die Herrschaftsgelüste einer herrschaftslüsternen Mutter steigert. Wie ist die Reifungsblockade beschaffen, was besagt die oft vernommene Rede vom Frustriertsein wirklich? Nicht daß die Dinge so sind, wie sie sind, und jeder sich irgendwann daran den Kopf wundstößt, bewirkt die abgrundtiefe Enttäuschung.

Dem eigentlichen Vergeblichkeits-Gefühl geht die Erfahrung des Nicht-geliebt-Seins voraus. Echte Hilfe, die darauf Bezug nimmt, teilnehmend erfolgt, ist schwierig. So lange sie erhofft wird, kann sie geleistet werden.

Wunder-Kinder?

In Salzburg, der Stadt Mozarts, ist dieses Buch entstanden. Zugegebenermaßen habe ich bei der Arbeit daran kaum des großen Komponisten gedacht, obwohl in seinem Leben neben dem Heiteren, Beschwingten auch das Tragische seinen Platz hat. Möglicherweise gewinnen die vielen Fremden, die hierherkommen, andere, erhabenere Eindrücke als jemand, der hier zu Hause ist und daselbst seinen Alltag verbringt.
Seit Jahren unterrichte ich neben meiner therapeutischen Tätigkeit und der Realisierung des einen oder anderen schriftstellerischen Vorhabens in Salzburg Jugendliche im Alter zwischen zehn und achtzehn Jahren. Im Gegensatz zu jener Ahnung um Geheimes, Wunderbares und der Bewunderung von Menschen aus aller Welt für Geschichte und Kunstschätze der Salzachstadt läßt der Schul-Alltag am Ende für alle Beteiligten noch jene Sicherheit dahinschwinden, zumindest fraglich erscheinen, die jedermann zum Leben braucht. Nicht allein den Katastrophen, vor allem der Abnützung fällt diese nicht selten erbarmungslos zum Opfer.
Was ich über meine Schüler sagen kann, daß sich unter ihnen kaum besondere Wunderkinder befinden, die meisten zu eher durchschnittlichen Hoffnungen Anlaß geben. Doch vielleicht ist das ein Fehlurteil. Trotzdem will mir scheinen, daß Begeisterungsfähigkeit für das Werden und Wachsen menschlichen Lebens mir in all den Jahren nicht völlig abhandengekommen ist. Am meisten ermüdet Routine.
Was über diese Stadt noch zu sagen wäre, weniger Rühmliches, im Blick hinter die Kulissen, daß eine sehr hohe Selbstmordrate im Verhältnis zum ebenfalls hohen österreichischen Durchschnitt gegeben ist. Möglicherweise erwarten sich manche zuviel von Salzburg. Sie suchen vielleicht das Kind Mozart und sind mit Durchschnittlichem konfrontiert, stoßen auf Klischees. Dann wachsen die Bitternis und das Enttäuschtsein in-

mitten der alljährlichen, gespielten Festlichkeit über ein erträgliches Maß hinaus.
Auf ein wichtiges geschichtliches Datum möchte ich an dieser Stelle kurz hinweisen: Am 26. April 1908 hatte in Salzburg (Hotel Bristol) der erste Kongreß der Psychoanalyse stattgefunden. Vor den zweiundvierzig Teilnehmern sind damals neun Referate gehalten worden, eines von A. Adler, und zwar zum Thema „Sadismus". Später wurde es unter dem Titel „Der Aggressionstrieb im Leben und in der Neurose" publiziert (399).

Adler führte darin aus, jeder Mensch müsse zu den vor ihm liegenden Aufgaben Stellung nehmen. Seine Haltung dabei habe immer etwas „Angreifendes" an sich. Wenn dieser Prozeß nun nicht durch das „angeborene Gemeinschaftsgefühl" in Schranken gehalten wird, könne es zu einer destruktiven Manifestation kommen. Grausamkeit, Herrschsucht, Sadismus werden erwähnt. Letzteren, aber auch den Masochismus deutet Adler charakterologisch, jedenfalls nicht sexualpathologisch. Ausdrücklich kommt er dabei auch auf die mögliche „Umkehrung des Aggressionstriebes gegen die eigene Person" zu sprechen, woraus in letzter Konsequenz „Selbstmord" hervorgehe (400).

Nach seiner Abkehr von Freud und der Psychoanalyse hat Adler jeglicher Trieblehre entsagt, sich davon distanziert, ist somit auch von der seinerzeitigen Annahme eines „Aggressionstriebes" abgerückt (401). Allerdings hatte Adler schon 1908 zwischen Inangriffnahme einer Aufgabe und der Zerstörung (bis hin zur Selbstzerstörung), als einem Sekundärphänomen, infolge blockierten Gemeinschaftsgefühls, scharf unterschieden.
Ein Jahr zuvor (1907) war er im Rahmen seiner „Studie über Minderwertigkeit von Organen" übrigens auf eine degenerative Anlage der Ohren Mozarts zu sprechen gekommen (402), und zwar als Beispiel für erfolgreiche Kompensation. Die soziale Komponente bei der Überwindung des Schädlichen und Zerstörerischen allerdings ist erstmalig im Salzburger Referat ausgesprochen. Sie tritt im Werk Adlers immer deutlicher hervor.

Warum muß es ausgerechnet Mozart sein? Offenbar denkt man auch anderswo, nicht nur in Salzburg, an ihn, wenn frühe Zerstörung abgewendet werden soll. Am Schluß des Buches „Wind, Sand und Sterne" von A. de Saint-Exupéry fand ich jedenfalls eine Stelle, die mich tief bewegt. Es geht dort um die Verantwortung von Eltern, aber auch der Gesellschaft. Ich möchte die wichtigsten Sätze hier wiedergeben (403).

Der Dichter berichtet von einer Eisenbahnfahrt. Er wendet sich Menschen in einem Wagen der dritten Klasse zu und berichtet darüber: „Ein ganzes Volk, getaucht in böse Träume, auf dem Weg zu entsetzlicher Armut." Unter den polnischen Arbeitern, die aus Frankreich in ihre Heimat abgeschoben wurden, entdeckt er schließlich eine Mutter, die ihr Kind stillte. In der Gegenwart hat diese Szene einen besonderen aktuellen Bezug erhalten. Die Machthaber in Polen stehen für jede Art von Lebensverneinung und Verbrechertum. Folgendes wird – gleichnishaft – erzählt:

„Die Frau war so erschöpft, daß man meinte, sie schliefe. Ich sah auf den Vater; ein nackter, schwerer Schädel, wie ein Stein, ein Körper, der sich im unbequemen Schlafe krümmte. Wie ein Lehmkloß sah er aus. Ich mußte bei mir denken: Nicht die Armut, nicht der Schmutz und die Häßlichkeit sind hier die große Frage. Aber dieser Mann und diese Frau haben sich doch eines Tages kennengelernt. Das entsetzliche Geheimnis bedrückt mich, wie diese Menschen solche Lehmklöße werden konnten. In welche furchtbare Form sind sie gepreßt worden, aus der sie wie vom Reibhammer zerbeult herauskommen? Zwischen Mann und Frau hatte sich das Kind ein Nestchen gebaut, so gut es ging, und schlief.

Diesem Paar war eine goldene Frucht geboren. Aus den schwerfälligen Lumpen war eine Vollendung von Anmut und Liebreiz entsprungen, das ist Mozart als Kind, eine herrliche Verheißung an das Leben. Aber für die Menschen gibt es keinen Gärtner. Das Kind Mozart wird wie alle anderen vom Hammer zerbeult. Mozart ist zum Tode verurteilt. Das Menschliche ist hier beleidigt, nicht nur der einzelne Mensch. Mich quält etwas, was die Volksküchen nicht beseitigen können, nicht Beulen und Falten und alle Häßlichkeiten. Mich bedrückt, daß in jedem dieser Menschen etwas von einem ermordeten Mozart steckt."

Daß diese „Ermordung" abwendbar sei, mögen viele wünschen. Aus Wünschen entspringt aber noch keine Hoffnung. Wir dürfen jedoch hoffen, daß alles Mensch-Sein am Leben des auferstandenen Christus teilhat. Eine solche Hoffnung verpflichtet uns zugleich, nicht nur von Kindern Tod und Zerstörung in jedweder Form abzuwenden.

Das Wunderbare, Einmalige, Unerwartete entdecken wir erst, wenn wir uns vom Maschinen-Modell frei gemacht haben. Diesem legt F. Capra in einer aufsehenerregenden Studie, „Wendezeit" betitelt, heutige globale Verunsicherung und Lebensbedrohung zur Last. Das Kausaldenken, heißt es dort, habe die technischen Errungenschaften mitbedingt. Einer Leib-Seele-Trennung allerdings wohne zugleich etwas Zerstörerisches und Entmenschlichendes inne.

„Die neue Sicht der Wirklichkeit beruht auf der Erkenntnis, daß alle Phänomene – physikalische, biologische, psychische, gesellschaftliche und kulturelle – grundsätzlich miteinander verbunden und voneinander abhängig sind." (404)

Vielleicht muß Sicherheit in Zukunft sich – anders als seit Descartes – vom Zusammengehörigkeitsgefühl, nicht mehr nur vom Selbstbewußtsein oder gar von Überlegenheit herleiten.

Anmerkungen

(1) Weder Rationalismus noch Irrationalismus (z. B. Vorliebe für Occultes, die Anziehungskraft von Sekten, Leichtgläubigkeit medizinischen Quacksalbern und „Wunderheilern" gegenüber) brächte die Lösung des Problems „Mensch". Der Physiker A. M. K. Müller spricht vom „Tagtraum" wissenschaftlicher Objektivität, welcher uns nicht zur Ruhe kommen läßt. Dadurch sei der Sachverhalt aus dem Blick gekommen, „daß die Welt erst unter dem Einfluß unterschiedlicher Beleuchtungen transparent wird" (in: M. Krauss 1978, 154 f.). Im „Lichte der Objektivität" bleibt das Subjekt notwendigerweise unerkannt.

(2) Tiefenpsychologie bezeichnet jene Betrachtungsweise, die auf unbewußte Kräfte und Energien ausgerichtet ist, ebenso aber auch auf Verdrängung (wobei die Forschung von Sigmund Freud bahnbrechend gewirkt hat). Unangemessen wäre aber eine räumliche Vorstellung der „Tiefe des Unbewußten". Ein zeitlich-lebensgeschichtlicher Aspekt ist hier angesprochen, insbesondere das Nachwirken frühkindlichen Erlebens im Guten wie im Bösen. Eine Einführung in verschiedene tiefenpsychologische Schulen bietet L. Schlegel (1972–1979).

(3) „Minderwertigkeitsgefühl" stellt einen der Grundbegriffe der Lehre von A. Adler dar, von der wir uns im folgenden besonders leiten lassen. E. Fromm wiederum spricht von produktiver bzw. „destruktiver" Charakterorientierung. Auch auf dessen Denken wird hier besonders eingegangen (deshalb diese Begriffs-Kombination).

(4) R. Spitz bezeichnet die Wechselseitigkeit zwischen Mutter und Kind (im Gegensatz zu schädlicher Einseitigkeit – als ob das Kind ein Objekt wäre) als Vorform des Dialogs. Mangelnde Rückkoppelung bzw. Antwortverweigerung hält Spitz für das Hauptkriterium, an welchem das Kind das Belebte vom Unbelebten unterscheiden lernt (1976, 16 f.).

(5) A. Adler schreibt: „Liebe an sich löst keine Probleme." Nur bei „gut begründeter Gleichberechtigung" würde Liebe (z. B. in der Ehe) den richtigen Weg einschlagen (1978, 130).

(6) E. Ringel 1978, 151 ff.

(7) E. Fromm 1974, 39. Zum Entfremdungs-Begriff bei E. Fromm siehe: R. Funk 1978, 105 ff.

(8) A. Adler 1973a, 195

(9) Erfahrung bedeutet entweder, vom Neuen unmittelbar („am eigenen Leib") berührt oder aber von einer bestimmten Erwartungshaltung bzw. Theorie geleitet sein. Letzteres ist kennzeichnend für wissenschaftliches Vorgehen. Vgl. dazu: O. F. Bollnow 1970, 127 ff.

(10) A. Adler 1966, 75. Adler, dessen Lehre den irreführenden Namen „Individualpsychologie" trägt („individuum" bedeutet das Unteilbare; gedacht ist dabei an menschliche Ganzheit im Gegensatz zur Elementenpsychologie), hält das Gemeinschaftsgefühl für ein Gesundheitskriterium schlechthin. Blinde Anpassung an bestehende soziale Formen schwebt ihm dabei aber nicht vor (vgl. A. Adler 1973b, 166; 1976, 23 f.).
(11) A. Adler 1974, 239
(12) Mit aller Schärfe hat sich E. Fromm dem mechanistischen Paradigma (Modell) sowohl der Triebtheoretiker als auch der Reiz-Reaktions-Theoretiker widersetzt (1977, 91 ff.). C. R. Rogers spricht in seinem neuesten Buch von einem „Paradigmawechsel" (1981, 183 ff.). In welchem Maß die Individualpsychologie person-orientiert ist, habe ich in einer Studie über deren Beratungskonzept zu zeigen versucht (G. Brandl 1980a).
(13) A. v. Schirnding 1978, 70
(14) Vgl. A. Adler 1973b, 167. Adler denkt primär an eine existentielle Wahrheit; er mißt zumindest unserer Erkenntnis nicht die Fähigkeit zur Einsicht in „absoluter Wahrheit" zu.
(15) Vgl. O. F. Bollnow 1975, 31. Die Arroganz abendländischen Denkens wäre mit Hilfe des biblischen Wahrheitsbegriffs zu relativieren. Dort überwiegt die personale Dimension (Glaubwürdigkeit, Treue).
(16) A. Adler 1976, 67. Eine kurze Einführung in Adlers Sozialpsychologie bieten H. Hobmair und G. Treffer (1979), eine wesentlich fundierte, die außerdem noch durch Adler-Texte und einen gleichzeitigen Systematisierungsversuch besonders wertvoll ist, H. L. und R. R. Ansbacher (1972).
(17) D. v. Uslar 1972, 26. Vgl. dazu auch die (etwas konstruierten) „pragmatischen Axiome" der menschlichen Kommunikation von P. Watzlawick u. a. (1974).
(18) Vgl. dazu E. Fromms Demaskierung des „Habenmodus" (1976). Auch das von Fromm kritisierte „Prinzip" gehört hierher, wonach jede Sache getan werden muß, sobald ihre Verwirklichung technisch möglich ist (1974, 34). Die Theologen sind mit ihrer Zeitkritik merklich zurückhaltend geworden, zuweilen sogar etwas unkritisch-konformistisch. Wenn der Verfasser dieses Buches sich den Vorwurf einhandelt, moralistisch zu sein (oder aber überheblich-zynisch gesagt würde, er sei „erbaulich"), wird er dieses Urteil um der Sache wegen hinzuzunehmen wissen.
(19) Auf die Eigentumsproblematik bzw. den „Hunger des heutigen Menschen" bin ich aus theologischer, aber ebenso tiefenpsychologischer Sicht eingegangen (G. Brandl 1980b, 145 ff.).
(20) In: A. Adler/C. Furtmüller 1973, 223. Sicherungstendenzen, von denen Adler in seinem Gesamtwerk eine ganze Reihe aufzählt, haben den Zweck, sich sozialer Verantwortung zu entziehen. Sie spiegeln die Ideologie des Privatismus wider und weisen eine gewisse Ähnlichkeit mit den psychoanalytischen Abwehrmechanismen auf. Vgl. dazu: L. Schlegel 1972, 94 ff.

(21) E. Ringel 1978, 184

(22) A. Adler 1974, 76. Lernzielplanung, deren sich die Schule bzw. die Schulbürokratie in den letzten Jahren befleißigt hat, bedeutet, Heranwachsende blindlings (mit Hilfe behavioristischer Dressurtechniken) gesellschaftlichen Ehrgeizplänen anzupassen, den Schülern dadurch eigene Zielwahlmöglichkeit zu entziehen. Die Kritik an der Schule greift meist zu kurz, dringt nicht bis zu den inhumanen Grundprinzipien vor (vgl. dazu: G. Brandl 1981a, 201 ff.; 1981b, 173 ff.).

(23) A. Adler 1974, 76

(24) E. Fromm 1976, 83

(25) E. Ringel 1978, 154. In einer kleinen populären Schrift weist Ringel vor allem auf die „zwischenmenschlichen Barrieren" hin (1974, 71 ff.).

(26) A. Adler 1966, 27

(27) Adler schreibt: „Im Leben gibt es kein Grundgesetz, das auf jede beliebige Lage zuträfe. Jede Regel reicht nur bis zu einem bestimmten Punkt und wird mit einem Mal unanwendbar" (1976, 138). Vor allem läßt menschliches Dasein sich nicht nur mit Hilfe von Naturgesetzen verstehen und bewältigen. Dasselbe trifft auf technische Methoden zu, die in ihrer Anwendung auf den Menschen untauglich bzw. schädlich sein können.

(28) E. Fromm hat den Begriff „Nekrophilie" mit einer bestimmten charakterologischen Akzentuierung geprägt (1977, 366 ff.; 1979, 33 ff.). Dieser Begriff kann auch für das Verständnis des Suizidproblems hilfreich sein.

(29) H. E. Richter 1974, 10. Richter spricht dort auch von der Krankheit des Mannes, „nicht leiden zu dürfen", ebenso von der Notwendigkeit, „sich (als Mann und Frau) miteinander zu emanzipieren" (daselbst, 39 ff., 50 ff.).

(30) E. Fromm 1966, 76. Religiöse Heuchelei ist die widerwärtigste. Die Berufung auf Gott, um eigene Zwanghaftigkeit zu legitimieren, erregt nicht nur bei Jugendlichen Unwillen, unglückseligerweise oft auch gegen jegliche (nicht nur die moralistisch-deformierte) Religiosität.

(31) Adler nennt das Minderwertigkeitsgefühl einen „Segen", sofern es uns an Selbstgenügsamkeit hindert und zu mitmenschlicher Beziehung (Kooperation) veranlaßt (1973b, 69).

(32) E. Fromm 1976, 19

(33) A. Adler 1973c, 98. Anderswo stellt er fest: „Es gibt für uns keine Notwendigkeit, einander zu bekämpfen, zu kritisieren und herabzusetzen." (1979, 199)

(34) In meinem Buch über die zehn Gebote habe ich mich um eine Reflexion der psychosozialen Bedingungen für deren sinngemäße Erfüllung bemüht (G. Brandl 1980b).

(35) E. Fromm 1976, 123 f.

(36) Vgl. E. Fromm 1971, 83 ff.

(37) In seiner Abrechnung mit dem Bürokratismus bemerkt W. Kraus, es könne kein Zufall sein, daß A. Adler gerade in Wien, der Hauptstadt der Beamten-Hierarchie, so viele typische Beamtenuntugenden als Ausdruck eines neurotischen Charakters beschrieben hat (1980, 24). Es dürfte ebensowenig ein Zufall sein, daß E. Ringel in der nämlichen Stadt sich so intensiv mit dem Selbstmord befaßt.

(38) Vgl. A. Adler 1973b, 68

(39) Adler nennt die Lebenslüge ein Narkotikum, das das Selbstgefühl sichern soll (1974, 256). Die Wirtschaftswerbung weiß sich eines solchen Bedürfnisses äußerst geschickt zu bedienen.

(40) Neben dem genannten Titel (E. Ringel 1978) weise ich auf folgende Publikationen von Ringel speziell zum Selbstmordthema hin: 1974, 1978a, 1969 (als Herausgeber, mit zwei eigenen Beiträgen). Gemeinsam mit Ringel habe ich eine Studie über Adlers lebens- und gemeinschaftsbejahende Erziehungslehre verfaßt (in: W. Spiel 1980, 246 ff.). Ferner ist auf Ringels Aufsatz in einem ebenfalls gemeinsam publizierten Sammelband aufmerksam zu machen (in: E. Ringel/G. Brandl 1977, 264 ff.).

(41) E. Ringel 1978, 33, 144, 105 ff. Eine allgemeinverständliche Einführung in die psychosomatische Medizin gibt J. Rattner (1979).

(42) E. Ringel 1978, 82

(43) A. Adler 1973c, 35

(44) A. Adler 1974, 187. „Das Ziel jedes Menschen ist die Überlegenheit (die Mängelbeseitigung); doch bei denen, die ihren Mut und ihr Selbstvertrauen verloren haben, hat es sich von der (allgemein-)nützlichen zur unnützlichen Seite des Lebens verschoben." (1981, 36)

(45) Aus der Fülle des Angebots greife ich den empfehlenswerten Band von L. Barinbaum (1973) heraus. Auch auf das Antiverwöhnungsbuch des Verfassers sei hingewiesen (G. Brandl 1977).

(46) E. Sebald und Ch. Krauth haben ein Buch über „Fehlentwicklung von Mutteregoismus" geschrieben; sie widmen sich darin vor allem dem „Mamasyndrom" (1981, 33 ff.).

(47) F. Künkel 1968, 33

(48) A. Adler 1974a, 186

(49) H. E. Richter macht auf die große Verletzbarkeit durch Sympathieentzug auch im späteren Leben aufmerksam. Hier würde die Wurzel für die Hörigkeit des Durchschnittsmenschen liegen (1976, 78 ff.).

(50) A. Adler 1976, 78

(51) A. Miller 1980a, 128 f. Ich teile die erziehungskritische Auffassung der Autorin und sehe (trotz Vorhaltungen) keinen Grund, meine Sympathie für „Antipädagogik", wie sie in meiner Beratungsmonographie (G. Brandl 1980a), zum Ausdruck kommt, zu widerrufen.

(52) Zu dieser Auffassung gelangen wir nur, wenn wir von einer Trieb-Mechanik im Sinne Freuds (und dessen Libidotheorie) Abstand nehmen. In sehr kluger, taktvoller Weise unternimmt R. F. Antoch aus individualpsychologischer Sicht eine Verhältnisbestimmung bzw. Kritik (1981, 53 ff.).

(53) A. Adler 1973a, 187. Im Gegensatz zur „privaten" (infantilen) Logik steht die „soziale", die für Adler schon in der Sprache präformiert ist. Das Gespräch würde dann zum Korrektur-Modus. Nur müßte in ihm (seinem Wesen entsprechend) volle Gleichwertigkeit der Partner („schon im Verhältnis zum Kind") anerkannt und verwirklicht sein (O. F. Bollnow 1975, 50).

(54) Vgl. A. Adler 1973b, 40

(55) C. R. Rogers 1981, 65 (erst jetzt ist Rogers durch H. L. Ansbacher auf diese Nähe aufmerksam geworden). Zum Verhältnis zwischen Adler und Rogers (vom Inhalt her): R. Voß (1978), bezüglich Fromm darf ich auf meine letzte Arbeit hinweisen (G. Brandl 1982).

(56) E. Fromm unterscheidet eine Reihe von menschlichen Grundbedürfnissen (1970b, 29 ff.). Ein Begriffspaar betont er besonders: Orientierung und Verbundenheit (aber nicht passiv, sondern aktiv). Brüderlichkeit sei die einzige Bindung, die das Bedürfnis nach Verbundenheit wie nach Freiheit zufriedenstellt (1974, 56 ff., 60).

(57) E. Fromm 1974, 60

(58) R. Battegay 1979, 92. In dieser kleinen Arbeit werden die Beiträge der modernen Narzißmus-Theorie verständlich und praxisnahe dargestellt.

(59) A. Adler 1966, 82

(60) E. Ringel 1978, 185 ff.

(61) E. Ringel 1978, 191

(62) A. Adler 1973c, 26

(63) A. Adler 1974, 32. Das quantitative Denken steht im Hintergrund von Macht- und Ohnmacht-Phantasien (aber auch von „Selbstmordphantasie").

(64) A. Adler 1978, 129; 1976, 25

(65) E. Fromm 1971, 87

(66) A. Adler 1978, 60. „Verhaltensmodifikation" ohne Zielwandel bliebe sinnlos, wäre am Ende nur eine Verstellung oder brächte bloß einen Symptomwandel mit sich.

(67) A. Adler 1966, 185. Auf die Nähe von Adlers Denken zu christlichem Glauben habe ich mehrfach aufmerksam gemacht. E. Ringel hat durch sein Nachwort zu meinem Buch über die Zehn Gebote diese Meinung bestätigt und sich damit identifiziert (in: G. Brandl 1980b, 205 ff.).

(68) In einer fundierten Studie hat J. Lange sich mit gesellschaftlichen Tendenzen „lebensbehindernder Art" auseinandergesetzt (in: W. Pöldinger/J. Lange/A. Kirchmayr 1981, 13 ff.).

(69) Vgl. G. Brandl 1980a, 216 ff.

(70) Vgl. E. H. Erikson 1970, 62 ff. Über diverse Angst-Theorien referiert F. Lahmann (1981); vielleicht muß eine gewisse Oberflächlichkeit (wie im Buch von Lahmann) in Kauf genommen werden, um den Überblick nicht zu verlieren.
(71) Ein perfektionistisches System fühlt sich besonders irritiert von Schwäche. Die „Amnesie für alles nicht homogen Funktionierende" geht besonders zu Lasten von Kindern und alten Menschen, jener, die nicht mehr bzw. noch nicht im Vollbesitz ihrer Kräfte sind. A. Mitscherlich spricht in diesem Zusammenhang aber auch von einer „Entdifferenzierung gesellschaftlicher Strukturen" (Zerfall, Auflösung), und zwar als Folge der Schrumpfung des affektiven Kontakts zum Kind und zum alten Menschen hin (1969, 35).
(72) E. Fromm 1971, 71
(73) Vgl. G. Brandl 1979, 94 ff.
(74) E. Fromm 1970b, 136 f.
(75) A. Adler 1966, 140. Es heißt dort weiter, darauf ruhe kein „Segen", wie die Geschichte lehrt. „Ein solches Prinzip macht das Kind einseitig und vor allem zu keinem guten Mitmenschen."
(76) A. Adler 1973a, 51
(77) K. Horney macht auf den Zusammenhang aufmerksam (1951, 39 ff.). Angst kann in Feindseligkeit umschlagen, Feindseligkeit in Angst. Den gemeinsamen Nenner bildet die negative Einstellung zur sozialen Umwelt bzw. Frustriertsein von dorther. Nach Horney kann das Kind vieles aushalten, „wenn es sich nur geliebt fühlt" (1951, 52).
(78) A. Adler 1973b, 97, 88
(79) O. F. Bollnow 1970, 125 ff.
(80) A. Adler 1976, 7; 1966, 139. Vgl. dazu die Ausführungen über Hermeneutik bei G. Brandl 1980a, 132 ff.
(81) J. Baechler 1981, 59. Vor allem in bezug auf Krisen hebt O. F. Bollnow die Notwendigkeit einer Entscheidung hervor (1965, 28). D. v. Uslar schildert „Situation" als Einheit von objektiven und subjektiven Momenten (1972, 113 ff.).
(82) W. Ringel 1978, 155. Das Fehlen der Symptome (als Zeichen) bekundet den Verlust der Hoffnung, sozusagen Sprachlosigkeit. Es überwiegt dann meist „Unauffälligkeit" trotz höchster Gefahr und Bedrohung.
(83) Vgl. S. O. Hoffmann 1979, 89 ff. Ausführlich wird in diesem Buch über psychoanalytische Charakterologie, aber ebenso die ich-psychologische Wende innerhalb der Psychoanalyse gehandelt. Während Symptome störend sind und damit ein Bemühen um ihre Beseitigung motivieren, ist der Charakter ich-synton, und zwar als Anpassungsprodukt.
(84) Vgl. E. Ringel 1974, 65 ff. In der Gleichgültigkeit und im Herunterspielen solcher Ankündigungen (die angeblich nicht ernst zu nehmen sind) zeigt sich verbreitete Unmenschlichkeit besonders deutlich.
(85) A. Adler 1973b, 48

(86) S. O. Hoffmann schreibt, daß Herabsetzung der Beweglichkeit (Flexibilität) ein Bestandteil jeder Charakterbildung überhaupt ist (1979, 107). Zu einer differenzierten Betrachtung gelangen wir, wenn wir mit Fromm eine nichtproduktive von einer produktiven (offenen) Charakterorientierung unterscheiden (1954, 69 ff.). Vgl. dazu auch die Charakter-Züge nach Adler (1966, 170 ff.).

(87) Von H. Pohlmeier liegt neben dem Verhütungs-Konzept (1978a) auch noch ein Sammelband vor (1978b). Der „Diskurs" von J. Amery (1976) dürfte ohne Verständnis für dessen literarische Eigenart kaum richtig eingeschätzt werden können. Im übrigen hat Amery am 17. Oktober 1978 in Salzburg Selbstmord begangen (ich hielt zu dieser Zeit an der Universität eine Lehrveranstaltung zum Suizid-Thema ab).

(88) A. Alvarez 1974, 131 ff. Dieser Autor geht auf zahlreiche Details aus der Literatur ein. Ringel hat sich (1978a) einer solchen Aufgabe in einer weniger eleganten Weise unterzogen.

(89) K. Thomas (1977) will vor allem Betreuungsaktivitäten anregen (z. B. Telephonseelsorge). Die Kapitel „Schützt der Glaube vor dem Abgrund?" und „Ein theologisches Scheinproblem" (1977, 22 ff., 33 ff.) verdienen besondere Aufmerksamkeit.

(90) J. Baechler 1981, 349

(91) H. Henseler (1974) läßt u. a. die Nähe neuerer psychoanalytischer Narzißmustheorien zur Individualpsychologie Adlers erkennen (ohne darauf einzugehen).

(92) A. Adler 1979, 48 ff., 51

(93) In: E. Ringel 1969, 68

(94) In: A. Unterberger 1981, 176. Ich möchte mich mit den meisten heutigen Alternativbewegungen nicht identifizieren, begrüße aber den Aufbruch, die Relativierung unserer bürokratischen Systeme.

(95) A. Adler 1973b, 168

(96) E. Ringel 1978, 258. Die Kirche, heißt es dort weiter, hätte ihre jahrhundertelange Allianz mit den Mächtigen und Starken aufzugeben.

(97) Fromm schreibt: „Während für viele Menschen Macht das realste aller Dinge zu sein scheint, beweist die Geschichte, daß sie die unsicherste und vorübergehendste aller menschlichen Errungenschaften ist" (1971, 162). Adler behauptet sogar, daß Menschen und Völker, die zum Wohl der Allgemeinheit nichts beigetragen haben, „bis auf den letzten Rest verschwunden" sind (1973b, 169).

(98) M. Scheler 1976, 55 f.

(99) E. Fromm 1970a, 259, 261

(100) In: A. Paus 1976, 244. Im Rahmen der Salzburger Hochschulwochen 1975 hat Ringel ein vielbeachtetes Seminar zum Selbstmordthema veranstaltet. Damals konnte ich mehrfach mit ihm pädagogische Möglichkeiten antisuizidaler Art besprechen. Die Frucht dieser Gespräche war zunächst ein Sammel-

band (E. Ringel/G. Brandl 1977), aber auch das vorliegende Buch geht darauf zurück.

(101) K. H. Weger 1981, 221

(102) Adler schreibt, es sei für die Entwicklung wertvoll, wenn das Kind lernt, daß es auch außerhalb der Familie vertrauenswürdige menschliche Wesen gibt (1979, 113). Dazu dürfte es aber kein „geschlossenes" Familien-Modell geben (vgl. H. E. Richter 1970, 73 ff.).

(103) Biologistisch ist die Annahme, menschliches Leben sei ausschließlich von biologischen Faktoren (Vererbung, Trieben . . .) abhängig, soziologistisch die Annahme, daß der Mensch das Produkt des Milieus, von Umwelteinflüssen und „Lernreizen" (Dressurmaßnahmen) ist. Der dritte Entwicklungsfaktor (Selbstverwirklichung, personales Werden) wird hier in tendenziöser Weise unterschlagen. Zu einem Drei-Faktoren-Modell siehe: E. W. Kleber 1978, 31 ff.

(104) In: C. R. Rogers/R. Rosenberg 1980, 42 f.

(105) A. Adler 1973b, 103

(106) E. Ringel 1978, 151 ff. Die Somatisierungstendenz führt Ringel ebenfalls auf frühkindliche Neurotisierung zurück und hebt dabei den besonderen Einfluß der Mutter hervor bzw. die „besonderen Selbstschädigungstendenz" (1978, 135, 144 f.).

(107) Vgl. E. Fromm 1979, 33 ff. Der nekrophile Mensch führt die Macht zu ihrer letzten Konsequenz, der Tötung (als Herr über Leben und Tod). Von hier aus erweist sich jede, wenn auch noch so plausibel erscheinende, Machtanwendung als böse (1979, 36).

(108) Vgl. E. H. Erikson 1970, 106 ff.

(109) Vgl. R. Spitz 1976, 16 ff.

(110) A. Adler 1973b, 76. Im Anschluß auf diese Aussage kommt Adler auf psychosomatische Beschwerden zu sprechen. Er stellt dabei fest, daß die Funktion der endokrinen Drüsen unter dem Einfluß der Außenwelt steht (beziehungsabhängig ist) und zugleich entsprechend dem Lebensstil reagiert. Für unsere Argumentation ist dieser Zusammenhang bedeutungsvoll.

(111) A. Adler 1966, 246

(112) In einer Studie habe ich das gemeinsame Anliegen von Adler und Fromm herauszuarbeiten versucht. Ich bin dabei vor allem auf die Hervorhebung der Mutter durch beide aufmerksam geworden (G. Brandl 1980c, 135 ff.).

(113) E. Ringel 1978, 144 f.

(114) R. Battegay 1979, 82. Ausführlich befaßt sich H. Henseler mit der suizidfördernden Wirkung des Narzißmus (1974).

(115) Verwöhnung zeigt sich hier als Anschlag auf Leben. Die dadurch bewirkte Unselbständigkeit wirkt auf jeden Fall schädlich. Vgl. dazu: A. Adler 1973b, 94 ff.; G. Brandl 1977, 53 ff. Auf entsprechende psychohygienische Ge-

sichtspunkte für Erziehung kommt H. Feser zu sprechen (1981, 142 ff.). Die Ausführungen von H. Stierlin zur Ablösungsproblematik möchte ich hier ebenfalls erwähnen (1977).
(116) U. Lehr 1974, 19. Logischerweise müßte daraus gefolgert werden, daß auch eine Maschine Kindern „sensorische Reize" zuführen, sie „stimulieren" könnte. Hier ist das Automatendenken offenbar auf die Spitze getrieben. Wissenschaft (oder was eben Frau Lehr und ihresgleichen darunter verstehen) macht sich hier zum Handlanger des Verbrechens gegen Menschlichkeit.
(117) E. Fromm 1976, 83
(118) A. Adler 1973a, 148
(119) Vgl. H. Sebald/Ch. Krauth 1981, 51 ff. Ohne die Akribie von Fromm, aber mit großer Praxisnähe und Treffsicherheit handeln die beiden Autoren über das „Mamasyndrom" und dessen schreckliche Folgen (1981, 33 ff., 189 ff.).
(120) P. Brunnhuber und H. Zöpfl wenden sich mit ihrem „Konzept eines kritischen Ja" gegen die seinerzeitige Emanzipations-Pädagogik, insbesondere gegen Th. W. Adornos Ablehnung von Leitbildern der Erziehung bzw. Menschenformung (1975, 129 ff.). Die „Lernzielorientierung" der beiden Autoren (im Gegensatz zu einer Personorientierung) wirkt heute bereits antiquiert, nicht weniger als so manches emanzipatorisches Schlagwort.
(121) E. Fromm 1974, 45
(122) E. Fromm 1974, 49. Hier ist von Menschenopfern die Rede, und zwar auf Grund falscher „Deutung".
(123) Vgl. W. J. Revers 1969, 195. Der Autor setzt sich in seinen Fallstudien sehr kritisch mit der „Mutter-Glucke" auseinander.
(124) E. Fromm 1971, 76, 128
(125) F. Künkel 1968, 96
(126) E. Fromm 1976, 62 f. Vgl. auch G. Brandl 1980b, 145 ff. Wie sehr selbst „Liebesbeziehungen" vergiftet sein können, zeigt der Wunsch, der Partner möge sein Selbstsein aufgeben und so „zum Mittel werden, um das eigene Persönlichkeitsgefühl zu heben" (A. Adler 1973a, 151).
(127) A. Adler 1966, 188 f. H. E. Richter befaßt sich ausführlich mit der Illusion menschlicher „Allmacht" (1979, 17 ff.). Die antiideologische Komponente christlichen Glaubens vermag dieser Autor freilich nicht wahrzunehmen.
(128) Vgl. dazu: R. Voß (1978). In zunehmendem Maß stellt sich der Ansatz von C. R. Rogers als „personzentriert" und nicht mehr bloß nicht-direktiv dar (1981, 65 ff.). Das Grundanliegen einer humanistischen Psychologie insgesamt ist damit berührt; vgl. dazu U. Völker (1980).
(129) Die Wochenzeitung „präsent" veranstaltete eine Umfrage unter dem Titel: „Droht ein Generationenkrieg?". Es war in diesem Zusammenhang nicht nur nach Krawallen und deren Stellenwert gefragt, sondern auch nach

den „Grenzen für die Toleranz im Rechtsstaat". Ich habe in meiner Stellungnahme geschrieben, nicht juristische Instanzen, sondern alle Menschen guten Willens seien zu einem Gesinnungswandel herausgefordert. Um im bisherigen Feind den Bruder zu erkennen, dazu würde uns nur ein Solidaritätsprinzip die Kraft geben (G. Brandl, 1981c, 4). Gegen den Reduktionismus bzw. eine mechanistische Vorstellung von Leben wendet sich F. Capra (1983, 107 ff.).

(130) Realpolitiker mögen die Nase rümpfen, wenn ich ohne Einschränkungen Machtausübung als absolut böse, unmoralisch, unmenschlich bezeichne, d. h. Freiheitsberaubung in welcher Form auch immer, und zwar aus psychotherapeutischer Sicht, nicht nur unter dem Eindruck der polnischen Militärdiktatur.

(131) H. Pohlmeier scheint sich in die falsche Richtung drängen zu lassen, wenn er nach Verhütungsmöglichkeit „freiwilliger" Selbsttötung fragt (1978, 12 ff.). Viel realistischer argumentiert Ringel, der von einer „krankhaften Entwicklung" spricht (ohne damit den Suizid-Patienten diskreditieren zu wollen).

(132) Adler schreibt über einen Patienten: „Wann immer er sich nicht verwöhnt fühlte, flüchtete er sich in den Alkohol." Neurotische Menschen strebten nach Anerkennung, ohne etwas sozial Wertvolles geleistet zu haben. „Sie erwarten, daß der natürliche Lauf der Dinge sich zu ihren Gunsten umkehrt" (1981, 93). Eine solche Verkehrtheit dürfte insgesamt kennzeichnend sein für heutige Ausbeutungsideologie (einige wenige verurteilte Steuerhinterzieher dürften nur die Spitze des Eisberges sein). Der selbstschädigende „Genuß" ist die unbeabsichtigte Nebenwirkung der Verantwortungslosigkeit.

(133) E. Fromm 1970a, 142 ff., 177. Fromm spricht von sadomasochistischem Charakter (in einer nicht-sexuellen Bedeutung), der sich als logische Konsequenz des Machtprinzips darstellt, von Über- und Unterlegenheit.

(134) E. Fromm 1979, 110. Zum Unterschied vom Sadomasochismus sei die Zerstörung, Destruktivität, der letzte Verzweiflungsversuch, sich vor Zermalmtwerden zu retten (1970a, 178).

(135) A. Adler 1966, 113 ff.

(136) Fromm bringt ein Beispiel für narzißtische Verfassung: Ein Patient, der telephonisch den Arzt um einen bestimmten Termin ersucht, kann nicht begreifen, daß dieser für ihn keine Zeit hat. Er vermag die Situation des Arztes (eines anderen Menschen) von der seinen nicht zu trennen (1979, 66 f.).

(137) A. Miller 1980a, 70. Wir müssen uns nach der Beschaffenheit und den Umständen einer Mutter fragen, die dem Kind sein Selbstsein, wenn auch in bester Absicht, streitig macht. Eine mögliche Antwort lautet: es ist die Frau, die sich vom Mann getrennt hat oder von der sich der Mann getrennt hat. Alte Kinderwunden und Trennungsängste sind in ihr dadurch aufgebrochen. Sie sucht nun in ungebührlicher Weise am eigenen Kind Halt und Stütze („Verlaß mich nicht auch du noch"). Sie kettet dieses an sich und setzt dadurch die Verletzung fort.

(138) E. Fromm 1970a, 181, 179. Wir bedürfen somit keines Aggressions- oder gar Todes-Triebes, um partielle oder totale Selbstdestruktion (Schädigung oder Vernichtung) begreifen zu können. Auch Adler spricht von der Unverträglichkeit der „dauernden Unterwerfung" (in: A. Adler/C. Furtmüller 1973, 223). Fromm sieht zwar, welche Bedeutung Adler dem „Machtwunsch" zumißt, bezeichnet aber dessen Gedankengänge als oberflächlich (1970a, 150). Ich bedaure es, daß Fromm seine Nähe zu Adler nicht zur Kenntnis nehmen wollte; es hätte seinem Werk keinen Abbruch getan.

(139) In: E. Ringel 1969, 84

(140) H. E. Richter 1970, 90 ff. Eine Familie mit einer geschlossenen Struktur droht dem Jugendlichen mit Ausstoßung, gewährt allenfalls einen „Delegationsmodus" (H. Stierlin 1977, 130 ff.), jedoch keine echte Freiheit.

(141) A. Adler 1973a, 95 ff. In einer Gesellschaft, die Männlichkeit glorifiziert, sieht die Frau sich dazu veranlaßt, auf ihre Weise „männlich" zu sein, wodurch sie aber ihrer weiblichen bzw. mütterlichen Identität verlustig geht. Mutter-Sein kann dann allenfalls nur als „Karriere" akzeptiert werden (H. Sebald/Ch. Krauth 1981, 51 ff.).

(142) M. Mitscherlich 1980, 98. Daß es keines naturhaft programmierten Ödipuskomplexes bedarf, dieser vielmehr ein Kunstprodukt verwöhnender Erziehung und der daraus hervorgehenden Rivalität ist, hat A. Adler gezeigt (1973b, 27).

(143) M. Rotmann, in: R. Naske 1980, 93. Auch auf die interessante Arbeit von J. Starke im selben Band sei aufmerksam gemacht (daselbst, 73 ff.).

(144) E. Ringel 1978, 33. Selbstzerstörungstendenz im Zusammenhang mit „Mutterneurosen" führt Ringel darauf zurück, daß die anhaltende Mutter-Kind-Symbiose die nachhaltigste pathogene Liebesstörung sei (1978, 145). Umso mehr wundert es mich, daß Ringel Aggressivität in einem „Trieb" vermutet.

(145) H. Sebald/Ch. Krauth 1981, 90 f.

(146) Dazu möchte ich auf meinen Beitrag in dem Sammelband „Psychosoziales Elend" hinweisen (G. Brandl, in: W. Pöldinger/J. Lange/A. Kirchmayr 1981, 201 ff.), aber ebenso auf die Grundintention des Bandes selbst.

(147) H. Halbfas 1976, 159

(148) Vgl. L. Schenk-Danzinger 1977, 70

(149) A. Adler 1973b, 99

(150) Das „Werden" beschreibe ich stichwortartig so: Die Unterschiede zwischen Kind und Erwachsenem werden tendenziös überbetont, die Mutter zieht alles Interesse auf sich (als nährend, gebend, mächtig), Leib und Seele des Kindes werden in Beschlag genommen; zum „Wesen": Gefühlsunterdrückung ist kennzeichnend, das Kind erweist sich dann als geistiger „Wiederkäuer", schließlich reagiert es als Marionette; zur „Wirkung": Parasitismus, Asozialität und Lebensverunstaltung greifen ineinander.

(151) E. Fromm 1971, 88. „Für das Leben unter Menschen am verhängnisvollsten ist die Verhinderung der Sozialreife durch die Mutter als ewige Beschützerin" (H. Sebald/Ch. Krauth 1981, 151). A. Lowen stellt fest, daß Schizoide des paranoiden Typs (Hyperaktive) zur Mutter zurückzukehren bestrebt seien (1982, 171). Diese Rückkehr wird hier deutlich als Vollzug der Spaltung.

(152) E. Fromm 1979, 97 ff.

(153) Ich verzichte hier wie auch anderswo in diesem Buch auf statistische Angaben und möchte lediglich auf das in Buchform erschienene TV-Spiel „Tod eines Schülers" aufmerksam machen (R. Stromberg 1981).

(154) Zum Thema „Lebens- und Erziehungsprobleme lösen" (Arbeitstitel) wird demnächst von mir eine Publikation erscheinen, die auf einen Volkshochschulkurs zurückgeht.

(155) Vgl. G. Heisterkamp, in: S. Keil 1975, 785 f.

(156) Vgl. H. Feser 1981, 139 ff. Der Autor befaßt sich in einer leicht verständlichen Weise vor allem mit Psychohygiene in der Erziehung.

(157) In einer wertvollen Studie hat A. Troch Psychoanalyse und Indvidualpsychologie zum Verständnis des Streß-Phänomens herangezogen (1979).

(158) E. Ringel 1978, 169

(159) T. Brocher, in: H. J. Schultz 1978, 198. Daß Brocher hier von „Ratschlägen" spricht, halte ich nicht für ganz glücklich. Die Meinung, Psychohygiene sei weitgehend mit „guten Ratschlägen" identisch, dürfte durch Zeitschriften und rezepthafte Publikationen in die Welt gesetzt worden sein.

(160) In: E. Ringel 1969, 63

(161) Was das Erlebnis der Wechselseitigkeit schon für das Kleinkind bedeutet, dazu haben sich u. a. E. H. Erikson (1970, 62 ff.) und R. Spitz (1976, 16 ff.) geäußert. Ich möchte in diesem Zusammenhang auch auf Bollnows Beschreibung der Gesprächs-Formen hinweisen (1969, 22 ff.). Mit dem philosophischen Hintergrund des therapeutischen Gesprächs habe ich mich in einer Studie befaßt (G. Brandl 1975). Derselben Thematik hat sich auch J. Rattner angenommen (1977).

(162) P. Watzlawick u. a. 1974, 53, 55 f.

(163) P. Watzlawick 1974, 69. Gegensätze würden das Gespräch unmöglich machen, umgekehrt besteht Hoffnung auf die Überwindung von Trennendem bzw. Machtkampf, solange Menschen noch sprechen. Der Monolog der Machtlüsternen, von Politikern und Technokraten, ist und bleibt steril; er zielt auf Überredung ab. Ihm fehlen innovative Impulse.

(164) In: E. Ringel 1969, 101. Hiezu muß ergänzt werden, daß der Dialog grundsätzlich der Entstehung einer subjektivistischen Scheinwelt konträr entgegengesetzt ist, umgekehrt die monologische Verfassung Teilhabemöglichkeiten nicht zuläßt. Dazu gesellen sich freilich auch Blindheit, Rücksichtslosigkeit, Gleichgültigkeit, Vorurteile.

(165) Das außerordentlich facettenreiche Phänomen der Depressivität schildert ausführlich und kenntnisreich E. Jacobson (1977). In jeder Neurose versucht ein Mensch, den Zustand aufrechtzuerhalten bzw. wiederherzustellen, der einst existiert hatte; er schwimmt damit sozusagen gegen den Lebens-Strom.
(166) Eine gut lesbare und sehr informative Einführung in die Sprachwissenschaft liefert H. Seiffert (1977).
(167) Ich verweise auf die hermeneutische (erschließende) Eigenart des „Zirkels" des Gesprächs (vgl. dazu: G. Brandl 1980a, 147 ff.).
(168) O. F. Bollnow 1975, 51. Es wird hier betont, das Gespräch sei nicht bloß für die Bestätigung von Wahrheit (bzw. Kontrolle), auch schon für deren Finden erforderlich (1975, 31). Ich nehme an: weil erst durch Gemeinschaft eine ganz neue Wirklichkeit entsteht, welche monologischer Geistesschärfe unzugänglich bleibt.
(169) A. Adler 1973b, 166 ff.
(170) Auch wenn ich die mechanistische Begründung ablehne und zurückweise, so halte ich doch die Grundthese von M. E. P. Seligmann für bedeutungsvoll. Demgemäß erzeugt das Erlebnis hilflosen Ausgeliefertseins bzw. Inaktivität überhaupt Depression. Selbstachtung, heißt es dort, werde nicht durch Besitz errungen, sondern durch die Erfahrung, „daß die eigene Aktivität die Welt verändert" (1979, 94). Auch Fromms Unterscheidung des Habenmodus und Seinsmodus gehört hierher.
(171) Es wäre beschämend, weil borniert, würde eine gesellschaftskritische Äußerung von vornherein als „marxistisch" verdächtigt. Ich teile die Begeisterung von Fromm für den Marxismus keineswegs, glaube vielmehr, daß uns dessen „Früchte" sehr vorsichtig machen müßten. Christliches Denken ist durchaus in der Lage, uns kritische Impulse gewinnen zu lassen, so etwa, wenn es im vierten Evangelium heißt: „Die Wahrheit wird euch frei machen" (Jo 8, 32). Aber auch die paulinische Theologie gehört hierher; von Freiheit ist bei Paulus keineswegs nur im Verhältnis zum jüdischen Gesetz die Rede.
(172) E. Fromm 1979, 124, 116. Der Begriff Progressions- und Regressions-Ebene wird im folgenden Abschnitt präzisiert. Ein Agieren im Eltern-Ich oder im Kindheits-Ich erfolgt notwendigerweise als Regression. Hilflosigkeit und Zwang können sich dabei in ein und demselben Menschen (als sadomasochistische Charakterstruktur) „ergänzen".
(173) Austausch und Reziprozität ist für H. Stierlin kennzeichnend für Beziehungs-Dynamik („im Sinne von Liebe"). Der Selbstmord erscheint anderseits als „folgerichtig": um diesem Zirkelprozeß zu entrinnen (1972, 66, 77).
(174) E. Ringel 1978, 165. Analog dazu existieren vielerlei Möglichkeiten, Schädliches in der Phantasie vorwegzunehmen. Ich nenne hier als Beispiel den Tagtraum, der Gespräch und Begegnung „ersetzen", überflüssig machen soll. Oftmals bin ich dieser Erscheinung in der Therapie begegnet.
(175) E. Fromm 1971, 127

(176) Adler schreibt: „Wo die Mutter allzusehr von Zärtlichkeiten überfließt und dem Kind Mitarbeit überflüssig macht, da wird dieses geneigt sein, sich parasitär zu entwickeln und alles von den anderen zu erwarten; es wird sich immer in den Mittelpunkt drängen" (1973b, 97).
(177) Vgl. W. Schmidbauer 1980, 23 ff. In seiner Studie, „Alles oder nichts" betitelt, findet der Autor es nicht der Mühe wert, darauf hinzuweisen, daß Adler wiederholt auf dieses „neurotische Lebensmotto" zu sprechen kommt; dasselbe gilt für die Ja-aber-Formel.
(178) P. Tillich 1969, 37 f. Tillich spricht von einer „religiösen Dimension" menschlichen Daseins, nicht von einer „Schicht" (weil er den zerstörerischen, d. h. asozialen Tendenzen hierarchischen Denkens ausweichen will). „Dimensionen haben die Eigenschaft, daß sie sich in einem Punkt treffen, aber nicht ineinander eingreifen" (1969, 72 ff., 79).
(179) Für Fromm stehen zwei Wege offen, um über den Zustand der Einsamkeit und Machtlosigkeit hinwegzukommen: Liebe und tätiges Leben oder aber „Rückfall", Sich-Preisgeben. Der Masochismus wird verständlich, wenn dadurch Sicherheit erhofft wird. „Wenn alle Mittel versagen, bildet Selbstmordphantasie die letzte Hoffnung, eine Linderung von der Last des Alleinseins zu finden" (1970a, 14 ff., 152).
(180) A. Adler 1973b, 109
(181) Adler schreibt, auch das normale Kind erwarte von der Zukunft die Erfüllung seiner Ideale. „Aber zur gegebenen Zeit ist es imstande, nachdem es sich von seiner Idee (Zielvorstellung) hatte leiten lassen, von dieser zur Wirklichkeit hin abzuspringen" (1973a, 243). Der Trotz dürfte keine normale Entwicklungsphase sein (W. Schmidbauer 1980, 33). Eine entsprechende Erfahrung mit „Autorität" ist diesem wohl vorausgegangen.
(182) W. Schmidbauer 1980, 33. Als destruktiv erweisen sich Ideale, sofern in ihnen die Wunschvorstellung des kleinen Kindes (dessen magisches Denken) fortdauert. Ich möchte hier aber auch Leitbilder der Erziehung, Denkverbote, nennen bzw. auf deren Schädlichkeit und infantilisierende Wirkung hinweisen.
(183) A. Adler 1974, 90
(184) Adler schreibt, der Wunsch, alles zu haben, beziehe sich primär auf die Mutter. Der Ödipuskomplex sei damit als arrangierte Fiktion erkennbar (1973a, 146).
(185) A. Adler 1979, 56 f. Auf Fromms eigenwillige Deutung der Sünde Adams möchte ich hier nur hinweisen (1979, 14).
(186) E. Fromm 1954, 100
(187) Zunächst wird das „Ideal" als lebensnotwendiger Teil des eigenen Selbst erlebt, anderseits ist Entwicklung von der Überwindung frühkindlicher Welt- und Selbst-Bilder abhängig, ohne eine solche nicht möglich. Schmidbauer schreibt dazu, die meisten Selbstmorde beruhen auf einem Verlust bisher für selbstverständlich und tragfähig gehaltener Ideale oder idealisierter Bezugspersonen (1980, 117). Auch H. Henseler vertritt diese These (1974, 84 ff.).

(188) O. F. Bollnow 1970, 13 ff., 35
(189) A. Adler 1973a, 51
(190) R. Funk 1978, 124. Es ist dort von „irrationaler Autorität" bzw. einer sadomasochistischen Charakterstruktur die Rede.
(191) Wer darum bemüht ist, die sexuelle Entwicklung Jugendlicher durch das Erzeugen von Schuldgefühlen zu „steuern", dem seien die Forschungsergebnisse von R. Spitz zum Thema „Masturbation" nachdrücklich empfohlen (1976, 27 ff.). Die Moral würde vielleicht weniger kämpferisch gegen kindliche und jugendliche Sexualbetätigung zu Felde ziehen, wäre man sich der psychischen Katastrophen bewußt, die da oft, angeblich in bester Absicht, heraufbeschworen wurden.
(192) A. Adler 1973b, 109
(193) O. F. Bollnow 1969, 52. Es ist kennzeichnend für die Entstehung von Vorurteilen und Feindbildern, daß Gedanken, vor allem Gefühle nicht an der Realität überprüft werden, man sich mit tendenziösen Konstruktionen zufrieden gibt, die vielleicht einen Zweck haben (Entlastung von unbewußtem Selbsthaß), aber zugleich ein unmenschliches Ziel verfolgen: die Vernichtung von Mitmenschen.
(194) J. Baechler 1981, 129; vgl. dazu auch: E. Ringel 1978a, 128 ff.
(195) Mit der Überwindung von Machtkämpfen durch Anerkennung von Gleichwertigkeit befaßt sich R. Dreikurs (1972, 99 ff.). Leistungsvergötzung bzw. ein materialistisches Wertkriterium erschweren eine solche humanistische Wendung.
(196) Vgl. A. Adler 1973b, 163 f., 166. Die gesellschaftlichen Institutionen sind dabei klar und deutlich dem Individuum und seinen Bedürfnissen hintangesetzt (1976, 23 f.). Ein Selbstzweck kommt ihnen nicht zu. Das gilt auch von der Kirche. Hier müßte das Wort „Dienen" (statt Herrschen) sehr viel ernster genommen werden, und zwar mit allen Konsequenzen, auch solchen gegen einen vom Evangelium ausdrücklich untersagten Paternalismus (vgl. Mt 23, 9).
(197) In: E. Ringel 1969, 70
(198) Vgl. dazu: J. Rattner 1977a; G. Brandl 1980a, 132 ff.
(199) O. F. Bollnow 1975, 46. Ich mache mir den Antiautoritarismus von Bollnow zu eigen, lehne aber die Rücksichtslosigkeit Jugendlicher gegenüber Erwachsenen ab, welche die seinerzeitige antiautoritäre Erziehung propagiert hat. Die Reaktion ist entsprechend ausgefallen.
(200) E. Fromm 1954, 106. Das Verantwortungsgefühl ist keine Pflicht, die dem Menschen von außen aufgezwungen ist, sondern meine (persönliche) Antwort auf etwas, von dem ich fühle, daß es mich angeht (1954, 114). Die Voraussetzung solchen Fühlens ist das Befreitsein von einem autoritären (analen) Zwangs-Gewissen. Vgl. dazu auch: E. Ringel 1978, 105 ff.
(201) E. Fromm 1979, 97 ff.

(202) Das Vertikaldenken begünstigt nicht nur eine unterschiedliche Bewertung von Leib und Seele (eine „Entwertung" des Leibes), sondern auch von Menschen auf Grund ihrer „Schichtzugehörigkeit". Indem hier dualistisch verfahren wird, ist auch im sozialen Bereich Spaltung und Trennung eine logische Folge. Die soziologische „Basis" ist die von Macht und Ohnmacht bzw. der Machtkampf.

(203) Ich weise hier auf Ringels Kritik an der Theorie von V. E. Frankl hin (E. Ringel 1978, 208, 227 ff.).

(204) A. Adler 1981, 47

(205) Die bekannteste Darstellung der Transaktionsanalyse stammt von Th. A. Harris. Es ist dort Adler erwähnt, und zwar im Hinblick auf die Tendenz schon im kleinen Kind, seinem Leben einen Sinn zu geben (1976, 59). Noch stärker beruft Harris sich an anderer Stelle auf Adler (1976, 62). E. Berne hat mit seinem Buch „Spiele der Erwachsenen" (1968) die Grundlage für diese Betrachtungsweise geschaffen.

(206) E. Berne 1968, 61 ff.

(207) Th. A. Harris 1976, 83

(208) A. Ellis 1975, 186 ff.

(209) U. Neisser bemüht sich darum, eine bisherige sterile Betrachtungsweise auf ein neues Verständnis des menschlichen Wahrnehmungsprozesses hin aufzubrechen. Das „Menschenbild" sei dabei zu wichtig, als daß man es der Psychoanalyse und den Behavioristen überlassen dürfe (1979, 18). Ich möchte hier auch aufmerksam machen auf die Gestalttheorie, deren psychotherapeutische Bedeutsamkeit H. J. Walter aufgezeigt hat (1977).

(210) A. Adler 1979, 54

(211) E. Ringel 1978a, 15 f. Daß Kinder häufig als bloße Fortsetzung der eigenen Existenz (Wunscherfüller) empfunden werden, gehe aus der Reaktion auf Selbstmord hervor, wenn Eltern die Frage stellen, wie ein Kind ihnen das habe „antun" können (1978a, 27).

(212) F. Künkel 1968, 33. Falls Erziehung mit Menschenformung gleichbedeutend sein sollte, wäre vom psychohygienischen Standpunkt aus eine „antipädagogische" Haltung, wie etwa A. Miller sie vertritt (1980b, 76 ff.), durchaus angemessen.

(213) H. Stierlin 1977, 66. Auch der Substitut-Status des Kindes nach H. E. Richter gehört hierher (1970, 64 ff.).

(214) E. Fromm 1976, 54

(215) E. H. Erikson 1970, 113

(216) Ich bin mir dessen bewußt, damit in Widerspruch zu stehen zu verbreiteten pädagogischen Praktiken, aber insbesondere einer behavioristischen „Theorie" (die eigentlich nur Bestehendes sanktioniert). Durch sie wird Lernzielplanung zum Privileg der Erfahrenen, Einflußreichen, Mächtigen; sie selber macht sich zum Handlanger bürokratischer Institutionen. Die Häufigkeit einer Praxis verrät übrigens nichts über deren Wertigkeit.

(217) O. F. Bollnow 1968, 52 f.
(218) E. H. Erikson 1970, 66
(219) R. Dreikurs 1972, 41. Besonders trifft das für Angstneurosen zu, aber ebenso für neurotische Zwanghaftigkeit. Der Verzicht auf Kämpfen verrät umgekehrt, daß sich die Grundhaltung eines solchen Menschen verändert hat. Eine Konditionierung zu einem solchen Verzicht wäre sinnlos.
(220) F. Zorn 1977, 26 f. A. Muschg kommentiert den eindrucksvollen und für manche Erzieher außerordentlich „peinlichen" Text. Wer sich nicht rettungslos hinter Borniertheit verschanzt hat, wird den Rückblick eines Sterbenden (gemeint ist F. Zorn) nicht ohne tiefe Erschütterung lesen können.
(221) F. Zorn 1977, 44
(222) F. Zorn 1977, 83 f. Eine bestimmte Erziehung scheint nur die Alternative „Zerstörung fremden oder eigenen Lebens" offen zu lassen. Ich verweise dazu auf das Thema „der ungelebte Zorn" bei A. Miller (1980b, 300 ff.).
(223) In einer Studie habe ich die Individualpsychologie als Sozialisationstheorie dargestellt bzw. den Beitrag Adlers zu dieser heutigen Fragestellung herausgearbeitet (in: G. Brandl 1979a, 91 ff.).
(224) E. Fromm 1977, 92
(225) A. Adler 1979, 59. Von Finalität im Sinne Adlers unterscheidet sich eine teleologische Konzeption, die letztlich auf die Trieblehre hinausläuft und nicht minder deterministisch ist. Vgl. J. Seidenfuß 1979. K. Horney schreibt, nicht die Symptome, sondern der Charakter beeinflußt menschliches Verhalten (1951, 21).
(226) Fromm bezeichnet Liebe als einen Akt des Willens. „Das ist auch die Idee, die hinter der Vorstellung von der Unauflöslichkeit der Ehe steht." (1971, 81)
(227) Mit dem Unbewußten ist immer auch das Verdrängte, der verinnerlichte Zwang gemeint, die Folge von Machtausübung, ebenso (reaktive) Revanchegelüste. Mit Adler werden wir Verdrängung nicht so sehr auf einen „Mechanismus" zurückführen, diese vielmehr mit gesellschaftlich bedingter „Lebenslüge" bzw. einer ideologischen Verschleierungstaktik in Zusammenhang bringen.
(228) E. Fromm 1980, 182 f. Nur selten und meist eher unfreundlich kommt Fromm auf Adler zu sprechen. An einer bestimmten Stelle nennt er allerdings Adler und Jung die „begabtesten Schüler" von S. Freud (1980, 180). Adler selber wehrt sich dagegen, als Schüler Freuds bezeichnet zu werden (1973b, 154).
(229) A. Adler 1973b, 66 f. Er schreibt, alle fehlerhaften Bewegungsformen (Zögern, Gebremstsein oder Angriff) seien aus einem Mangel an Kontaktfähigkeit zu erklären (1973b, 120).
(230) Fromm überwindet mit seinen diversen Charakter-Konzeptionen den libidotheoretischen Mechanismus Freuds und räumt dem Menschen sogar be-

züglich seiner „Grundorientierung" die Möglichkeit des Wandels bzw. einer Korrektur ein (vgl. R. Funk 1978, 50 ff.).

(231) Mit großem Scharfsinn und einem ungeheuren Zeugenaufgebot unternimmt N. Leser den Versuch, die Freiwilligkeit des Selbstmordes philosophisch zu „beweisen". Zum Schluß seiner Studie wünscht er sich, es möge eine existentielle Solidarität aller Sterblichen geben, die der traditionellen Verurteilung des Selbstmordes in so hohem Maß abgeht (1980, 78 ff., 130). Leser übt scharfe Kritik daran, daß E. Ringel den Selbstmord als „Abschluß einer krankhaften Entwicklung" bezeichnet. Es kommt ihm dabei aber nicht in den Sinn, Ringels Triebkonzept einer wie ich glaube nur allzu berechtigten Kritik zu unterziehen.

(232) A. Adler 1973c, 98. Die familiäre Situation wird dafür verantwortlich gemacht. Wenn wir den gesellschaftlichen Rahmen der Familie außer acht lassen, bleibt die Kritik unfruchtbar und ungerecht.

(233) Vgl. R. Funk 1978, 38 f.

(234) J. Amery 1976, 82 f. Die Institutionalisierung der Selbstmordverhütung, wie (z. B.) H. Pohlmeier sie schildert (1978a, 105 ff.), wirft zumindest die Frage auf, ob nicht gerade Institutionen, das bürokratische System, zum Zweck perfekter Regelung und als „Ersatz für nicht vorhandene Instinkte" (im Sinne von A. Gehlen) Trotzreaktionen bis hin zur Selbstvernichtung auf den Plan rufen.

(235) A. Lowen 1982, 122, 154 ff. Das biogenetische Konzept Lowens läßt sich therapeutisch erfolgreich anwenden, beispielsweise in Form des Autogenen Trainings, wo der Atemübung eine zentrale Funktion zugemessen ist.

(236) Der Prozeß des Fragens und die dadurch bewerkstelligte Öffnung füreinander spielen dabei eine wichtige Rolle (vgl. G. Brandl 1980a, 153 ff.). Siehe auch meine Studie über Bindung und Freiheit im dialogischen Verhältnis (in: E. Ringel/G. Brandl 1977, 228 ff.). Keine Zeit haben für das Kind, das kann auch bedeuten, kommunikationsunfähig sein. Mit Informationen allein (z. B. Sexual-Aufklärung) ist Kindern nicht geholfen.

(237) E. Fromm übt Kritik, daß die verschiedenen Arten von Aggression kaum je unterschieden werden: Verteidigung (reaktive Aggressivität), Sadismus, der Wunsch nach Allmacht und Haß gegen das Leben in Form von Destruktivität (1980, 230). Fromm zeigt auch die gesellschaftliche Determination von Freuds Trieblehre bzw. der Konzeption eines „Todestriebes" auf (1980, 177 ff.). In typisch ideologischer Weise werden bestehende Verhältnisse oft als schlechthin „natürlich" (allgemeingültig) ausgegeben.

(238) E. Ringel spricht von „Entladung einer angestauten Aggression". Er meint zwar, das Sich-Abreagieren (ein von vornherein völlig unzulänglicher Begriff) führe nur für den Augenblick zu einer Verminderung der Suizidgefahr. Wie sehr Ringel physikalischem Denken verhaftet ist, zeigt die Bemerkung, die „Ursache des Aggressionsdrucks" müsse „abgebaut" werden (in: E. Ringel 1969, 110). Er hat diesbezüglich seine Anschauung nicht geändert, spricht wei-

terhin vom „Druck der Erbitterung" (1980a, 67 ff., 71). Hier ist das „hydraulische Modell", in Analogie zu dem Druck, der von gestautem Wasser oder Dampf in einem geschlossenen Behälter ausgeübt wird (vgl. E. Fromm 1977, 34), naiv-fraglos auf den Menschen übertragen. Vgl. dazu auch: F. Capra 1983, 131 ff.

(239) „Nur in der Begegnung mit dem Du kann der Mensch zu sich selber kommen." (O. F. Bollnow 1965, 100) Eine Revitalisierung dialogischen Denkens (wenn auch in etwas nüchternerer Sprache als z. B. bei M. Buber) halte ich aus therapeutischer Sicht für wünschenswert, als Alternative zu kybernetischer Lebensverunstaltung heute. Die Kausalmechanik des aggressiven Gegenmenschen ist logischerweise auf Zerstörung ausgerichtet. Wir haben es hier bereits mit einem atomisierten Menschenbild zu tun, das sich der Trieblehre bzw. des Behaviorismus zu seiner Selbstrechtfertigung bedient.

(240) E. Fromm 1970a, 181, 152

(241) A. Adler 1974a, 25

(242) Fromm schreibt, da unser Handeln nicht durch Instinkte geleitet ist, wären wir in Gefahr, wenn wir immer wieder einen wohlüberlegten Entschluß fassen müßten. Unsere Antriebe sind in Form des Charakters gleichsam kanalisiert (vereinheitlicht), nicht unbedingt mechanisiert. Die gleiche Umwelt kann deshalb für zwei Menschen nie dieselbe sein. Produktivität ist keine Leidenschaft (Trieb), sondern ein Wollen, das auf das Allgemeinwohl und darin einzelner Mitmenschen, auch des eigenen Selbst gerichtet ist (1954, 74, 112 ff.).

(243) W. J. Revers 1969, 52. Es ist dort von „konserviertem Trotz" die Rede, zu einer Zeit, da Kontakte zu Gleichaltrigen entwicklungsadäquat wären, von einer präpuberalen Vorgestalt des Negativismus. Kaum eine Art von Verbrechen, schreibt Revers, hat in der Weltgeschichte einen solchen Vernichtungswillen hervorgerufen wie der entschiedene Mut, personale Einmaligkeit konsequent auszuzeugen (1969, 64). Väterliche Härte und mütterliche Verwöhnung (Erpressung) kommen in dieser Studie gleich schlecht weg.

(244) E. H. Erikson 1970, 75 ff. In diesem Zusammenhang ist auf den „analen Charakter" und dessen sehr differenzierte Darstellung in der Psychoanalyse hinzuweisen (vgl. S. O. Hoffmann 1979, 139 ff.). Die autoritären Rahmenbedingungen für dessen Entstehung (die Vertikale) lassen sich kaum übersehen. Eine „erogene Zone" spielt hier eine höchst untergeordnete Rolle.

(245) In: E. Ringel 1969, 69

(246) E. Fromm 1979, 116. Die nekrophile Orientierung ist ein sehr komplexes Phänomen. Umgekehrt zeigt sich gerade in der Therapie, daß Erneuerung damit beginnt, daß ein Mensch in irgendeinem Bereich am Leben wieder Anteil nimmt.

(247) In: E. Ringel 1969, 60

(248) In: E. Ringel 1969, 62. J. Baechler zeigt mit seiner Typologie, daß der aggressive nur ein Aspekt unter mehreren ist. Er stellt das eskapistische Motiv (Flucht) an die Spitze (1981, 65 ff.).

(249) A. Freud 1964, 36
(250) H. Henseler 1974, 87 ff.
(251) Vgl. S. O. Hoffmann 1979, 51 ff., L. Schlegel 1978, 112 ff.
(252) In: E. Ringel 1969, 61. Sinnverlust und Verzweiflung trotz physischen und (deformierten) psychischen Überlebens stellt Fromm im Hinblick auf den (faschistischen) Autoritarismus dar. Selbstmord erfolgt nicht „konsequent" (einem Naturgesetz zufolge), sondern als „äußerste Perversion des Lebens" (1970a, 249, 261).
(253) In: E. Ringel 1969, 39
(254) A. Adler 1979, 51. Eine Deutung des Gesamtphänomens ist damit nicht zustande gebracht, vor allem dann nicht, wenn damit eine Diskriminierung verbunden wäre.
(255) In: E. Ringel 1969, 60 f.
(256) Vgl. E. Fromm 1970b, 149. Eindrucksvoll ist dort der Zusammenhang von Zerstörung des Selbst und Hemmungslosigkeit (Sich-nichts-versagen-Können) herausgearbeitet.
(257) Vgl. B. F. Skinner 1973, 33 ff. H. J. Eysenck kombiniert Biologismus und „Verhaltenstechnologie" (vgl. in: J. B. Bergold 1973, 91 ff.). Für mich sind Leute dieses Schlages Verbrecher. Ihr einziger Vorzug: sie verschleiern nichts, sprechen ihre Absichten ganz offen aus.
(258) A. Adler 1966, 146. „Nervosität" (Neurose) wäre nach Adler gleichbedeutend mit der Abwendung von einem Sozialapriori.
(259) E. Fromm 1954, 74. Im Falle der „produktiven Orientierung" sind Denken und Fühlen „nicht verkrüppelt" (1954, 100), d. h. sie lassen sich nicht von vornherein festlegen, sind unberechenbar, können deshalb nur negativ bestimmt werden.
(260) E. Fromm 1976, 83
(261) A. Adler 1978, 72
(262) A. Adler 1966, 32, 148. Es mag überraschen, daß Adler, der sich später mit solcher Vehemenz gegen Freuds Libidotheorie zur Wehr setzen sollte, als erster von einem „Aggressionstrieb" sprach (vgl. in: A. Adler/C. Furtmüsser 1973, 53 ff.), sogar von dessen Umkehr gegen die eigene Person. Später ordnete Adler derartige Tendenzen dem „Überwindungsstreben" zu und sah im Angriffsverhalten eindeutig eine Soziopathie (vgl. H. L./R. R. Ansbacher 1972, 54 ff.).
(263) E. Fromm 1970a, 36, 40
(264) A. Adler 1973b, 69
(265) A. Adler 1973b, 97
(266) A. Adler 1966, 188. Zum Kriterium dafür, ob Gleichberechtigung Anerkennung findet, dient das Gespräch, und zwar hinsichtlich des „Beziehungsaspekts". Über Fehlformen des Gesprächs informiert O. F. Bollnow (1969, 92 ff.).

(267) Den „Beziehungsnotstand" führe ich in den meisten Fällen auf Verwöhnung bzw. eine damit verbundene Entmutigung (Entaktivierung) zurück (vgl. G. Brandl 1977, 77 ff.).
(268) H. Henseler 1974, 83 f. Die narzißtische „Einzigartigkeit" gewinnt in Form des Anal-Charakters eine besondere „trotzige" Verhärtung, eine „aggressive Note" gegenüber der sozialen Umwelt (vgl. S. O. Hoffmann 1979, 153). Eine „Triebbefriedigung" ist mit narzißtischer Selbsteinschätzung aber nicht verbunden.
(269) A. Adler 1979, 68, 70
(270) O. F. Bollnow 1969, 71. Wenn dieser annimmt, in der Therapie sei eine Haltung bloßer „Objektivität" gegeben, so dürfte das ein Mißverständnis sein. Hier wäre eine solche Haltung noch mehr „unnatürlich und unmenschlich" als in der pädagogischen Situation.
(271) A. Adler 1974a, 182 f. Als „Lernergebnis" entstammt der Mut überwundener Mutlosigkeit. Siehe zu diesem Thema: R. F. Antoch (1981, 138 ff.).
(272) A. Adler 1973b, 35
(273) E. Fromm 1966, 111—113. Am meisten sei religiöses Leben durch „Marktorientierung" gefährdet (1966, 118). Gemeint ist Oberflächlichkeit, Beziehungslosigkeit, innere Leere, das Freisein von jeder Individualität (1954, 82 ff.).
(274) K. H. Weger 1981, 224. Stellenweise ist mir dieses Buch zuwider, dort, wo es sich allzu sehr vom Denkstil einer überholten Apologetik leiten läßt und moderne Strömungen allzu voreilig als atheistisch anprangert.
(275) In meinem Buch „Zum Mitmenschen unterwegs" (G. Brandl 1982, 100 ff.) versuche ich, „Annäherung" psychologisch zu unterstützen, zugleich aber, sie christlich zu begründen.
(276) Wille Gottes gegen den Menschen gerichtet, das setzt ein ausgesprochen pessimistisches Menschen- und Gottesbild voraus. Demzufolge aktualisiert der Mensch seine Freiheit grundsätzlich gegen Gott. Lebenssehnsucht würde hier unterschlagen oder als Gier mißdeutet, aber ebenso Gottes Menschenfreundlichkeit (vgl. G. Brandl 1980b, 115 ff.).
(277) Es besteht kein Anlaß, Religionskritik, die auf solche Projektionstendenzen aufmerksam macht, entrüstet abzuweisen. Sie könnte der Reinigung von der Last der Jahrhunderte und damit einer Erneuerung dienen. Der Apologetik von K. H. Weger (1981, 132 ff.) gegenüber Freud vermag ich mich z. B. nicht anzuschließen. Tendenziöse Kurzsichtigkeit verschließt sich einem Reinigungsprozeß.
(278) Aus christlicher (seelsorglicher) Sicht schreibt K. Thomas über Selbstmordverhütung bzw. sexuelle Not: „Solange wir Schuld, durchaus im Gegensatz zur biblischen Botschaft, vorwiegend auf Gebiete der Sexualmoral einengen, solange wir nicht die Hauptaufgaben der Gesinnungsethik und der Charakterbildung erkennen, solange wir nicht in dem angeblich Schuldigen den leidenden Menschen sehen, solange handeln wir dem Gebot Jesu entge-

gen." Es ist von „ekklesiogenen Neurosen" bis hin zu unmittelbarer Selbstmordgefahr die Rede. Fast alle Jugendlichen mit „Onaniekonflikten" hätten eine solche lebensverunstaltende Erziehung „genossen". Manch einer fühlte sich dann dazu gezwungen, gegen seinen „sündigen Leib" mittels suizidaler Handlungen vorzugehen (1977, 97, 71). Auf das, was Beichtväter einst Jugendlichen, die sich selbst befriedigten, zu sagen wußten, wollen wir in Zukunft gern verzichten. Ringel hält insbesondere die „Gedankensünde" für einen fatalen neurotisierenden Begriff (1978, 108).

(279) A. Adler 1966, 140

(280) Adler schreibt, ein Grundsatz könne nirgendwo verletzt werden, ohne daß sich sofort Gegenkräfte rühren, „nämlich das Gesetz von der Gleichheit alles dessen, was Menschenantlitz trägt" (1966, 198). Humanistisches und christliches Denken stimmen diesbezüglich durchaus überein.

(281) Durch keine List der Ichhaftigkeit sei so viel Unheil angerichtet worden, schreibt F. Künkel, als durch eine ichhafte (machtorientierte) Deutung des vierten Gebotes (1968, 33). Gemeint ist erzieherische Erpressung mit Gott zu blindem Gehorsam. Umgekehrt spricht man umso vorwurfsvoller von „Schuld" (bösem Willen), je mehr zuvor Willens-Freiheit pädagogisch deformiert worden ist. Hier gibt es kein Entrinnen, nur das Sich-Fügen oder die Verzweiflung.

(282) E. Fromm 1974, 60

(283) Es liegt mir fern, Unterschiede verwischen zu wollen. Wie gravierend diese sein können, z. B. zwischen Fromm und einer theologischen Anthropologie, arbeitet G. Schneider-Flume überzeugend heraus (in: A. Reif 1978, 135 ff.).

(284) A. Adler 1973a, 120. Hinzugefügt ist: „Auch Selbstmord als letzten Ausdruck des männlichen Protests (der Frau) im Alter haben wir schon erlebt; häufig findet sich auch Melancholie als Racheakt." Adler schildert ungemein lebendig die Situation insbesondere der alternden Frau. Wenn das Grundprinzip lautet: „Handle so, als ob du doch noch zur Geltung gelangen müßtest", so kann dessen Einhaltung erst recht nur durch Herabsetzung anderer, Vorwürfe-Machen, diese als „undankbar" erscheinen lassen (usw.), erfolgen.

(285) E. Fromm 1970a, 253 f.

(286) E. Ringel 1978, 164

(287) Adler spricht von einem parasitären Zug, wenn ein Kind, was es sich wünscht, stets mit Hilfe der Mutter zu erringen versucht (1974a, 115). Das Verhältnis dürfte auch umkehrbar sein: wenn wir mit Fromm von einem „symbiotischen Komplex" sprechen, der zu sadomasochistischer Strukturbildung hinführt (1970a, 158 ff.).

(288) E. Fromm 1979, 73

(289) A./M. Mitscherlich 1970, 9, 19

(290) E. Fromm 1979, 86 f., 89

(291) E. Fromm 1970a, 142 ff. Im Falle sexueller Perversität gewinnt eine solche Machtorientierung lediglich eine besondere Verschärfung. Der Widerspruch zwischen Liebe und Macht wird dann noch schmerzlicher fühlbar.
(292) E. Fromm 1970b, 73 ff. Für Adler ist die „Fiktion" unabdingbar, gleichzeitig aber immer korrekturbedürftig. „Sicherungstendenzen" erscheinen, sofern sie Bewegungsfreiheit einengen, als schädliche Verhärtungen (vgl. in: A. Adler/C. Furtmüller 1973, 219 ff.).
(293) Adler schreibt, ohne J. J. Bachofen zu nennen, der Sieg des Mannes sei gleichbedeutend mit der Unterjochung der Frau gewesen, wobei jener als bevorrechteter Teil erscheint, sofern er der erwerbende ist. „Es ist überaus schwer, dem Kind klarzumachen, daß die Mutter, die häusliche Leistungen vollbringt, ein dem Mann gleichberechtigter Partner sei." (1966, 117 f.)
(294) E. Fromm 1976, 143
(295) E. Fromm 1980, 77 ff., 71 ff.
(296) E. Fromm 1971, 127 f.
(297) E. Stierlin schreibt, die Anerkennung des Kindes durch die Mutter wirke auf diese selber zurück. „Indem die Mutter das Kind gedeihen sieht, wird auch sie als Mutter bestätigt." Es kann aber auch sein, daß sich beide in Frage stellen. „Dann kommt ein Zirkel der Angst in Gang." (1972, 66 ff.)
(298) E. Fromm 1980, 75 f.
(299) Vgl. P. Tillich 1969, 20 ff. Der Verzicht auf Bedingungen befreit uns vom Mitmenschen und setzt unseren Willen für die Liebe frei.
(300) A. Adler 1974, 41
(301) A. Adler 1966, 246
(302) In: D. Ohlmeier 1973, 64
(303) E. Fromm 1979, 110 f. Je mehr das Interesse am Leben abnimmt, desto stärker wird das Interesse an technischer Perfektion (1979, 55).
(304) A. Adler 1979, 16 f.
(305) A. Adler 1979, 126
(306) A. Adler 1966, 64
(307) In einem Interview mutmaßt Fromm, daß wir zu einem „Faschismus mit lächelndem Antlitz" hin unterwegs sein könnten, welcher mehr auf Manipulation als auf äußerer Gewalt beruht (in: A. Reif 1978, 247). Gemeint sind damit Systemkonsequenzen, das Wirksamwerden eines autoritäten Bürokratismus, der auch schon von Adler mit großer Treffsicherheit kritisiert worden ist (vgl. W. Kraus 1980, 24 ff.). Noch zur Zeit der Monarchie in Österreich (1910) hatte Adler geäußert, es sei keineswegs bedauerlich, wenn (durch Erziehungs-Partnerschaft) „ein großes Stück von Autoritätsglauben fällt". Er vermutet, in Zukunft werde jeder nicht mehr im Dienste einer Person, „sondern im Dienste einer gemeinsamen Idee" seinen „gleichberechtigten Platz" ausfüllen (in: A. Adler/C. Furtmüller 1973, 218). Am Ende des Jahrhunderts dürften wir von einer solchen Zukunft immer noch sehr weit entfernt sein.

(308) In: E. Ringel 1969, 52. Einengung von außen, schreibt Ringel, kann nicht zum Selbstmord führen. „Erst die Antwort der Person (Stellungnahme, Deutung) bringt die Entscheidung." (1978, 159)
(309) A. Adler 1978, 32. Der narzißtische Mensch deutet den Mangel, das Versagen und Enttäuschtwerden, als persönliche Beleidigung. Er sucht dann meist nach einem „Sündenbock", an dem er seine Wut auslassen kann. Die (nicht-triebbedingte) Aggression wird gerade durch ein solches Abreagieren „angeheizt"; es entsteht ein Teufelskreis.
(310) E. Ringel 1978, 32. Aktivität im Gegensatz zu passivem Reagieren ist hier gemeint, zugleich Mitmenschlichkeit, die durch nichts so sehr verletzt und zerstört wird, als durch die Tötung ungeborenen Lebens. Hier stellen Erwachsene ihre Unlebendigkeit in abstoßendster Weise unter Beweis.
(311) A. Adler 1966, 65. Eine religiöse Deutung des Menschseins ist hier gegeben. Insbesondere will Adler sich gegen die pessimistische Auffassung Freuds abgrenzen, wonach das Kind ausschließlich nach Lust strebt, somit völlig ichbezogen ist. Nur durch eine „primäre Liebe" kann umgekehrt ein angemessenes Selbstwertgefühl errungen werden.
(312) E. Fromm 1970a, 179. „Dem isolierten machtlosen Individuum ist die Verwirklichung seiner Sinnesgefühle und Verstandesmöglichkeiten vereitelt." Es entbehrt innere Sicherheit und Selbstbestimmung, ist hörig, wobei zivilisatorische und kulturelle Tabus die Seelenblockade tendenziös verstärken.
(313) E. Ringel 1978, 159–163
(314) Th. A. Harris 1976, 45. „Das selbständige Bewegungsvermögen, aus dem das Erwachsenen-Ich geboren wird, dient im späteren Leben zur Beruhigung, wenn ein Mensch in Bedrängnis ist." Er vermag dadurch einerseits Distanz zu gewinnen, zugleich von sich aus den Kontakt zur Umwelt neu herzustellen.
(315) Vgl. dazu: Ch. N. Cofer 1975, 86 ff.
(316) In: O. Schatz 1979, 208
(317) E. Fromm 1971, 44
(318) A. Miller 1980b, 130. Das Gehemmt-Werden (der verinnerlichte Zwang) erzeugt nicht nur die Autoaggression, sondern überhaupt Aggression. Gesellschaftliche Feindseligkeit findet dann im einzelnen ihre konsequente Fortsetzung.
(319) E. Fromm 1979, 41. Nur sehr selten kommt allerdings ein solches Leitmotiv verbal zum Ausdruck, umso häufiger durch Taten.
(320) A. Adler 1978, 126
(321) A. Adler 1973b, 168
(322) E. Ringel 1974, 20 f.
(323) Vgl. Ph. Lersch 1965, 78 ff. Im Anschluß an diese Unterscheidung erscheint mir das „Syndrom" in seinem sozialen Bedingtsein. Das Nebeneinander bewirkt Einengung, d. h. den Verlust lebenserhaltenden Gebens und Nehmens.

(324) Vgl. A. Adler 1973b, 163 f. Einseitiger (passiver) Anpassung widersetzt sich Adler mit der Feststellung, daß soziale Institutionen für das Individuum da sind und nicht umgekehrt. Man dürfe dieses jedenfalls in „kein soziales Prokrustesbett spannen" (1976, 23 f.).
(325) E. Fromm 1976, 90
(326) H. Reuter 1966, 224
(327) Kurier (Wien), vom 25. 5. 1980
(328) A. und M. Mitscherlich sprechen von einem „erschreckenden Ausmaß von Einfühlungslosigkeit". „Keiner ist unersetzlich" wird dann zur pragmatischen Grundmaxime. Persönliche Qualitäten würden daran gemessen, wie „vollkommen" jemand den Apparat zu bedienen imstande sei (1970, 81, 177).
(329) E. Fromm 1974, 38
(330) Vgl. E. H. Erikson 1970, 65
(331) P. Tillich 1969, 93. Er meint, der Mensch könne zwar die religiöse Symbolik im engeren wörtlichen Sinn vermeiden, könne aber nicht ohne Religion (Betroffenheit und Ergriffensein vom Unbedingten) existieren. „Die Erkenntnis der tragischen Situation des Menschen macht jeden Utopismus unmöglich, den evolutionären wie den revolutionären." (1969, 98)
(332) E. Fromm 1971, 125. Ich weise hier nur am Rande hin auf Fromms Ausführungen über „rationale und irrationale Leidenschaften" (1977, 297 ff.). Als „irrational" bezeichnet er jede Tendenz, die auf Schwächung oder Zerstörung des Ganzen ausgerichtet ist.
(333) A. Adler 1973b, 45
(334) E. Fromm 1954, 243
(335) A. Adler 1978, 24. Damit soll Fühlen nicht etwa negiert, sondern in seiner integrativen Funktion herausgestellt werden. Denken nur an sich selber und Handeln lediglich als Angriff (oder Verteidigung) sind Voraussetzung für eine Irreführung des Fühlens. In der Therapie kommt es demzufolge zu einem massiven Widerstand. Auch psychosomatische Reaktionen haben die Aufgabe, ein falsches Ich-Ideal unangreifbar zu machen. Der „Krankheitsgewinn" soll nicht verlorengehen.
(336) Fromm unterscheidet drei Arten von Sadismus: Die erste macht andere von sich abhängig (erpreßt z. B. Dankbarkeit), die zweite beutet aus (frißt den Abhängigen „bis auf die Knochen"), die dritte Art schließlich wünscht Mitmenschen leiden zu machen oder leiden zu sehen. Häufig erfolgt eine Beschönigung mit „Vernunftgründen" (1970a, 144).
(337) In: A. Adler/C. Furtmüller 1973, 205. Hinzugefügt ist die Bemerkung, diese Strafen (Schlagen und Einsperren) seien ebenso verhängnisvoll wie die erste Gefängnishaft für den jugendlichen Rechtsbrecher, und zwar im Hinblick auf die Verletzung des Ehrgefühls, der Selbstachtung.
(338) In: A. Adler/C. Furtmüller 1973, 66. Eindrucksvoll stellt A. Lowen die Auswirkung der schizoiden Struktur (der Distanz von sozialer Umwelt) in Form einer Abschnürung des Körpers vom Geist beim Einzelmenschen dar.

„Die Wurzeln dieses Prozesses liegen im Erlebnis der Zurückweisung in der Kindheit." (1982, 125 ff.)

(339) Vgl. G. Brandl 1982, 35 ff.

(340) In: E. Ringel 1969, 57

(341) W. J. Revers 1975, 82, 77

(342) E. Fromm 1971, 36

(343) K. Horney beschreibt bereits eine pervertierte Angst, wenn sie diese mit Feindseligkeit untrennbar verbunden sieht. Der Neurotiker befinde sich in einem Dilemma zwischen seiner Liebesunfähigkeit und seinem großen (narzißtischen) Bedürfnis nach Geliebtwerden (1951, 69).

(344) E. Fromm 1971, 40

(345) A. Miller kann dem Wort „Erziehung" keine positive Bedeutung abgewinnen (auch nicht der antipädagogischen Einstellung). Sie schreibt: „Ich sehe in der Erziehung die Notwehr des Erwachsenen, die Manipulation aus der eigenen Unfreiheit und Unsicherheit." (1980b, 121)

(346) A. Adler 1978, 130

(347) A. Adler 1973a, 194. Fromm führt diesen Gedanken in sehr viel differenzierterer Form mit seinen Aussagen zum Thema des sadomasochistischen Charakters weiter.

(348) A. Adler 1978, 142

(349) In: A. Adler/C. Furtmüller 1973, 101. Daß Adler in seiner Polemik gegen Freud sexuellem Lusterleben zu wenig gerecht wird, ist kaum zu leugnen.

(350) Adler fügt bei: „Alle menschlichen Urteile über Wert und Erfolg sind letzten Endes auf die Zusammenarbeit gegründet." (1979, 62 f.) Nicht Adlers Menschenbild ist naiv, sondern unsere technokratischen Gesellschaftsstrukturen sind pervers und unmenschlich.

(351) W. J. Revers 1969, 88

(352) Mit der Bedeutung von Hermeneutik gerade für Sich-miteinander-verständigen-Lernen (im Rahmen der Therapie) habe ich mich ausführlich befaßt (G. Brandl 1980a, 132 ff.; vgl. auch: 1975, 59 ff.).

(353) O. F. Bollnow 1970, 24

(354) H. Burkhardt 1973, 134. Die hinterhältigen Methoden der „Wiederaufrüstung", schreibt Burkhardt, gehen durchwegs auf geistige, sinnlichkeitsfremde (paranoische) Motive zurück. Die Behauptung eines „Aggressionstriebes" wäre somit eine ideologische Zweckbehauptung.

(355) In: E. Ringel 1969, 54

(356) E. Ringel 1978, 160 f. Ein Teufelskreis ist mit solcher Linearität durchaus vereinbar. Der Akzent liegt auf der Unkorrigierbarkeit des Konzeptes mangels Offenheit.

(357) N. Leser 1980, 85 ff. Die Bezugnahme auf empirisch-analytische Wissenschaftstheorie (einer gewissen Ch. Braun), wonach Selbstmord nur eine „Normabweichung" sei, halte ich für schlichtweg geschmacklos, zumindest äußerst unsensibel.
(358) A. Adler 1966, 53
(359) A. Adler 1973b, 65 f.
(360) E. Ringel 1978, 168 f. Ringel spricht von gleichzeitigem, aktivem Training neuer Verhaltensmuster. Er versteht Ermutigung („Erfolgserlebnis") zu mechanistisch bzw. behavioristisch. Den Kern der Ermutigung bildet Anerkanntwerden als Person, nicht von einzelnen Leistungen.
(361) E. Fromm 1976, 119 ff.
(362) A. Adler 1979, 54
(363) E. Ringel 1974, 18 f.; vgl. dazu auch: 1978a, 227 ff.
(364) E. Fromm 1971, 63
(365) H. E. Richter 1976, 20. Es wird an dieser Stelle auch gesagt: „Ein teuflischer Kreisprozeß bewirkt, daß die Trennungsdrohung als geläufiges Mittel der Kindererziehung in unserem Kulturkreis jede neue Generation wiederum im Übermaß für diese Angstform sensibilisiert." Richter befaßt sich in seiner Studie insgesamt mit Manipulationstechniken, die auf unbewußte Hörigkeit abzielen.
(366) E. H. Erikson 1970, 87 ff. Erikson schreibt dort, wenn wir die Konflikte und Ängste der Kindheit nicht ernst nehmen, „werden wir auch eine der ewigen Quellen menschlicher Angst und menschlichen Kampfes nicht erkennen" (1970, 94).
(367) E. Fromm 1976, 81
(368) E. Fromm 1954, 170. Ich denke hier vor allem an eine verlogene Doppelmoral.
(369) H. Scarbath kommt aus sexualpädagogischer Sicht auf die „Thesen" zu sprechen (in: B. Claußen/H. Scarbath 1979, 208 ff.). Ich möchte mich von neofaschistischen Tendenzen des „Bonner Forums" abgrenzen, weine aber auch einer neomarxistischen Emanzipationspädagogik keine Träne nach. Mir scheint, die Zeit sei gekommen für eine Selbstliquidation der „Erziehungswissenschaft" (nach all den kurzlebigen, verrückten Konzepten der jüngsten Vergangenheit).
(370) E. Fromm 1954, 219
(371) Kurier (Wien), vom 28. 5. 1980
(372) Alles in Gegensätze aufzuteilen, das „antithetische Apperzeptionsschema", hält Adler für eine kindliche Neigung (1976, 83). Der abwertende Zug stammt allerdings aus der Erwachsenen-Welt.
(373) J. Amery 1976, 83, 87
(374) In letzter Zeit habe ich in meinen Publikationen eher darauf verzichtet, schulkritische Äußerungen zu machen, aber nicht etwa, weil die Schulsituation humaner geworden ist, eher aus Resignation. Der Bürokratismus daselbst hat

es fertiggebracht, nicht nur den Schüler, auch den Lehrer in ein abscheuliches Prokrustesbett zu spannen. Die Frage nach der psychohygienischen Situation des Lehrers ist bisher kaum ernstlich gestellt worden.
(375) K. Singer 1973, 32 ff. Im einzelnen werden aufgezählt: überbetonte Sauberkeit, Ordnung, vor allem Unterordnung, Zensur, systematische Stoffanordnung, die Unterdrückung von Affekten. Schließlich ist von einer schulischen „Zwangsneurose" die Rede. Ich möchte von einem ausgesprochen nekrophilen Grundzug der einst so sehr betonten Lernzielstrategien sprechen.
(376) A. Adler 1973c, 25 ff.
(377) A. Adler 1966, 248
(378) K. Singer 1973, 17
(379) In: W. Hornstein u. a. 1977, 655. Im Hinblick auf das Beratungs-Thema des Sammelbands sei gesagt: Institutionalisierte Beratung in der Schule erscheint mir äußerst fragwürdig; ich schlage vor, über ein diesbezügliches Unterrichtsprinzip nachzudenken (vgl. G. Brandl 1981b, 173 ff.).
(380) R. Cohn 1975, 183 ff. Auf „themenzentrierte Interaktion", vor allem für den Schulbereich, möchte ich empfehlend hinweisen.
(381) R. Cohn 1975, 184
(382) A. Adler 1973b, 140
(383) M. Buber 1962, 465. Vom dialogischen Prinzip nach Buber ließ ich mich leiten, als ich den Sammelband „Situationsbewältigung durch Fragen" konzipierte (E. Ringel/G. Brandl 1977).
(384) In: E. Ringel 1969, 53. Gemeint ist der Verlust von dessen wirklichkeitsgestaltender Kraft.
(385) E. Ringel 1978, 159
(386) D. v. Uslar 1972, 111
(387) A. Adler 1973a, 30. Über Adlers Fiktionalismus im Anschluß an H. Vaihingers Als-ob-Philosophie siehe: H. L./R. R. Ansbacher 1972, 96 ff.
(388) E. Fromm 1966, 72. Bezüglich der anderen Charakterkonzepte siehe: R. Funk 1978, 50 ff.
(389) A. Adler 1973b, 166
(390) O. F. Bollnow 1970, 101. Nicht nur ein erkenntnistheoretisches, ein schlechthin existentielles Problem ist damit angesprochen.
(391) Fromm zitiert einen Ausspruch Spinozas: „Was Paul über Peter sagt, verrät uns mehr über Paul als über Peter." Fromm meint, wir könnten dann behaupten, daß wir Peter besser kennen als er sich selber kennt (1966, 69).
(392) E. Ringel 1974, 16. Das Charakteristikum dieses Raumerlebnisses ist die Absonderung von sozialer Umwelt. Es sind negative, abwertende Gedanken am Werk, die mangels Gespräch fortwirken, den Abstand vergrößern.
(393) Adler betrachtet den Lebensprozeß insgesamt als Bewegung: von einer Minussituation zu einer Plussituation, ohne daß ein Ruhezustand erreicht werden könnte. Mit Fehlereinsicht sei stets ein „schaffendes Minderwertigkeitsgefühl" verbunden (1973b, 68, 72).

(394) E. Fromm 1976, 143
(395) Marienverehrung, die dem neutestamentlichen Zeugnis entspricht, muß sich bestimmen lassen von der Solidarität Mariens mit ihrem Sohn. Andernfalls hätten wir es mit der Fortdauer eines heidnischen Mutterkultes, wenn auch im christlichen Gewand, zu tun.
(396) E. Fromm 1977, 385
(397) A. Adler 1979, 106
(398) E. Fromm 1977, 409. Diesem Urteil vermag ich mich durchaus anzuschließen. Auch einige meiner Fallbeispiele gehen in diese Richtung.
(399) A. Adler/C. Furtmüller 1973, 53 ff.
(400) A. Adler/C. Furtmüller 1973, 59
(401) Vgl. H. L./R. R. Ansbacher 1972, 54 ff.
(402) A. Adler 1977, 94, 57
(403) A. de Saint-Exupéry 1961, 189–191
(404) F. Capra 1983, 293. Aus einer wünschenswerten Überwindung konventioneller Abgrenzungen zieht F. Capra (an derselben Stelle) den Schluß: „Dementsprechend wäre keine der neuen gesellschaftlichen Institutionen dann der anderen überlegen oder wichtiger als die andere, und sie alle würden voneinander wissen und miteinander kommunizieren und kooperieren." Capra liefert mit seinem Werk eine überzeugende Begründung für die Notwendigkeit eines Paradigma-Wechsels, wovon wir uns im vorangegangenen ebenfalls hatten leiten lassen.

Literaturverzeichnis

Adam, E. (Hrsg.): Die österreichische Reformpädagogik. Böhlau Wien 1981
Adler, A. (1907): Studie über Minderwertigkeit von Organen. Fischer Frankfurt 1977
Adler, A. (1912): Über den nervösen Charakter. Fischer Frankfurt 1973a
Adler, A. (1920): Praxis und Theorie der Individualpsychologie. Fischer Frankfurt 1974
Adler, A. (1927): Menschenkenntnis. Fischer Frankfurt 1966
Adler, A. (1929): Individualpsychologie in der Schule. Fischer Frankfurt 1973c
Adler, A. (1929): Lebenskenntnis. Fischer Frankfurt 1978
Adler, A. (1929): Neurosen. Fischer Frankfurt 1980
Adler, A. (1930): Kindererziehung. Fischer Frankfurt 1976
Adler, A. (1930): Die Technik der Individualpsychologie 2. Fischer Frankfurt 1974a
Adler, A. (1931): Wozu leben wir? Fischer Frankfurt 1979
Adler, A. (1933): Der Sinn des Lebens. Fischer Frankfurt 1973b
Adler, A./Furtmüller, C. (1914/1922): Heilen und Bilden. Fischer Frankfurt 1973
Alvarez, A. (1971): Der grausame Gott. Hoffmann & Campe Hamburg 1974
Amery, J.: Hand an sich legen. Klett Stuttgart 1976
Ansbacher, H. L./Ansbacher, R. R.: Alfred Adlers Individualpsychologie. Reinhardt München 1972
Antoch, R. F.: Von der Kommunikation zur Kooperation. Reinhardt München 1981
Baechler, J. (1975): Tod durch eigene Hand. Ullstein Frankfurt 1981
Barinbaum, L. (1971): Wie Kinder wirklich sind. Kösel München 1973
Battegay, R. (1977): Narzißmus und Objektbeziehung. Huber Bern 1979
Bergold, B. J. (Hrsg.): Psychotherapie. Urban & Schwarzenberg München 1973
Berne, E. (1964): Spiele der Erwachsenen. Rowohlt Reinbek 1968
Bollnow, O. F. (1959): Existenzphilosophie und Pädagogik. Kohlhammer Stuttgart 1965
Bollnow, O. F. (1966): Sprache und Erziehung. Kohlhammer Stuttgart 1969
Bollnow, O. F.: Philosophie der Erkenntnis. Kohlhammer Stuttgart 1970
Bollnow, O. F.: Das Doppelgesicht der Wahrheit. Kohlhammer Stuttgart 1975
Brandl, G.: Miteinander sprechen lernen. Ehrenwirth München 1975
Brandl, G.: Erziehen ohne verwöhnen. Jugend & Volk Wien 1977
Brandl, G.: Familie ohne Angst. Jugend & Volk Wien 1979
Brandl, G.: Sich miteinander verständigen lernen. Reinhardt München 1980a

Brandl, G.: Nächstenliebe – Grundlage der Erneuerung. Rex Luzern 1980b
Brandl, G.: Das gemeinsame Anliegen. In: Zeitschrift für Individualpsychologie (München), 3/1980c
Brandl, G.: Erziehen ohne Angst. In: W. Pöldinger/J. Lange/A. Kirchmayr (Hrsg.): Psychosoziales Elend. Herder Wien 1981a
Brandl, G.: Lebensstil im Unterricht. In: E. Adam (Hrsg.): Die österreichische Reformpädagogik. Böhlau Wien 1981b
Brandl, G.: Teufelskreis durchbrechen, in: präsent (Innsbruck), Nr. 51/52, vom 17. 12. 1981c.
Brandl, G.: Zum Mitmenschen unterwegs. Tyrolia Innsbruck 1982
Brandl, G. (Hrsg.): Vom Ich zum Wir. Reinhardt München 1979
Brunnhuber, P./Zöpfl, H.: Erziehungsziele konkret. Auer Donauwörth 1975
Buber, M.: Werke 1. Schriften zur Philosophie. Kösel/Schneider München/Heidelberg 1962
Burkhardt, H.: Die unverstandene Sinnlichkeit. Limes Wiesbaden 1973
Capra, F. (1982): Wendezeit. Scherz Bern 1983
Claußen, B./Scarbath, H. (Hrsg.): Konzepte einer kritischen Erziehungswissenschaft. Reinhardt München 1979
Cofer, Ch. N. (1972): Motivation und Emotion. Juventa München 1975
Cohn, R.: Von der Psychoanalyse zur themenzentrierten Interaktion. Klett Stuttgart 1975
Dreikuss, R. (1971): Soziale Gleichwertigkeit. Klett Stuttgart 1972
Ellis, A. (1962): Die rational-emotive Therapie. Pfeiffer München 1975
Erikson, E. H. (1959): Identität und Lebenszyklus. Suhrkamp Frankfurt 1970
Feser, H.: Psychologie für Sozialpädagogen. Reinhardt München 1981
Freud, A. (1936): Das Ich und die Abwehrmechanismen. Kindler München 1964
Fromm, E. (1941): Die Furcht vor der Freiheit. Europäische Verlagsanstalt Frankfurt 1970a
Fromm, E. (1947): Psychoanalyse und Ethik. Diana Zürich 1954
Fromm, E. (1950): Psychoanalyse und Religion. Diana Zürich 1966
Fromm, E. (1955): Der moderne Mensch und seine Zukunft. Europäische Verlagsanstalt Frankfurt 1970b
Fromm, E. (1956): Die Kunst des Liebens. Ullstein Frankfurt 1971
Fromm, E. (1964): Die Seele des Menschen. Deutsche Verlagsanstalt Stuttgart 1979
Fromm, E. (1968): Die Revolution der Hoffnung. Rowohlt Frankfurt 1974
Fromm, E. (1970): Analytische Sozialpsychologie und Gesellschaftstheorie. Suhrkamp Frankfurt 1980
Fromm, E. (1973): Anatomie der menschlichen Destruktivität. Rowohlt Reinbeck 1977
Fromm, E.: Haben oder Sein. Deutsche Verlagsanstalt Stuttgart 1976
Funk, R.: Mut zum Menschen. Deutsche Verlagsanstalt Stuttgart 1978
Halbfas, H.: Religion. Kreuz Stuttgart 1976

Harris, Th. A. (1967): Ich bin o. k. Du bist o. k., Rowohlt Reinbeck 1976
Henseler, H.: Narzißtische Krisen. Rowohlt Reinbek 1974
Hobmayr, H./Treffer, G.: Individualpsychologie, Erziehung und Gesellschaft. Reinhardt München 1979
Hoffmann, S. O.: Charakter und Neurose. Suhrkamp Frankfurt 1979
Horney, K.: Der neurotische Mensch unserer Zeit. Kindler München 1951
Hornstein, W. u. a. (Hrsg.): Beratung in der Erziehung 2. Fischer Frankfurt 1977
Jacobson, E. (1971): Depression. Suhrkamp Frankfurt 1977
Kleber, E. W. (1974): Abriß der Entwicklungspsychologie. Beltz Weinheim 1978
Kraus, W.: Die Wiederkehr des Einzelnen. Piper München 1980
Krauss, M. (Hrsg.): Ich habe einen Traum. Kreuz Stuttgart 1978
Künkel, F. (1957): Einführung in die Charakterkunde. Hirzel Stuttgart 1968
Lahmann, F.: Unsere Ängste und ihre Ursachen, Reinhardt München 1981
Lehr, U.: Die Rolle der Mutter in der Sozialisation des Kindes. Steinkopff Darmstadt 1974
Lersch, Ph. (1964): Der Mensch als soziales Wesen. Barth München 1965
Leser, N.: Jenseits von Marx und Freud. Bundesverlag Wien 1980
Lowen, A. (1967): Der Verrat am Körper. Der biogenetische Weg, die verlorene Harmonie von Körper und Psyche zurückzugewinnen. Rowohlt Reinbek 1982
Miller, A. (1979): Das Drama des begabten Kindes. Suhrkamp Frankfurt 1980a
Miller, A.: Am Anfang war Erziehung. Suhrkamp Frankfurt 1980b
Mitscherlich, A. (1963): Auf dem Weg zur vaterlosen Gesellschaft. Piper München 1969
Mitscherlich, A./Mitscherlich, M. (1967): Die Unfähigkeit zu trauern. Piper München 1970
Mitscherlich, M. (1978): Das Ende der Vorbilder. Piper München 1980
Naske, R. (Hrsg.): Aufbau und Störungen frühkindlicher Beziehungen zu Mutter und Vater. Hollinek Wien 1980
Neisser, U. (1976): Kognition und Wirklichkeit. Klett Cotta Stuttgart 1979
Ohlmeier, D. (Hrsg.): Psychoanalytische Entwicklungspsychologie. Rombach Frankfurt 1973
Paus, A. (Hrsg.): Grenzerfahrung Tod. Styria Graz 1976
Pöldinger, W. A./Lange, J./Kirchmayr, A. (Hrsg.): Psychosoziales Elend. Herder Wien 1981
Pohlmeier, H.: Selbstmord und Selbstmordverhütung. Urban & Schwarzenberg München 1978
Pohlmeier, H. (Hrsg.): Selbstmordverhütung. Keil Bonn 1978a
Rattner, J. (1964): Psychosomatische Medizin heute. Fischer Frankfurt 1979

Rattner, J.: Verstehende Tiefenpsychologie. Verlag für Tiefenpsychologie Berlin 1977a
Rattner, J.: Heilung durch das Gespräch. Verlag für Tiefenpsychologie. Berlin 1977b
Reif., A. (Hrsg.): Erich Fromm. Europa Wien 1978
Reuter, H. (Hrsg.): Das zweite Vatikanische Konzil. Wort und Werk Köln 1966
Revers, W. J.: Frustrierte Jugend 1. O. Müller Salzburg 1969
Revers, W. J.: Frustrierte Jugend 2. O. Müller Salzburg 1975
Richter, H. E.: Patient Familie. Rowohlt Reinbek 1970
Richter, H. E.: Lernziel Solidarität. Rowohlt Reinbek 1974
Richter H. E.: Flüchten oder Standhalten. Rowohlt Reinbek 1976
Ringel, E. (1973): Selbstschädigung durch Neurose. Herder Wien 1978
Ringel, E.: Selbstmord – Appell an die anderen. Kaiser Grünewald München 1974
Ringel, E.: Das Leben wegwerfen? Herder Wien 1978a
Ringel, E. (Hrsg.): Selbstmordverhütung. Huber Bern 1969
Ringel, E./Brandl, G. (Hrsg.): Situationsbewältigung durch Fragen. Herder Wien 1977
Ringel, E./Brandl, G.: Der Beitrag A. Adlers zur Praxis und Theorie der Erziehung. In: Spiel, W.: Die Psychologie des XX. Jahrhunderts, 11. Bd. Kindler Zürich 1980
Rogers, C. R. (1980): Der neue Mensch. Klett Cotta Stuttgart 1981
Rogers, C. R./Rosenberg, R. L. (1977): Die Person als Mittelpunkt der Wirklichkeit. Klett Cotta Stuttgart 1980
de Saint-Exupery, A. (1939): Wind, Sand und Sterne. Rauch Düsseldorf 1961
Schatz, O. (Hrsg.): Hoffnung in der Überlebenskrise. Styria Graz 1979
Scheler, M. (1928): Die Stellung des Menschen im Kosmos. Francke Bern 1966
Schenk-Danzinger, L. (1969): Entwicklungspsychologie. Bundesverlag Wien 1977
Schirnding, A. v.: Am Anfang war das Staunen. Kösel München 1978
Schlegel, L.: Grundriß der Tiefenpsychologie, 1 – 5. Francke München 1972 – 1979
Schultz, H. J. (Hrsg.): Was der Mensch braucht. Kreuz Stuttgart 1978
Sebald, H./Kauth, Ch. (1976): Ich will ja nur dein Bestes. Econ Wien 1981
Seligmann, M. E. (1975): Erlernte Hilflosigkeit. Urban & Schwarzenberg München 1979
Singer, K.: Verhindert die Schule das Lernen? Ehrenwirth München 1973
Skinner, B. F. (1971): Jenseits von Freiheit und Würde. Rowohlt Reinbek 1973
Spiel, W. (Hrsg.): Die Psychologie des XX. Jahrhunderts, 11. Bd. Kindler Zürich 1980
Stierlin, H. (1971): Das Tun des einen ist das Tun des anderen. Suhrkamp Frankfurt 1972

Stierlin, H. (1974): Eltern und Kinder. Suhrkamp Frankfurt 1977
Stromberger, R.: Tod eines Schülers. Goldmann Mainz 1981
Thomas, K.: Warum weiter leben? Herder Freiburg 1977
Tillich, P. (1962): Die verlorene Dimension. Furche Hamburg 1969
Unterberger, A. (Hrsg.): A . . . wie alternativ. Herold Wien 1981
Uslar, D. v.: Psychologie und Welt. Kohlhammer Stuttgart 1972
Völker, U. (Hrsg.): Humanistische Psychologie. Beltz Weinheim 1980
Voß, R.: Der Schüler in einer personorientierten Schule. Klinkhardt Bad Heilbrunn 1978
Watzlawick, P. u. a. (1967): Menschliche Kommunikation. Huber Bern 1974
Weger, K. H.: Der Mensch vor dem Anspruch Gottes. Styria Graz 1981
Zorn, F.: Mars. Kindler München 1977